Caleidoscópio convexo

FUNDAÇÃO EDITORA DA UNESP

Presidente do Conselho Curador
Herman Jacobus Cornelis Voorwald

Diretor-Presidente
José Castilho Marques Neto

Editor-Executivo
Jézio Hernani Bomfim Gutierre

Conselho Editorial Acadêmico
Alberto Tsuyoshi Ikeda
Célia Aparecida Ferreira Tolentino
Eda Maria Góes
Elisabeth Criscuolo Urbinati
Ildeberto Muniz de Almeida
Luiz Gonzaga Marchezan
Nilson Ghirardello
Paulo César Corrêa Borges
Sérgio Vicente Motta
Vicente Pleitez

Editores-Assistentes
Anderson Nobara
Henrique Zanardi
Jorge Pereira Filho

LUIS FELIPE MIGUEL
FLÁVIA BIROLI

Caleidoscópio convexo
MULHERES, POLÍTICA E MÍDIA

© 2010 Editora Unesp

Fundação Editora da UNESP (FEU)
Praça da Sé, 108
01001-900 – São Paulo – SP
Tel.: (0xx11) 3242-7171
Fax: (0xx11) 3242-7172
www.editoraunesp.com.br
www.livrariaunesp.com.br
feu@editora.unesp.br

Esta edição contou com recursos da Fundação de Apoio
à Pesquisa do Distrito Federal – FAP-DF (edital n.5/2008).

CIP – Brasil. Catalogação na fonte
Sindicato Nacional dos Editores de Livros, RJ

M577c

Miguel, Luis Felipe, 1967-
Caleidoscópio convexo : mulheres, política e mídia / Luis Felipe Miguel e Flávia Biroli. – São Paulo : Editora Unesp, 2011.
241p.
Inclui bibliografia
ISBN 978-85-393-0078-5

1. Comunicação de massa – Aspectos políticos – Brasil. 2. Mulheres na política – Brasil. 3. Mulheres na comunicação de massa – Brasil. I. Biroli, Flávia, 1975-. II. Título.

10-6438.
CDD: 302.230981
CDU: 316.77(81)

Editora afiliada:

Asociación de Editoriales Universitarias
de América Latina y el Caribe

Associação Brasileira de
Editoras Universitárias

para Marcelo e Mateus
(F.B.)

para Regina e Francisco
(L.F.M.)

Sumário

Lista de figuras, gráficos e tabelas   IX
Introdução   1

1   Gênero, mídia e política   11
2   As perspectivas sociais e as rotinas do jornalismo   35
3   Mulheres, carreira e campo político   75
4   Homens e mulheres na mídia   125
5   Política, privacidade e vida doméstica   167

Conclusão   203
Referências bibliográficas   219

LISTA DE FIGURAS, GRÁFICOS E TABELAS

Figura

3.1: "Degraus" da presença política   90

Gráficos

3.1: Proporção dos discursos que tratam da condição feminina nas sessões do dia 8 de março na Câmara dos Deputados, por legislatura (1975-2006)   119

4.1: Proporção do tempo/espaço dedicado ao noticiário político, em telejornais e revistas semanais de informação (2006-2007)   136

Tabelas

3.1: Mulheres eleitas para o Congresso Nacional brasileiro (1974-2006)   108

3.2: Média dos discursos da amostra proferidos por parlamentar, de acordo com sexo e experiência legislativa   115

3.3: Área temática dos discursos, de acordo com a experiência parlamentar do orador   115

3.4: Área temática dos discursos dos deputados que nunca integraram a lista do DIAP, por sexo do orador   117

3.5: Área temática dos discursos dos deputados que integraram a lista do DIAP, por sexo do orador   117

3.6: Presença relativa de grupos de abordagens nos discursos de acordo com o sexo do parlamentar   121

4.1: Distribuição do tempo do noticiário político, por telejornal, período e assunto (2006-2007)   138

4.2: Distribuição do espaço do noticiário político, por revista e assunto (2006-2007)   141

4.3: Personagens dos noticiários políticos dos telejornais, por número de matérias em que aparecem (2006-2007)   145

4.4: Personagens dos noticiários políticos das revistas, por número de matérias em que aparecem (2006-2007)   147

4.5: Distribuição da presença de personagens femininas e masculinas nos telejornais (2006-2007)   159

4.6: Distribuição da presença de personagens femininas e masculinas nas revistas semanais (2006-2007)   161

Introdução

Este livro apresenta análises teóricas e o resultado de pesquisas empíricas focadas nas relações entre gênero, mídia e política. Seu objeto é, assim, a confluência entre esses três temas. Embora haja tradição consolidada de trabalho acadêmico para cada um dos pares (investigações sobre gênero e política, sobre política e mídia, sobre gênero e mídia), a interseção das três temáticas ainda é um campo pouco estudado na literatura internacional e em especial no Brasil. De maneira mais específica, serão discutidas as representações de gênero no noticiário político brasileiro, compreendendo a visibilidade na mídia como uma variável relevante na definição das posições ocupadas por indivíduos e grupos sociais na política.

A presença das mulheres nos meios de comunicação pode colaborar para a construção de trajetórias políticas individuais e também para uma inserção maior e mais efetiva delas, como grupo, no campo político. Mas, dependendo de seu volume e feitio, pode, também, naturalizar a sub-representação e a presença marginal das mulheres, ao torná-las invisíveis ou restringir sua participação a espaços e temas que ativam compreensões convencionais de gênero, sobretudo das habilidades e vocações que seriam caracteristicamente "femininas".

A pesquisa que deu origem a este livro foi construída a partir de um problema central à teoria política – e à política – contemporânea, a coexistência entre a universalização dos direitos políticos e a manutenção de hierarquias que reproduzem e confirmam desigualdades estruturantes das nossas sociedades. O fato de que os direitos universais não correspondem à igualdade de oportunidade de acesso aos mais diversos bens e espaços sociais nem exercem impacto sobre a política nas democracias concorrenciais de tipo ocidental leva a discutir como as instituições, práticas e valores correntes colaboram para a distinção entre os indivíduos e para sua valorização em campos sociais específicos, como a política. As desigualdades de gênero têm como uma de suas consequências a presença reduzida das mulheres na política, sobretudo na política institucional e em suas posições mais centrais. Uma das principais questões da pesquisa é quanto e como a visibilidade de homens e mulheres na mídia contribui para essa configuração das relações de gênero na política.

Para discuti-la, realizamos um mapeamento das representações de gênero na mídia noticiosa brasileira, apresentado nos dois capítulos finais deste livro. A análise do sistema de posições, derivada deste mapeamento, ganha sentido quando se discutem dois problemas: de um lado, a configuração atual da política institucional e os espaços nela ocupados por mulheres e homens; de outro, a dinâmica das relações entre a política, tal como se configura atualmente, e a mídia, que se constitui em um espaço privilegiado de visibilidade de atores, práticas e temas nas sociedades contemporâneas. Esses são os temas que atravessam os capítulos iniciais do livro, que discutem os obstáculos ao acesso das mulheres ao campo político e o funcionamento dos meios de comunicação. Nosso entendimento é que esses últimos reforçam não apenas a marginalidade das mulheres, mas um modo de estruturação da política que tende a manter hierarquias e valores que organizam uma democracia restrita – um regime político que, embora ostensivamente comprometido com os valores da igualdade política, nas suas práticas mantém o monopólio do poder decisório por uns poucos indivíduos pertencentes aos mesmos grupos sociais. Isso significa que os meios de comunicação, e mais especificamente o jornalismo, confirmam e naturalizam a exclusão de alguns indivíduos e grupos sociais, como as mulheres, mesmo quando não os discriminam e estigmatizam abertamente.

Por que *caleidoscópio convexo*? A mídia nos apresenta um mosaico de imagens do mundo – um quadro quase infindo e em permanente transformação. Mas esse turbilhão de informações, cuja aparente variedade tira o fôlego do público, é formado – tal como em um caleidoscópio – por uma pequena quantidade de fragmentos, multiplicada por um jogo de espelhos que é o próprio sistema da mídia, em que cada veículo ecoa o outro. A maior parte dos espaços e das práticas sociais parece aquém do interesse dos meios de comunicação de massa e permanece em um estado de quase permanente invisibilidade. Mesmo entre os fragmentos que ganham publicidade, porém, alguns aspectos se avolumam e outros se reduzem: os espelhos do caleidoscópio não são planos.

Não existe uma única compreensão dos papéis de gênero ou da relação entre as mulheres e a atividade política na mídia. Mas há uma confirmação continuada de alguns valores e pressupostos que se combinam em um conjunto restrito de novas informações. Uma quantidade limitada de padrões é rearranjada, gerando representações que, em sua suposta diversidade, trabalham para confirmar esses mesmos padrões. As mudanças profundas na inserção da mulher em diversas esferas de atividade, inclusive no jornalismo, têm impacto para sua posição social e para o entendimento das suas habilidades, de suas expectativas e dos traços que caracterizariam o "feminino" hoje. Mas esse impacto não parece ter sido suficiente para que se alterassem os fragmentos que constituem a base para as imagens que se formarão, que consistem nos pressupostos mencionados, como a dualidade entre o doméstico/feminino e a política/masculino. Essa conformação do noticiário político naturaliza, então, configurações específicas da política e das relações de gênero nesse campo.

As hipóteses que orientaram a realização da pesquisa referem-se, de modo central, à articulação entre os campos da mídia e da política e às formas assumidas pela presença feminina nas duas esferas, resultantes, ao mesmo tempo, de constrangimentos que restringem a entrada e atuação das mulheres na esfera política e das escolhas possíveis em meio às limitações que lhes são impostas. Essas hipóteses são discutidas nas análises teóricas dos capítulos iniciais e retomadas adiante, nas análises dos dados apresentadas nos últimos capítulos. Partindo de problemas mais gerais para outros mais específicos, podemos enunciá-las da seguinte forma:

1. Existe uma correlação entre a presença, menos ou mais plural, de grupos e indivíduos na mídia e sua presença e atuação em diferentes esferas da vida em sociedade, com destaque para o campo político;
2. A maneira pela qual a mídia representa (ou deixa de representar) a diversidade social e a pluralidade de interesses presentes na sociedade tem efeitos sobre a dinâmica de representação política;
3. A mídia deve ser entendida como esfera de representação política – o local onde se manifestam as vozes que representam as diferentes posições no debate público – e como esfera privilegiada de produção das formas de reconhecimento que constituem o capital simbólico e de confirmação ou refutação das hierarquias presentes na sociedade, mais especificamente, no campo político;
4. A presença e a ausência de mulheres no noticiário político estão relacionadas às especializações e assimetrias existentes no campo político, tal como é configurado atualmente;
5. A visibilidade da vida doméstica e familiar e do corpo varia de acordo com a presença de mulheres e homens no noticiário político. A correlação entre a dualidade de público e doméstico, com os sentidos tradicionalmente assumidos para essas esferas, e as representações de gênero no noticiário são um fator para a pouca visibilidade das mulheres e para uma presença marcada por estereótipos de gênero;
6. Os estereótipos de gênero presentes no noticiário político constrangem a ação política das mulheres na medida em que confirmam e reforçam tais especializações e assimetrias.

O primeiro capítulo do livro situa o problema, indicando alguns dos aspectos – os mais importantes para a pesquisa aqui relatada – de como se relacionam mídia, gênero e política. Nele, afirmamos que a compreensão do papel político da mídia exige uma ampliação do entendimento da representação, que não se restringe à escolha de tomadores de decisão, mas inclui o debate sobre temas públicos, cuja manifestação mais relevante se dá nos meios massivos de comunicação. Ao mesmo tempo, as compreensões convencionais sobre as identidades de gênero contribuem para limitar severamente a presença das mulheres nas arenas públicas, entre elas a mídia.

O segundo capítulo apresenta uma análise teórica da relação entre mídia e pluralidade social. O foco é a crítica à noção de imparcialidade e a apresentação de abordagens alternativas às análises liberal-pluralistas. Com base nos conceitos de perspectiva social e de conhecimento situado, trabalhados por Iris Marion Young e Nancy Fraser, analisamos a lógica e os procedimentos que produzem a concentração dos meios de comunicação em perspectivas e atores sociais específicos, legando à marginalidade experiências e vozes potencialmente conflitivas. O problema central aqui é o das relações entre o jornalismo orientado pelo valor da imparcialidade, as formas de concentração de poder e a marginalização de grupos sociais.

O Capítulo 3 discute algumas das principais vertentes explicativas da sub-representação política das mulheres. O foco desloca-se, então, da reprodução da marginalidade nos meios de comunicação para sua reprodução no campo político. A primeira vertente destaca o caráter patriarcal subjacente às instituições políticas liberais. Na segunda vertente discutida no capítulo, o foco está nos padrões culturais e de socialização que dão ao político um caráter masculino e limitam o surgimento da "ambição política" entre as mulheres. E a terceira vertente é aquela que aponta os constrangimentos materiais à participação política das mulheres, que possuem menos acesso aos recursos econômicos e muito menos tempo livre que os homens. Depois de considerar criticamente essas abordagens, sugerimos que é preciso analisar, de maneira mais detida, as hierarquias específicas da política, com os valores e práticas que lhes dão fundamento, aliando essa observação ao problema específico das injustiças de gênero. O capítulo se fecha com uma descrição de como tais injustiças têm se manifestado na política brasileira.

Os capítulos finais apresentam dados coletados em pesquisa empírica sobre a presença de mulheres e homens e sua relação com as áreas temáticas na mídia noticiosa. O Capítulo 4 é resultado de um amplo mapeamento dessa presença nos principais telejornais e revistas semanais brasileiros. Foi feito um acompanhamento diário do *Jornal Nacional*, do *Jornal da Band* e do *SBT Brasil* e um acompanhamento semanal das revistas *Veja*, *Época* e *Carta Capital* em três períodos diferentes, nos anos de 2006 e 2007, que permitiu observar as formas diferenciadas da presença de mulheres e homens. A principal constatação é a sub-representação das mulheres no noticiário político, ainda mais acentuada que na política institucional. A invisibilidade das mulheres é acompanhada de sua relação com temáticas de menor centralidade no noticiário e de menor prestígio no campo político atualmente.

A partir da verificação de que o noticiário se concentra em poucas mulheres, o quinto capítulo analisa os estereótipos de gênero que acompanham a reduzida presença feminina, restringindo a análise às revistas semanais de informação. Na primeira seção, apresenta brevemente as características da presença de doze ministras no noticiário das revistas semanais de informação. Neste ponto, a pesquisa estende-se da nomeação da primeira mulher a ocupar um cargo de primeiro escalão no Governo Federal – Esther Figueiredo Ferraz, no Ministério da Educação, ainda no governo do general João Baptista Figueiredo, portanto nos estertores da ditadura iniciada em 1964 – até o ano de 2009, quando foi finalizada a coleta dos dados, e o governo de Luiz Inácio Lula da Silva contava com duas ministras, Dilma Rousseff, na Casa Civil, e Nilceia Freire, à frente da Secretaria Especial de Políticas para Mulheres, um órgão da Presidência da República com *status* ministerial. Na segunda seção, o capítulo discute a caracterização das mulheres que estiveram presentes com maior frequência no noticiário, objeto do mapeamento quantitativo apresentado no Capítulo 4.

As formas assumidas pela presença de homens e mulheres no noticiário remetem a mecanismos mais amplos por meio dos quais o padrão atual das diferenciações de gênero se preserva. Ao reforçar compreensões tradicionais das divisões entre o público e o privado, assim como uma visão do campo político como espaço masculino – que teria como um de seus princípios de valorização a divisão das competências segundo o sexo –, o noticiário reproduz estereótipos de gênero, ao mesmo tempo que tem papel ativo na sua naturalização e manutenção. Na conclusão, discutimos como essas relações se estabelecem, retomando as conexões entre as abordagens teóricas presentes nos capítulos iniciais e as considerações resultantes da análise empírica do noticiário no Brasil. A partir delas, apontaremos quais são os principais desdobramentos da pesquisa no campo acadêmico e na avaliação do impacto das representações de gênero na mídia, para a ampliação da participação política das mulheres e a consolidação de relações de gênero mais justas.

* * *

A pesquisa que originou este livro foi possível graças ao apoio do Conselho Nacional de Desenvolvimento Científico e Tecnológico (CNPq) e da Fundação de Amparo à Pesquisa do Distrito Federal (FAP-DF). O CNPq concedeu dotações dos editais n. 45/2005 e 61/2005, além de bolsas de Produtividade em Pesquisa aos dois autores e de Iniciação Científica a vários estudantes que nela se engajaram. A FAP-DF concedeu financiamento por meio do edital n. 8/2008.

Também foi imprescindível o apoio do Instituto de Ciência Política da Universidade de Brasília, que vem disponibilizando um ambiente de trabalho propício à pesquisa acadêmica. Agradecemos ao Instituto, na pessoa da professora Marilde Loiola de Menezes, sua diretora.

A Agência de Notícias dos Direitos da Infância (ANDI) foi parceira de uma das vertentes da pesquisa, viabilizando a gravação dos telejornais. Pelo apoio, agradecemos à ANDI e, em especial, a Railssa Peluti Alencar, que à época era coordenadora de pesquisas e análises.

A pesquisa contou também com o envolvimento de muitos alunos de graduação e pós-graduação, que trabalharam no levantamento de dados e produziram monografias e dissertações, bem como dialogaram conosco em disciplinas oferecidas no período, voltadas para os temas aqui discutidos. Nomeamos alguns deles, aos quais agradecemos especialmente: Aline Coutinho, Andrea Azevedo Pinho, Carla Beatriz de Paulo, Carla Bianca Caldas, Clara Pedroso Maffia, Cleiton Euzebio de Oliveira, Daniel Vieira Bogéa Soares, Denise Mantovani, Fernanda Feitosa, Fernanda Ferreira Motta, Helena Máximo, Isadora Araújo Cruxên, Janaína Coutinho, Janaína Moreira Figueira, Janine Mello, Juliana Lima Maia, Luiz Augusto Campos, Mariana Silva Abreu, Natália Vieira, Nathália Mattos, Paula Pompeu Fiúza Lima, Pedro Mesquita e Priscilla Caroline Brito. As bases de dados foram uniformizadas e corrigidas por Carlos Machado, Danusa Marques e Filipe Recch.

Algumas versões anteriores de partes do livro ou de resultados parciais da pesquisa foram publicadas pelos autores em forma de artigos nas revistas *Opinião Pública*, *Revista Brasileira de Ciências Sociais*, *Dados*, *Revista Estudos Feministas*, *Cadernos Pagu* e *Revista Famecos*. Outras foram apresentadas e discutidas em encontros da Associação Nacional dos Programas de Pós-Graduação em Comunicação – Compós (em São Paulo, 2008; em Belo Horizonte, 2009; e no Rio de Janeiro, 2010), da Associação Portuguesa de Ciência Política – APCP (em Aveiro, 2010) e da Associação Brasileira de Pesquisadores em Comunicação e Política – Compolítica (em Belo Horizonte, 2007; e em São Paulo, 2009), bem como no *Seminário Internacional Fazendo Gênero 8* (em Florianópolis, 2008), em seminários na Universidade de São Paulo – USP (em São Paulo), no Centro Brasileiro de Análise e Planejamento – Cebrap (também em São Paulo, 2007) e na Universidade de Brasília (em 2006, 2007 e 2009).

Agradecemos a todos que debateram a pesquisa nesses eventos, em especial Afonso de Albuquerque, Marilde de Loiola Menezes, Marisa von Bülow, Rebecca Abers e Wilson Gomes. Versões iniciais de capítulos ou partes deles, ou mesmo o projeto de pesquisa, beneficiaram-se, ainda, de leitores críticos, aos quais também agradecemos: Adrián Gurza Lavalle, Clara Araújo, Fernando Lattman-Weltman, Luiz Augusto Campos, Marcelo Tokarski e Regina Dalcastagnè.

Um agradecimento especial é feito a Mateus (pela Flávia) e Francisco (pelo Luis Felipe). Graças a eles, o trabalho com telejornais, revistas, teorias feministas e ações no parlamento foi incrementado com a presença de extraterrestres e faraós, avestruzes e velociraptores, Chico e Pavoa, monstros e heróis. Sem eles, este livro não teria a qualidade que tem. E o processo de escrevê-lo certamente seria muito mais chato.

Desnecessariamente, mas seguindo a praxe, informamos que todos os equívocos e omissões que ainda permanecem devem ser tributados exclusivamente aos autores.

1
GÊNERO, MÍDIA E POLÍTICA

A investigação apresentada neste livro liga-se ao tema da desigualdade social – e ao papel dos meios de comunicação de massa na reprodução desta desigualdade. As mulheres estão menos presentes do que os homens nos espaços de tomada de decisão: elas possuem menos autoridade e exercem menos poder político. Essa situação de inferioridade está vinculada a muitas outras, como a posição das mulheres na família, sua situação no mercado de trabalho e a parcela dos recursos econômicos que controlam. A representação do mundo social (e, em particular, da política) feita pela mídia (e, em particular, pelo jornalismo) contribui para perpetuar tal desigualdade.

Hierarquias e desigualdades sociais são confirmadas e reproduzidas por meio de palavras e imagens que naturalizam comportamentos e pertencimentos. É por meio delas que a estratificação social aparece como algo inevitável e justo, que sentimentos de inferioridade e superioridade são produzidos ou confirmados e que a indiferença à violência contra aqueles que estão na base das hierarquias é racionalizada e normalizada (MacKinnon, 1996 [1993]). As experiências e demandas por parte dos diferentes grupos sociais e as formas de compreensão daquilo que é vocalizado ganham sentido em meio a essa dinâmica. A ideia de que existiria um "livre mercado" de falas e formas de expressão, que se imporiam por sua coerência, racionalidade, legitimidade e/ou capacidade de produzir adesões, esbarra nas desigualdades concretas e em seu impacto sobre as chances que os diferentes indivíduos terão de fazer parte do debate público e de fazer valer suas falas, isto é, fazer que sejam ouvidas e consideradas legítimas. Os meios de comunicação, pela centralidade no debate público contemporâneo, funcionam como dispositivos de seleção. Têm recursos para barrar atores e falas que se tornam, no limite, invisíveis. Ao mesmo tempo, reproduzem um conjunto restrito de discursos e dão sua chancela para determinadas formas da autoapresentação e do dizer.

Pode-se considerar que haja ao menos duas formas de vocalização de experiências e demandas: a "fala correta", isto é, aquela que resulta da internalização das formas socialmente legítimas do dizer, e a "fala enguiçada", na expressão de Pierre Bourdieu (1979, p.538), que é aquela que expõe o caráter desviante e faz a vocalização coincidir com a desvalorização do que é dito e de quem o diz. Além dessas alternativas, o silêncio – imposto ou internalizado – pode definir a relação de alguns atores com a política e com o debate público. A "fala correta", a "fala enguiçada" e o silêncio são definidos em sua relação com campos e competências sociais específicos. Pode-se assumir, de maneira genérica, que consistem na reprodução e na confirmação de posições diferenciadas na estrutura social, que se traduzem em posições menos ou mais vantajosas em cada campo social.

Além de espaço privilegiado de reprodução e difusão de discursos, os meios de comunicação são, também, um espaço central ao reconhecimento das "falas legítimas" e à naturalização das distinções socialmente construídas, com os sentidos que assumem em diferentes contextos. O jornalismo não especializado e de grande circulação, como o dos telejornais e revistas semanais de informação brasileiros, apresenta-se como o espaço autorizado e competente para a exposição – acessível ao público "leigo" – do que seria relevante nos diferentes campos sociais, de descobertas científicas sobre o câncer ao estado das finanças públicas, da degradação ambiental a escândalos de corrupção na política. Além dos temas relevantes na atualidade, a presença e as formas de inserção de cada ator nos diferentes campos sociais são ratificadas e mesmo dadas a conhecer, dependendo do campo e do segmento de público de que se trate, pela própria mídia.

Há normas e valores próprios, que orientam a reprodução das hierarquias de posições dentro de cada campo, no sentido que lhes confere Bourdieu (1981) – campos de lutas referentes não apenas aos posicionamentos e *status* internos a esse espaço de relações, mas também à conservação ou transformação dos limites, das margens que estruturam e dão legitimidade às hierarquias reconhecidas e às exclusões sistemáticas. Mas isso não significa assumir que esses processos, regidos por uma "lógica política" ou por uma "lógica midiática", existam de modo independente. Pelo contrário, o que se procura mostrar é justamente a complexidade das imbricações entre eles.

Consideramos que há uma dupla correlação entre a visibilidade na mídia e as hierarquias da política. O destaque na mídia é correlato ao destaque no campo político e, além disso, os mecanismos de hierarquização no campo político – vinculados ao prestígio diferenciado que se concede a trajetórias, cargos e temáticas – guardam correlação com os padrões de visibilidade nos meios de comunicação. A pesquisa empírica mostra, como se verá no Capítulo 4, que a mídia noticiosa difunde uma visão comum da política, que se traduz em um noticiário homogêneo e concentrado em personagens com perfil específico: homens, brancos, com instrução superior, ocupantes de cargos públicos eletivos ou de confiança. O jornalismo confere visibilidade aos atores que fazem parte do campo político em sentido estrito e que já possuem recursos para se fazer ver e ouvir. Confirma, assim, as hierarquias e limites da política, reproduzindo e naturalizando compreensões restritas da democracia. A política surge como um espaço social diferenciado, inacessível aos "comuns" que são seus espectadores e que a intervalos periódicos são eleitores, porém nunca alcançam a posição de agentes de fato.

No entanto, o noticiário não reproduz de forma simples e direta o modo de existência de campos sociais ou da estrutura social. Trata-se de um conjunto de práticas particulares, que – voltando aqui a nosso tema – pode confirmar ou confrontar os limites atualmente existentes para a participação feminina na política. O reforço às hierarquias de gênero existe na medida em que essas hierarquias são apresentadas como a configuração natural das relações entre os sexos: a presença mais acentuada dos homens na vida pública, sobretudo nos papéis e áreas de maior relevância, organiza o noticiário sem que seja objeto de discussão ou apareça como um problema. Seu contraponto, a presença mais acentuada das mulheres em questões ligadas ao cotidiano e à vida doméstica e familiar, aparece também como um dado de realidade, coincidindo com as formas convencionais da dualidade entre o público e o privado, analisadas criticamente por diversas autoras feministas (Cohen, 1997; Pateman, 1993 [1988]; Okin, 1998, entre outras).

Na política, as restrições no acesso a cargos são acompanhadas da orientação diferenciada das carreiras de mulheres e homens, uma vez que os obstáculos para o acesso ao campo tenham sido vencidos. O percentual reduzido de participação feminina é adicionado de outro filtro, que pode restringir o impacto de sua presença já limitada: uma vez eleitas, as mulheres atuam menos em áreas e temas tidos como de maior relevância, enquanto os homens estão mais presentes justamente nas áreas e temas que mais contribuem para a promoção de sua carreira política. A relevância das áreas e temas é um efeito das formas de valorização ativas em cada campo social, com conexões com outros campos e com a vida social mais ampla. E a mídia ocupa uma posição central neste processo de identificação e afirmação do que é relevante social e politicamente: é mesmo a *fiadora* da relevância das temáticas, tanto nas disputas eleitorais quanto no cotidiano das interações entre os atores que participam do campo e entre esses atores e os cidadãos comuns. Em outras palavras, a mídia confere um "certificado de importância legítima" àquilo que noticia e a quem faz parte do noticiário (Schudson, 1995, p.33). Assim, as estratégias dos diferentes agentes interessados em decisões políticas – líderes individuais, partidos, governos, movimentos sociais, grupos de pressão – passam necessariamente pelos meios. Além disso, a mídia pode reforçar ou potencializar mudanças na escala dos valores que orientam os comportamentos sociais de forma mais ampla.

O gênero é uma variável importante na organização da relação entre as esferas pública e política, de um lado, e doméstica e familiar, de outro, assim como da diferenciação entre as posições no primeiro eixo dessa dualidade. A oposição entre o feminino e o masculino constitui as instituições sociais, com as normas e valores que as organizam (Pateman, 1993 [1998]). Pode-se, nesse sentido, entender que a exclusão das mulheres da vida política está associada a um modo de construção, historicamente configurado, de suas diferenças em relação aos homens. "As mulheres vêm sendo excluídas e incluídas [da política] como mulheres" (Pateman, 1990, p.60) porque existe uma correlação entre a oposição, historicamente afirmada, entre o feminino e o masculino e o *modus operandi* da política, que naturaliza limites e reproduz formas de desvalorização e exclusão de atores, perspectivas e temas.

As formas de *representação do campo político na mídia* têm como um de seus elementos significantes uma *representação sobre a atuação política de mulheres* e sobre as relações de gênero que tende a reforçar as posições e estereótipos vigentes, confirmando e contribuindo para a manutenção da sub-representação e marginalização das mulheres. Não se trata de uma relação causal, mas de práticas e mecanismos complementares que compõem, de modo significativo, processos mais amplos que definem as restrições e constrangimentos à participação política das mulheres. A manutenção da oposição entre o político e o doméstico, associada à confirmação da relação "natural" entre a mulher e a vida familiar, é um dos aspectos que fazem parte desses constrangimentos, dentro e fora do discurso da mídia. E a confirmação, pela mídia, de um entendimento restrito da política, complementa essa dualidade mesmo quando não é explicitamente relacionada ao gênero. A naturalização de um modo excludente de funcionamento da política reforça práticas – levadas a curso por atores individuais e por atores coletivos e institucionalizados, como os partidos políticos – que atuam para a manutenção das divisões existentes, com desvantagens para as mulheres, como será discutido no Capítulo 2.

Ao incorporar o conceito de *campo político*, no sentido proposto pelo sociólogo francês Pierre Bourdieu, o entendimento que assumimos é o de que a mera presença no parlamento não representa capacidade igual de influência na elaboração da lei, na formulação de políticas e na produção das representações do mundo social. O campo é uma estrutura hierarquizada, e a hipótese aqui desenvolvida é que a sub-representação das mulheres se agrava conforme nos aproximamos de suas posições centrais – e que os meios de comunicação de massa tanto refletem esta desigualdade quanto a promovem. O vínculo entre visibilidade midiática e ação política oferece a essa discussão um modelo mais complexo e mais apropriado para abordar a dinâmica política atual, propondo que se entenda a mídia como uma esfera de representação política.

A mídia como esfera de representação política

Em que pese a polêmica sobre o conceito, a percepção amplamente dominante sobre a representação política tende a reduzi-la à delegação do poder decisório. O representante é aquele que decide em nome dos outros, tendo recebido este direito por algum processo de transferência, via de regra, a eleição. É a visão que funda a redução dos problemas da representação à mecânica eleitoral e às formas da produção da responsividade dos eleitos às preferências de seus constituintes.

No entanto, a tomada de decisões não esgota a atividade de representação política. Ela é a etapa final de um processo que abarca, notadamente, a discussão pública sobre as questões de interesse coletivo – o que inclui a transmissão de informações, a apresentação de argumentos e a exposição de alternativas, com impacto fundamental sobre a constituição da agenda pública e a formação das preferências políticas. Em sociedades complexas como a nossa, tal discussão não se resume aos debates no parlamento, levados a cabo pelos representantes formais. Ela ocorre em diversos espaços sociais, que influenciam, de diferentes maneiras e em graus variados, a esfera da decisão política corporificada nos poderes institucionais.

Mas é importante entender que as esferas de produção da "opinião pública", embora fluidas e não formalizadas, estão longe de ser igualitárias. Na obra em que define sua compreensão madura da esfera pública, Habermas a divide em três tipos: uma esfera pública "episódica" de encontros na rua ou em bares e cafés; uma esfera pública de "presença organizada", formada, por exemplo, pelo público de espetáculos ou pelos integrantes de associações; e uma esfera pública "abstrata", produzida pelos meios de comunicação de massa (Habermas, 1997 [1992], v.2, p.107). Os três tipos, no entanto, mantêm relações assimétricas entre si. A esfera abstrata possui uma centralidade que as outras não têm. Sensibilizá-la é uma das tarefas necessárias aos agentes das outras esferas, caso tenham a ambição de influenciar o processo de tomada de decisões.

Habermas não nega a centralidade dos meios de comunicação de massa, mas, no registro otimista que caracteriza sua obra mais recente, observa que, "apesar da diminuta complexidade organizacional, da fraca capacidade de ação e das desvantagens estruturais, eles [os atores da sociedade civil] têm a chance de *inverter* a direção do fluxo convencional da comunicação na esfera pública e no sistema político" (Habermas, 1997 [1992], v.2, p.115). Sem dúvida. Mas o reconhecimento desta possibilidade e de suas eventuais efetivações não pode levar a negar o fato de que o debate público, no qual a opinião pública se forma e se expressa, ocorre sobretudo em canais privilegiados, que são os meios massivos de comunicação, nem que tais meios operam de forma que os predispõem a privilegiar determinadas posições na sociedade.

Justamente por isso, é insustentável o modelo estilizado de Habermas para o funcionamento das democracias liberais, no qual a opinião pública informal gera "influência", que se transforma em "poder comunicativo" por meio de eleições, metamorfoseando-se em "poder administrativo" pela legislação (Habermas, 1997 [1992], v.1, cap.IV; para uma crítica, ver Dryzek, 2000, p.25-6). Na posição de operadores cruciais do debate público, os meios de comunicação de massa não podem ser dissolvidos em meio à esfera pública plural como um todo, tampouco se pode entender sua influência como limitada ao processo de formação das preferências eleitorais. E, ao contrário do que ocorre nos outros tipos de esfera pública indicados por Habermas, o acesso à mídia é limitado. Ainda que os veículos que a formam sejam inúmeros, alguns poucos integram o núcleo de sua influência social. Aqueles que conquistam acesso a tais meios podem ser entendidos como porta-vozes de grupos sociais, isto é, como *representantes políticos*.

Dito de outra forma, se é razoável entender a representação política como englobando outras dimensões além da transferência de poder decisório formal, a mídia de massa deve ser percebida como um espaço de representação.[1] Nós somos representados por aqueles que, em nosso nome, tomam decisões nos três poderes constitucionais, mas vemos também nossos interesses, opiniões e perspectivas serem representados nos discursos presentes nos espaços de debate público. Trata-se de outra forma de representação, informal, difusa, imprecisa, que depende de adesões por vezes pontuais e revogáveis a qualquer momento, mas nem por isso menos importante no processo público de formulação das decisões. Temos de estar representados porque há pouco espaço para nossa intervenção direta e eficaz no debate. E, tanto quanto ou até mais do que na representação formal, ruídos e vieses podem comprometer a representatividade nessa instância.

É possível avançar agora para outro aspecto da discussão. A centralidade da mídia no jogo político – o fato de que a política hoje ocorre em um ambiente constituído pelos meios, como disse Gomes (2004) – possui impacto nas formas de atuação e nas estratégias dos agentes presentes no campo. Por um lado, a gestão da visibilidade midiática tornou-se um elemento crucial para o avanço das carreiras políticas. Tal gestão é diferenciada de acordo com as pretensões de cada agente e com o conjunto de veículos de comunicação com os quais interage, porém, de maneira geral, é possível dizer que a presença na mídia se constitui em um ingrediente nada desprezível da produção de capital político (Miguel, 2002). Por outro lado, a própria pauta de questões relevantes, postas para a deliberação pública, é condicionada em alto grau pela visibilidade de cada questão nos meios massivos. Movimentos sociais, organizações não governamentais,

---

1 Este parágrafo e os seguintes resumem Miguel (2003a).

empresas, grupos de interesse e mesmo partidos, representantes eleitos e a própria administração governamental precisam sensibilizar os meios de comunicação para introduzir e/ou priorizar as questões de seu interesse na agenda pública (ver Cook, 1998).

Assim, o peso dos meios de comunicação na determinação da agenda acaba por influenciar os representantes, mesmo em seus próprios fóruns de atuação. Cabe uma breve digressão sobre a relação do parlamentar, ou mesmo do ocupante do poder executivo, com seus constituintes. Do ponto de vista ideal, o vínculo produzido pelo momento da eleição estende-se por todo o mandato. De fato, a eleição é tanto o momento da *autorização* para o exercício do poder quanto da realização da *accountability*, quando os votantes dão seu veredicto sobre a prestação de contas de seus representantes. A expectativa deste veredicto orienta a ação dos governantes, que não precisam necessariamente curvar-se à opinião pública a cada momento, mas devem ser capazes de se justificar diante dela.

Na prática, sabe-se que são diversos os obstáculos à efetivação da *accountability* (Miguel, 2005). O mais crucial deles está ligado ao fato de que a representação política nas sociedades modernas é *multifuncional*, ou seja, o mandato concedido, tanto no executivo quanto no legislativo, abrange uma quantidade indeterminada de questões. O mandatário possui poder de decisão sobre os temas mais diversos e tipicamente, ao longo de seu termo, participará de centenas de diferentes processos deliberativos. Os custos de informação para os eleitores tornam-se altos, sobretudo porque, por definição (já que se trata da principal condição que sustenta a necessidade dos mecanismos representativos), eles podem dedicar às questões públicas apenas uma pequena parcela de seu tempo e de sua atenção.

A multifuncionalidade da representação implica múltiplas prestações de conta; o eleitor deve não apenas ser capaz de acompanhá--las – na medida de seu interesse – como de dar a cada uma seu justo peso no momento de produzir uma avaliação global do desempenho do governante. Várias fontes concorrem no sentido de prover informações ao público, incluindo aí os próprios detentores de mandato, que buscam estabelecer canais para divulgação de suas ações, e organizações da sociedade civil, que divulgam registros de posições referentes aos temas de seu interesse. Mas a mídia noticiosa ocupa uma posição central, em especial porque – ao contrário de governantes, parlamentares, partidos, movimentos sociais etc. – aparece aos olhos do público como *imparcial*. De maneira diferente dos outros atores, ela seria capaz de falar sem se situar em uma posição social específica e, portanto, sem coincidir com interesses conflitivos. Ela representaria, supostamente, a totalidade dos interesses, abarcando as posições plurais que constituem uma dada sociedade, como será discutido no Capítulo 2.

O resultado é que o noticiário dos meios de comunicação acaba por influenciar, em medida considerável, a ação parlamentar. Um parlamentar, bem como o chefe de um poder executivo, pode apresentar o projeto que quiser, sobre qualquer tema e, dessa forma, submeter o assunto à decisão política, e escolhe livremente os assuntos sobre os quais discursará. Ainda assim, a influência dos meios de comunicação na formulação da agenda é significativa. Há um forte incentivo para que as intervenções e projetos dos governantes sejam ligados aos temas veiculados na mídia, por dois motivos: (i) são os temas de maior visibilidade efetiva, isto é, o político que age a respeito deles mostra-se mais atuante; e (ii) são os temas de maior visibilidade pessoal potencial, isto é, a intervenção a respeito deles tem mais chance de receber destaque na mídia. Nem sempre os governantes aceitam a imposição da agenda midiática e, muitas vezes, agem no sentido de modificá-la. A atuação de cada um vai depender do grau de vinculação a grupos de interesse definidos e da posição no campo político (Miguel, 2002). Mas não se pode ignorar o incentivo que políticos em busca de reeleição recebem por aparecer, diante do público, como atuantes e destacados,[2] nem o fato de que a tramitação congressual de questões de pequena visibilidade tende a ser simbólica ou muito lenta, quando não abortada.

---

2 Mais de 40% dos discursos na Câmara dos Deputados fazem menção direta à mídia, em geral, como fonte das informações ou para corroborar os argumentos do orador (Máximo, 2008).

Fica claro que participar da elaboração da agenda e participar do debate público são duas faces de uma mesma moeda. Um elemento central do debate é a composição e a hierarquização da agenda, que inclui tanto a busca por destacar determinado tema quanto por, eventualmente, retirá-lo da discussão. Apresentar os problemas, porém, não é suficiente. Os interlocutores do debate público vão buscar também "enquadrá-los", isto é, construir uma narrativa que os explique e, assim, oriente o processo de tomada de decisão. Por vezes, a capacidade de incluir um tema na agenda está dissociada da capacidade de disputar a produção do enquadramento, isto é, a construção de sentido sobre a questão. Formas de ação direta, com recurso à violência ou à desobediência civil, por exemplo, podem ser eficazes para despertar a atenção para um problema, mas os grupos que recorrem a elas perdem legitimidade para serem aceitos como interlocutores públicos, sendo substituídos por outros, mais moderados (Gamson e Meyer, 1996, p.287-9). Na disseminação dos diferentes enquadramentos, uma vez mais, os meios de comunicação de massa ocupam papel central.

Em síntese, a função de representação política significa tanto tomar decisões em lugar de outros quanto participar da produção da agenda pública e do debate público em nome de outros. Da mesma forma como a primeira dimensão, que é imprescindível em sociedades populosas, extensas e complexas (como as contemporâneas), a segunda se impõe na medida em que a participação direta de todos no debate público é inviável. A *representatividade* dos agentes presentes no debate está, portanto, sujeita a críticas similares às que são endereçadas aos parlamentos. Se as diferentes vozes presentes na sociedade não se fazem ouvir no debate público – isto é, se o pluralismo político e social deste debate é limitado –, então há uma distorção que compromete a qualidade da democracia, entendida normativamente como produção autônoma das normas que gerirão o convívio social, por aqueles que a elas estarão submetidos, em condições de igualdade.

Neste sentido, a compreensão de que os meios de comunicação são uma esfera de representação está diretamente ligada à compreensão de que são um espaço privilegiado de disseminação das diferentes perspectivas e projetos dos grupos em conflito nas sociedades contemporâneas. É evidente que a representação nos fóruns decisórios estabelecidos, caracterizada pela delegação expressa de poder por meio do voto, e a representação no debate público e na formação da agenda, que ocorre em grande medida por intermédio da mídia, ganham aspectos diferentes. Na primeira, a relação entre representantes e representados assume uma feição muito mais formalizada e explícita, mas é também uma relação descontínua, que se cristaliza no momento das eleições, quando se concede a autorização e se realiza a *accountability*. Não é possível imaginar algo tão institucionalizado para a agenda e o debate, já que, entre suas características, estão a fluidez e multiplicidade de espaços em que acontecem – e é bom que seja assim, uma vez que isso indica a possibilidade permanente de reapropriação pela sociedade dos assuntos públicos. Ainda assim, é importante assinalar a necessidade de que os meios de comunicação representem de maneira adequada as diferentes posições presentes na sociedade, incorporando tanto o pluralismo político quanto o social.

Mídia, legitimidade e hierarquias de gênero

Em seu estudo hoje clássico sobre a opinião pública, Walter Lippmann observava que a ação humana "não é baseada em conhecimento direto e seguro, mas nas imagens [do mundo] que cada um constrói ou recebe" (Lippmann, 1997 [1922], p.16). Os meios de comunicação são hoje os grandes fornecedores dessas representações. É claro que eles não *formam* nossa visão de mundo, já que diferentes instâncias contribuem para estabelecer os mecanismos de decodificação das mensagens da mídia e, em contrapartida, o papel da vivência cotidiana também é significativo. Mas o fato de que o público não absorve de forma mecânica o aporte dos meios de comunicação não o torna irrelevante. A pergunta "como é o mundo tal como a mídia o apresenta a seus receptores?" não esgota a questão da produção das representações do mundo social, mas não é possível prescindir dela.

A visibilidade nos meios de comunicação de massa é, como já foi dito, um fator fundamental na produção de capital político nas sociedades contemporâneas. Os meios de comunicação são fonte e índice de capital político. A partir de um conjunto de normas e valores que definem o que é noticiável e quem faz parte, com pesos e formas diferenciadas, da notícia, os meios de comunicação (no caso, especificamente, o jornalismo) conferem distinção à medida que tornam visíveis determinadas personagens. Ao mesmo tempo, a visibilidade é a "constatação", pelo jornalismo, de distinções e competências definidas a partir das normas, valores e hierarquias que regem outros campos, como o da política, e que os meios de comunicação absorvem.

O problema do reconhecimento envolve o da legitimação de formas diferenciadas de inserção e atuação de indivíduos e grupos, com suas competências específicas. Permite, assim, estabelecer uma conexão direta entre a mídia, as representações "legítimas" do mundo social e a representação político-institucional. Existe um problema referente à presença, menos ou mais plural, de grupos e indivíduos na mídia em sua correlação com a presença e atuação desses grupos e indivíduos em diferentes esferas da vida em sociedade, com destaque para o campo político. Nesse sentido, reforçando o que foi discutido anteriormente, a maneira como a mídia representa (ou deixa de representar) a diversidade social e a pluralidade de interesses presentes na sociedade tem efeitos sobre a dinâmica de representação política, já que ela é uma esfera privilegiada de produção das formas de reconhecimento que constituem o capital simbólico e de confirmação ou refutação das hierarquias presentes na sociedade. Ainda que sejam reconhecidos os impactos que outros atores possam ter, a mídia ocupa um lugar central na compreensão dos cidadãos comuns, e sua atuação política tem um impacto ampliado sobre outros âmbitos da esfera pública.

A mídia tem um papel relevante na construção da agenda pública, com influência na definição dos temas sobre os quais os indivíduos pensam e que são objeto de discussões em diferentes espaços, isto é, atua centralmente na definição do que é relevante e merece atenção.

Nosso enfoque destaca a relação entre esse "o que", que é objeto da atenção, e "quem" é objeto de atenção. A visibilidade dos atores é um misto de designação de competência (muitas vezes autorreferente, isto é, a visibilidade midiática seria capaz de "atestar", ela mesma, a competência daqueles que, por ela, se fazem vistos e ouvidos) e de designação de diferenciação. Homens e mulheres tornam-se visíveis, na mídia, vinculados de maneira diferenciada e assimétrica a campos da vida social e aos temas que perpassam esses campos.

As diferenças de gênero, tomadas como diferenças estruturais, têm a mídia como parte de procedimentos que reforçam a estrutura de relações e interações constituída (Young, 1998, p.93). A mídia compõe esses procedimentos na medida em que difunde visões da realidade social que tendem a confirmar e naturalizar as compreensões das hierarquias de gênero já incorporadas pelos agentes (homens e mulheres). As divisões entre público e privado são, nesse sentido, exemplares. A confirmação do "pertencimento" de mulheres e homens a temas e funções vinculados à esfera pública ou privada, de acordo com as definições convencionais dessas esferas, confirma as hierarquias que são resultantes da inserção diferenciada de umas e outros nessas esferas e, em especial, da divisão do trabalho que envolve. E essa confirmação é prospectiva no sentido de que, ao "constatar" a realidade presente, potencializa sua realização no futuro, isto é, sua permanência.

Para Iris Marion Young, as diferenças de gênero são estruturadas por um conjunto de relações e interações que agem em conjunto para produzir certas possibilidades e excluir outras. São estruturais pelo caráter relativo de permanência que têm: "embora o conteúdo específico e detalhado das posições e relações seja frequentemente reinterpretado, desenvolvido e mesmo contestado, as localizações sociais básicas e as relações entre elas tendem a ser reproduzidas" (Young, 1998, p.95). As estruturas sociais são entendidas pela autora como processos que só existem e se concretizam na ação e interação entre as pessoas. A reprodução dessas relações (de dominação) constitui-se como tendência mesmo na medida em que os agentes as incorporam. Essa incorporação, por sua vez, corresponde à naturalização de formas de ver e classificar o mundo, consistindo em uma matriz de comportamentos. O conceito de *habitus*, da sociologia de Bourdieu, procura justamente dar conta dessa dinâmica.

O *habitus* primário dos agentes que constituem o campo da mídia é marcado pelas relações de gênero, que inclui a posição de desvantagem na qual as mulheres foram, como grupo, historicamente situadas. Na interação com as disposições específicas do campo, as hierarquias de gênero potencializam a posição da mulher no discurso: predominantemente, a de *objeto de que se fala*. A pesquisa empírica discutida nos capítulos 4 e 5 deste livro mostra que os noticiários excluem as mulheres enquanto sujeitos de discurso, ao mesmo tempo que confirmam perspectivas *sobre* o "feminino", referenciadas pela estrutura de diferenciações de gênero existente. Há poucas mulheres no noticiário político, diminuindo o impacto potencial de *perspectivas de mulheres* (e não *sobre mulheres*), que poderiam confrontar o discurso que os meios de comunicação apresentam como "universal". Essas perspectivas poderiam expor tensões, confrontos e dissonâncias que fazem parte das relações assimétricas entre homens e mulheres.

As formas atuais do campo da mídia e, nele, os padrões recorrentes de materialização dos discursos (Foucault, 1997 [1969]), pautados pela repetição e pela incorporação de grades de relevância semelhantes e procedimentos comuns de acesso às fontes de informação, produzem visões do campo político que estão em consonância com as formas predominantes de distribuição de capital e reconhecimento. O cotidiano de produção da notícia é marcado pela repetição de padrões discursivos. Isso se deve às formas de socialização dos jornalistas nas redações e a procedimentos de produção da notícia que privilegiam a repetição, produzindo um noticiário homogêneo – no caso do jornalismo, destaca-se o recurso dos diversos veículos às mesmas fontes, o papel das assessorias de imprensa, a comunicação governamental, a concorrência entre os veículos e a convivência entre os jornalistas que "cobrem" setores específicos. Há, por todas essas razões, um compartilhamento de representações do campo político que predominam, de maneira bastante homogênea, nos noticiários.

Isso favorece a confirmação e naturalização da ordem política vigente e, nela, da concentração da presença e dos recursos de poder nas mãos de poucos indivíduos, pertencentes aos mesmos grupos sociais.

Gênero e representação política

Em muitos países, entre os quais o Brasil, a representação política das mulheres tornou-se um tema importante de discussão nas últimas décadas. Meio século ou mais depois da obtenção do direito de voto pelas mulheres, elas continuavam ocupando uma parcela muito reduzida das posições de poder. A partir, sobretudo, dos anos 1970, o movimento feminista obteve êxito em apontar que tal ausência era sinal de um *problema* – que não se tratava do reflexo de uma pretensa inclinação menor das mulheres para a participação na vida pública, mas do sintoma de uma exclusão, com base estrutural, que devia ser combatida.

A busca por uma presença maior das mulheres nos espaços decisórios insere-se em um movimento mais amplo, que identifica, como um dos pontos decisivos de estrangulamento das democracias contemporâneas, a sub-representação política de determinados grupos sociais. O grupo dos governantes, em relação ao conjunto da população, tende a ser muito mais masculino, rico, instruído e branco – uma observação que vale para o Brasil e para as democracias ocidentais em geral. A expansão da franquia eleitoral, com a incorporação de novos grupos, como as próprias mulheres, os trabalhadores e os analfabetos, à cidadania política não modificou de forma substantiva a situação. Como observou Anne Phillips (1999, p.35), não basta eliminar as barreiras à inclusão, como no modelo liberal: é necessário incorporar explicitamente os grupos marginalizados no corpo político.

A afirmação da relevância política dos *grupos* sociais leva a uma ruptura com o individualismo abstrato que marca o pensamento liberal (e, por intermédio dele, o ordenamento constitucional das democracias ocidentais). O rompimento com essa tradição vai ser embasado teoricamente por uma miríade de pensadores, que, no entanto, oscilam desde a exaltação à diferença de grupo, com o abandono de qualquer perspectiva unificadora, como em momentos da obra de Iris Marion Young (1990), até a busca de um compromisso com o republicanismo cívico, enfatizando a necessidade de que as pessoas percebam os limites de sua própria posição diante "da comunidade mais ampla à qual todos em última análise pertencemos", que é a posição da própria Anne Phillips (1993, p.106).

Admitido o problema, muitos Estados (primeiro na Europa, em seguida no resto do mundo) passaram a adotar políticas que visavam ampliar a presença dos grupos subalternos nas esferas representativas – em especial para as mulheres, já que o sexo biológico se apresenta como uma variável dicotômica e inequívoca, sem ambiguidades, eliminando as polêmicas sobre as fronteiras do grupo a ser beneficiado (como acontece com raça, cor, classe ou renda). As medidas mais importantes envolveram a adoção de cotas eleitorais, implicando a reserva de um determinado contingente de candidaturas femininas.

Há uma clara ligação entre essa posição e aquilo que, em seu estudo hoje clássico, Hanna Pitkin descreveu (e criticou) como "representação descritiva", que concebe o parlamento como uma espécie de mapa, no qual se vê a imagem perfeita, embora em tamanho reduzido, da sociedade. Com isso, o que os representantes *fazem* perde importância em relação a quem eles *são*; e um aspecto valioso da representação política, a *accountability* dos eleitos para com seus eleitores, é deixado de lado (Pitkin, 1967). Ao defender o que prefere chamar de "política de presença" das críticas de Pitkin e outros, Anne Phillips (1995) admite que ela nasce da desilusão com a *accountability* esperada dos representantes, que se mostrou incapaz de proteger as minorias.

No Brasil, a principal resposta prática ao problema da sub-representação feminina foi a mudança na legislação eleitoral, que introduziu cotas para candidaturas femininas nos partidos e coligações. Os resultados têm sido, até certo ponto, frustrantes, o que é atribuído tanto às peculiaridades do nosso sistema eleitoral, de representação proporcional em listas abertas (Araújo, 1998, 2001a, 2001b), quanto à tibieza com que a reserva de candidaturas foi introduzida, permitindo que as vagas destinadas às mulheres fiquem em aberto, ampliando o número de candidatos em cada lista e não obrigando os partidos a destinar recursos às suas candidatas (Miguel, 2008). A legislação brasileira, assim, não oferece mais do que um estímulo tênue para que mais mulheres concorram às eleições legislativas. Espera-se que, a médio prazo, esse estímulo reverta em uma ampliação expressiva do número de mulheres presentes nos espaços de tomada de decisão. Porém, isto não significa que a igualdade política entre os sexos está prestes a ser alcançada. Ainda que, por exemplo, todos os deputados e deputadas federais sejam formalmente iguais, a prática demonstra que alguns possuem mais prestígio, espaço e influência que outros, o que é próprio de um *campo*, no sentido que Bourdieu empresta ao termo e que incorporamos a esta discussão. Assim, da mesma forma que há uma diferença entre concorrer e se eleger, há outra, entre se eleger e alcançar as posições centrais no campo político, isto é, as posições de elevado capital político. Essa discussão é o foco do Capítulo 3, que apresenta um mapeamento das principais vertentes teóricas na análise da sub-representação das mulheres e defende que, no âmbito dos estudos e da atuação política, se leve em conta a relação entre a configuração atual – e excludente – da política democrática nas sociedades contemporâneas e as formas estruturais, mais amplas e *pervasivas*,[3] de reprodução das hierarquias de gênero. A superação dessas últimas depende da confrontação com as formas de exclusão e valorização que regem as relações internamente ao campo político e definem suas margens.

Os dados da pesquisa empírica que serão discutidos nos capítulos 4 e 5 mostram que ao percentual reduzido da presença feminina – nos noticiários e nos parlamentos – se soma uma associação entre a presença feminina e determinadas áreas e temáticas de atuação. Há ao menos dois problemas nessa associação. Um deles aponta para

---

3 "Pervasive", em inglês, é a qualidade de algo que tem a tendência a tudo permear. Descreve padrões de percepção, de avaliação, de comportamento ou de relação desigual que se replicam e se manifestam em diferentes terrenos. Adotamos esse anglicismo pela ausência de equivalente na língua portuguesa que expresse de maneira adequada essa condição.

aspectos específicos das hierarquias no campo político e das relações entre este e o campo midiático: o âmbito considerado "próprio" para a política feminina – questões sociais; questões ligadas à família, à infância e à adolescência; meio ambiente etc. – é também aquele que menos impulsiona as carreiras políticas e que possui menor visibilidade na cobertura jornalística da política. O outro, mais abrangente, é que essa localização diferenciada de homens e mulheres no debate público e na atuação política reproduz a dualidade entre o público e o privado que é responsável por muitas das desvantagens e obstáculos que as mulheres enfrentam para afirmar-se autonomamente e associar-se, independentemente do sexo biológico, a atividades e interesses variados.

Os meios de comunicação de massa contribuem para o insulamento temático das mulheres na política, na medida em que tendem a dar mais espaço às intervenções de mulheres sobre temas julgados femininos. Àquelas que fogem à regra reservam epítetos preconceituosos – basta pensar no "Dama de Ferro", aplicado primeiro à primeira-ministra britânica Margaret Thatcher, depois a outras líderes políticas que ocuparam cargos considerados próprios de homens (no Brasil, Zélia Cardoso de Mello, que foi ministra da Fazenda no governo Collor, e, depois, Dilma Rousseff, ministra de Minas e Energia e da Casa Civil no governo Lula, antes de ser eleita presidente da República em 2010) –, quando não insinuações veladas de que seriam "masculinizadas". Elas são, no entanto, a exceção. Como regra, as mulheres que ingressam na arena política não tardam a perceber o ônus que representa um enfrentamento aos estereótipos de sexo. Os meios de comunicação, o Estado, os partidos e o próprio eleitorado mostram-se mais confortáveis diante de mulheres que correspondem àquilo que se espera delas, e este é um fator que pesa nas suas chances de êxito eleitoral e político.

Os referenciais utilizados para o julgamento de mulheres e homens na política também são diferenciados. Calcados na estrutura de gênero atual, consistem em avaliações que incidem de forma mais direta sobre a vida privada e o trato social no caso das mulheres (a avaliação de sua atividade profissional passa por seu maior ou menor ajustamento às regras da polidez feminina e das exigências morais de certo decoro e dedicação na vida familiar), e sobre a habilidade técnica e competitiva e a "firmeza" de atitudes no caso dos homens. Do mesmo modo, o corpo marca a produção de identidades para as mulheres de maneira muito mais incisiva do que para os homens (Bourdieu, 1998; Young, 2005).

O que está na base dessas divisões é a dualidade entre o público e o privado, que é estruturante da política e do pensamento político ao menos desde o século XVII e permanece, como um pressuposto não problematizado, nas correntes hegemônicas da teoria política contemporânea. A crítica feminista estabeleceu conexões entre a subordinação das mulheres aos homens e a definição dos papéis de umas e outros nas diferentes esferas sociais e, grosso modo, entende o público e o privado como duas faces de uma mesma ordem social, definida por Pateman (1989, p.122) como "liberalismo patriarcal". A subordinação e dependência impostas às mulheres, e reproduzidas pela divisão sexual do trabalho, permeiam as diversas esferas da vida e explicitam que as conexões entre o que se passa no âmbito doméstico e no não doméstico são profundas e têm impacto sobre todos os espaços e atividades (Okin, 1989, p.126).

Carole Pateman (1989, p.119) estabelece uma relação entre a confrontação com a oposição entre o público e o privado e a maior ou menor acomodação da crítica feminista ao liberalismo. Uma maior acomodação aos pressupostos liberais significaria uma menor confrontação com essa dualidade. Haveria, assim, ao menos dois eixos representativos das análises. Um deles corresponde à defesa da ampliação dos direitos da mulher, produzindo uma universalização efetiva, que as inclua. Neste caso, o liberalismo é alvo de críticas, mas por não realizar de fato suas promessas de inclusão. Ficam, assim, mantidas algumas de suas premissas, entre elas a própria noção de universalidade como recurso adequado para promover a inclusão. No segundo eixo estariam as críticas que rejeitam a dualidade entre o público e o privado, tal como é definida pelo liberalismo. Para estas, está em questão o caráter patriarcal do liberalismo. A definição de uma posição subordinada e marginal para as mulheres não corresponde a falhas ou incompletudes, mas à sua própria estrutura.

A presunção de que a democracia é possível, enquanto desigualdades socioeconômicas e de gênero permanecem, está conectada, segundo Fraser, à busca, pelos teóricos liberais, de isolar os processos políticos "daqueles que são considerados processos não políticos ou pré-políticos, característicos, por exemplo, da economia, da família e da vida cotidiana informal" (Fraser, 1992, p.121). É possível traçar, então, um paralelo entre as lutas históricas do movimento operário – para que fosse admitida a relevância política, no capitalismo, das relações estabelecidas no ambiente de trabalho – e a luta feminista pelo reconhecimento da relevância política da esfera doméstica.

O problema, portanto, do que ganha espaço no debate público e do que é legado ao silêncio está relacionado à hierarquia entre o público e o privado. As experiências consideradas pouco relevantes não apenas estão situadas predominantemente em uma esfera, a privada, mas são parte central das experiências e pontos de vista de atores sociais subalternizados, como as mulheres (que tiveram sua vida e suas competências associadas, historicamente, à domesticidade e à família). A despolitização do privado não apenas marginaliza, potencialmente, esses atores e suas perspectivas sociais, mas diminui ou retira a visibilidade de desigualdades e formas de opressão que são centrais à vida cotidiana de muitos indivíduos em sociedades nas quais as instituições democráticas liberais podem ser consideradas como funcionando a pleno vapor.

Há, entre as perspectivas que fazem parte dessa crítica, o reconhecimento de que os laços entre as mulheres e a domesticidade, que incluem o cuidado com as crianças e outros familiares, foram produzidos historicamente. Mesmo que os desdobramentos dessa constatação sejam variados, ela orienta a análise crítica dos processos históricos que produziram uma forma específica de valorização da maternidade, atando a mulher a esse papel (como em Beauvoir, 2008 [1949] e Badinter, 1985 [1980]). Orienta, também, a crítica à teoria política hegemônica, sobretudo ao contratualismo moderno, que participou da definição do conceito de indivíduo no Ocidente (como em Pateman, 1993 [1988]; Okin, 1979 e Elshtain, 1981), assim como a crítica à racionalidade e à impessoalidade como valores-guia da esfera pública contraposta à esfera privada, que seria, então, o lugar dos afetos e das especificidades (também presente em Elshtain, em Sarah Ruddick e em Carol Gilligan, constituindo o "pensamento maternal", de que se falará mais adiante). A diferença, empiricamente constatada, na inserção de homens e mulheres nas diferentes esferas da vida e sua vinculação a temas relacionados à esfera doméstica e à família no debate público e nos diferentes espaços da atuação política pode ser explicada de diversas formas. Uma corrente dentro da teoria feminista vai afirmar que ela indica uma *diferença moral* entre homens e mulheres, que sustentaria, da forma mais radical (no sentido preciso da palavra), a especificidade da representação política das mulheres. Dar espaço à representação política feminina seria dar voz, nas discussões públicas, a outra sensibilidade, que hoje permanece circunscrita à esfera doméstica. Uma afirmação controversa, para dizer o mínimo, que será discutida no Capítulo 3.

A pesquisa que deu origem a este livro procurou avaliar se, e de que maneira, os estereótipos de gênero impõem constrangimentos à ação das mulheres na política. É possível dizer que constrangimentos são impostos também aos homens, que encontrariam dificuldades para escapar ao modelo considerado "masculino". A diferença é que a ação esperada dos homens é aquela que melhor promove a carreira política, ao passo que o comportamento "feminino" contribui para reter as mulheres nas posições mais periféricas do campo. Ou seja, ao ingressar na vida política, uma mulher deve pesar o quanto vai se conformar às expectativas sobre sua atuação – restringindo-se a áreas de menor prestígio e visibilidade, com menos potencial para agregar capital simbólico – e o quanto vai afrontá-las, sofrendo os ônus vinculados a uma conduta desviante. Trata-se de um cálculo bem mais custoso do que aquele ao qual os homens se encontram submetidos. Essas expectativas, vinculadas aos estereótipos de gênero e confirmadas cotidianamente pela divisão sexual do trabalho político, em um processo de naturalização que colabora para sua perpetuação, estão presentes no público (isto é, nos eleitores), nas lideranças políticas e nas próprias mulheres (ver Bourdieu, 1998).

Também estão presentes nos jornalistas, de ambos os sexos, que produzem o noticiário político.[4] O cálculo que as mulheres no campo político devem fazer inclui, como um de seus elementos importantes, a visibilidade na mídia. Trata-se de um processo circular: esta visibilidade tanto produz capital político quanto dele deriva. O jornalismo concede mais espaço às mulheres quando elas se encontram próximas de sua esfera tradicional, a dos assuntos privados e do cuidado com os outros, mas a vinculação a tais temáticas as afasta do núcleo do noticiário político. Observam-se, então, mecanismos de reforço entre mídia e campo político, que obstaculizam, em primeiro lugar, o ingresso das mulheres e, em seguida, seu progresso na carreira política. A definição do que é público e do que é privado e dos limites entre essas esferas é uma questão política da mais alta relevância. Mas a pressuposição de que existe uma espécie de "reserva moral" na relação das mulheres com a esfera doméstica e familiar pode resultar na reprodução de sua posição marginal. O entendimento de que uma perspectiva "feminina", derivada da dualidade entre as esferas e da orientação das mulheres para o cuidado com a família e zelo pela domesticidade, poderia, potencialmente, confrontar-se com a lógica atual de configuração da política pode ser ingênuo, por desconsiderar como os valores e práticas que reproduzem a dominação são internalizados e constituem as identidades.

A contribuição que os meios de comunicação de massa (e, em particular, o jornalismo) dão para a perpetuação da baixa presença política das mulheres não é fruto de uma decisão pensada de seus profissionais. Ela se liga às rotinas produtivas da mídia e aos incentivos presentes tanto para a naturalização das hierarquias dadas quanto para o não questionamento da situação de acesso desigual à voz. Como procuraremos demonstrar no próximo capítulo, a crítica não pode resumir-se ao fato de que a imprensa realiza mal seus imperativos ideais de imparcialidade ou objetividade, mas deve dirigir-se aos próprios ideais.

---

4 A pesquisa mostrou que repórteres do sexo feminino *não* abrem mais espaço para mulheres em suas reportagens.

2
AS PERSPECTIVAS SOCIAIS E AS ROTINAS DO JORNALISMO

O entendimento da relação entre mídia, gênero e política exige uma reflexão sobre as rotinas produtivas do jornalismo e como elas dialogam com a complexidade e a diversidade do mundo social circundante. O jornalismo tende a ser consumido de maneira irrefletida, como se o produto que ele apresenta, a notícia, fosse algo que existe por si mesmo, cabendo aos profissionais encontrá-la e apresentá-la ao público. Reconhece-se que, às vezes, tal tarefa é realizada de maneira falha, seja porque as notícias não são apresentadas da forma adequada (incompetência), seja porque algumas notícias deixam de ser apresentadas (omissão), seja, ainda, porque se apresenta como notícia algo que não o é (mistificação). Mas tais críticas se fazem dentro de um mesmo espaço de reflexão, que aceita os códigos profissionais do jornalismo como parâmetros do julgamento.

É necessário avançar na crítica, compreendendo como a prática do jornalismo produz determinada competência que ganha legitimidade social, mas se torna, nesse mesmo processo, um fator de exclusão. Tal competência está associada à capacidade de efetivar determinados valores aos quais se liga a ética profissional. É possível nomeá-los como *objetividade, imparcialidade* e *neutralidade*, um trio de prescrições intimamente interligadas sobre a prática profissional do jornalismo. A *objetividade* refere-se à fidelidade ao mundo: o repórter descreve as coisas tais como elas são. A *imparcialidade* refere-se à ausência de preferência por um dos lados em qualquer questão controversa. E a *neutralidade* diz respeito à despreocupação com as implicações da notícia: os fatos devem ser apresentados ao público, não importa quem venha a ser beneficiado ou prejudicado com sua divulgação.[1] Como os três valores se entrelaçam em um único sistema de prescrições de práticas e comportamentos, por economia de linguagem, eles serão, ao longo deste livro, chamados "objetividade jornalística", exceto quando se quiser destacar um aspecto preciso em particular.

Os valores da objetividade jornalística afirmam seu distanciamento com relação a quaisquer outros valores presentes na sociedade. É a transcrição, para a prática profissional, da neutralidade axiológica própria do pensamento liberal (e que encontra sua mais importante elaboração filosófica contemporânea na obra de John Rawls, ponto ao qual voltaremos adiante neste capítulo). Tal movimento foi, e ainda é, importante para o cumprimento das funções públicas do jornalismo. É a ética profissional vinculada à objetividade, imparcialidade e neutralidade que sustenta a resistência do jornalismo às interferências arbitrárias do Estado, na forma de censura, ou dos proprietários das empresas de comunicação e anunciantes, na forma de manipulação ou sensacionalismo. Graças a seu código de conduta, o jornalismo pode reivindicar sua autonomia com relação tanto à razão de Estado quanto aos imperativos do lucro.

Tal movimento, porém, não é uniforme nem isento de tensões. Nos momentos em que a nação se apresenta como uma unidade diante de outras, seja em uma guerra, em uma negociação internacional ou em um campeonato de futebol, a imparcialidade esperada ou exigida do jornalismo decresce. É bem verdade que ocorreu uma inflexão nas últimas décadas, que se liga, nos Estados Unidos, à guerra do Vietnã e ao escândalo de Watergate (e em outros países a

---

1 A desatenção às implicações da notícia como um dos componentes do código profissional do jornalismo é destacada no estudo de Herbert Gans – que, no entanto, a vincula ao valor da "objetividade" (Gans, 2004 [1979], p.188). De fato, os três valores aqui apresentados relacionam-se de maneira estrita uns aos outros.

uma variedade de fatores, entre os quais não é desprezível a própria influência do jornalismo estadunidense). Em vez do apoio incondicional ao esforço de guerra no sudeste asiático ou da manutenção do tradicional "cordão sanitário" em torno da presidência, o jornalismo esforçou-se para apresentar notícias consideradas incômodas pelos detentores do poder. Mais que a adesão a uma imparcialidade alargada, porém, tais casos revelam uma disjunção entre nação, Estado e governo. O governo deixa de ser visto como o porta-voz inconteste do interesse nacional, mas ainda é em nome desse interesse que o discurso do governo pode ser contradito e eventualmente desmascarado.

Revelam-se aqui alguns dos limites da pretensão de imparcialidade e neutralidade do jornalismo. O interesse nacional permanece como horizonte implícito de sua atuação. Em outras palavras, a defesa da objetividade busca isolar a atividade jornalística da influência de determinados interesses que, pela via do poder político ou do poder econômico, tentariam subjugá-la. Mas isso não significa que os jornalistas se coloquem, idealmente, em uma posição "desinteressada": eles vocalizam o interesse da totalidade, acima dos interesses parciais. Trata-se de algo presente já no início do século XX, no pensamento de Walter Lippmann, seguramente o autor singular que mais impacto teve na formulação da ideologia do jornalismo estadunidense. Ele é o defensor, a um só tempo, da norma da objetividade e, em sua polêmica dos anos 1920 com John Dewey, da ideia de que cabe ao jornalismo *nortear* o público na direção do "bem comum", contribuindo para "fazer os negócios públicos andarem melhor" (Lippmann, 1997 [1922], p.251; ver também Lippmann, 1993 [1925]). A orientação para o bem geral não é entendida como uma contradição com a regra da neutralidade valorativa porque, sendo comum a todos, ele não se associaria a uma posição particular.

Se a razão de Estado recua, os interesses comerciais, por sua vez, parecem avançar. As concessões ao gosto superficial do público ganham o *status* de imperativos pragmáticos. É necessário manter audiência, circulação, a fim de obter anunciantes e sustentação financeira. Mesmo pilares da respeitabilidade jornalística – como *The*

Wall Street Journal, *The Guardian* ou *Le Monde* – curvam-se a essa lógica, ampliando o espaço para o noticiário sobre celebridades do *show business* ou adotando um estilo visual mais chamativo. Esta adaptação ao *Zeitgeist*, porém, tende a ser considerada um incômodo menor, que não afeta o coração da objetividade jornalística.

As normas profissionais cumprem um papel crucial, como foi dito, na produção da autonomia jornalística e da legitimidade social de sua ação. É crucial, assim, para o estabelecimento do jornalismo como um *campo*, no sentido que a sociologia de Pierre Bourdieu dá ao termo: um espaço social capaz de se guiar por suas próprias regras, refutando, com algum grau de sucesso, as interferências de outros agentes. No interior do próprio campo, tais normas se associam à hierarquização de seus integrantes, contribuindo para construir reputações e dotar alguns mais, outros menos, do capital simbólico próprio a ele.

No entanto – e este é o ponto fulcral deste capítulo –, a objetividade jornalística esconde a adesão a uma série de valores *parciais*, que correspondem à visão de mundo de alguns grupos, mas não de outros. Em uma sociedade cindida por sérias clivagens (de classe, de gênero, de raça, entre muitas outras), a própria noção de "bem comum" precisa ser posta em xeque. As ambiguidades da objetividade jornalística revelam, assim, muitas das ambiguidades latentes na própria neutralidade valorativa reivindicada pelo pensamento liberal.

Neste capítulo, procuramos indicar abordagens teóricas e hipóteses alternativas para a crítica à noção de imparcialidade no jornalismo. Propomos uma abordagem crítica a perspectivas teóricas que legitimam o jornalismo como fiador do pluralismo político. Nelas, o jornalismo configura-se como esfera de competência que, uma vez livre de restrições impostas pelo Estado e regulada segundo os princípios de sua ética, seria capaz de garantir e promover o debate entre diferentes perspectivas e interesses, estabelecendo os limites razoáveis para esse debate.

Para além disso, nossa proposta tem o objetivo de estabelecer um deslocamento em relação à crítica liberal pluralista à imparcialidade (ou à ausência dela). Entendemos que a abordagem liberal pluralista mantém a imparcialidade como um valor-guia. O problema estaria na realização imperfeita desse ideal e não em suas implicações políticas. Por isso, nessa abordagem, fica mantida a oposição entre parcialidade e objetividade para a avaliação do trabalho jornalístico e de seu grau de pluralismo – a saber, de sua competência para reproduzir, fielmente e de maneira equilibrada, as vozes e interesses que fariam parte, *per se*, dos debates e contendas considerados relevantes o suficiente para compor o noticiário.

Adotamos um entendimento crítico às formas atuais da convivência entre princípios e instituições democráticas liberais e os mecanismos de opressão que constituem o cotidiano das sociedades contemporâneas, permeando as condições (de fala, visibilidade e participação política) dos diferentes grupos sociais. Em outras palavras, procuramos enfrentar, no âmbito da mídia, o problema com o qual a teoria crítica, tal como enunciada por Fraser (1992, p.121), se confronta: o das desigualdades que afetam esferas públicas formalmente inclusivas, constituindo as interações discursivas que nelas se dão. Para tanto, focamos, em especial, nos problemas relativos às rotinas produtivas no jornalismo e nas variáveis que compõem as posições sociais e o *habitus* dos jornalistas.

Objetividade para quem?

Em um longo processo, que é paralelo ao desenvolvimento das técnicas de imprensa, mas não se resume a elas, o jornalismo estabeleceu-se como prática social específica, dotada de reconhecimento e legitimidade. Entendido de forma ampla, como a produção e veiculação de notícias por qualquer meio, não só o impresso, o jornalismo ganhou curso como uma forma discursiva validada por uma competência distintiva. Tornou-se – usando o conceito de Giddens (1990) – um "sistema perito", um sistema de excelência técnica, implementado por profissionais dotados de um saber próprio. Aos outros indivíduos (no caso, os leitores, ouvintes ou espectadores, isto é, os consumidores de informação) restaria, em grande medida, a opção de manter uma relação de confiança com os produtos desse saber que eles não dominam.[2]

Um dos pilares de sustentação da posição diferenciada que o jornalismo ocupa em relação a outras esferas sociais, em suas formas contemporâneas, é o ideal da objetividade. Pode-se argumentar que esse ideal se estabelece em continuidade com formas de diferenciação presentes em outras esferas, como a da produção científica, que também seria caracterizada pelo desengajamento e por critérios que permitiriam a produção de um discurso objetivo. No jornalismo, porém, há peculiaridades que são importantes para pensar sua relação com a política e a democracia. Uma dessas peculiaridades está no fato de que, ao reunir discursos produzidos em outras esferas, o jornalismo não apenas os difunde, tornando-os potencialmente conhecidos da maior parte da população, mas lhes dá sua chancela, isto é, garante, diante do público, sua veracidade. A confiança no discurso jornalístico corresponde à aceitação de que ele traduz de maneira adequada aquilo a que o público não tem acesso – porque está distante fisicamente dos eventos ou porque a diferença entre sua vivência e esses eventos demanda uma mediação que os torne acessíveis.

A competência distintiva do discurso jornalístico está, portanto, associada a seu potencial de dar acesso ao que é relevante (a partir, em larga medida, dos critérios de relevância consagrados pelo próprio jornalismo) e produzir referenciais compartilhados para os diferentes indivíduos. Mas sua validade está associada à ideia de que o discurso jornalístico não consiste em leituras a partir de posições específicas na sociedade. O que distingue o jornalismo é sua suposta competência para produzir discursos verdadeiros porque não posicionados, exteriores aos conflitos sociais. Boa parte do que se disse ao longo do século XX sobre as impossibilidades, lacunas e contradições nesse modelo não rompe com o ideal que o orienta. O discurso jornalístico continua sendo avaliado, amplamente, por sua menor ou maior aproximação do ideal da "imparcialidade". E sua compatibilidade ou não

---

2 A percepção do jornalismo como um "sistema perito" é explorada em Miguel (1999a).

com o funcionamento de uma sociedade democrática dependeria de seu desempenho nesse quesito.

Em seu estudo hoje clássico, Gaye Tuchman descreveu o que chamou de "rituais" da objetividade jornalística. Ela observou de que modo, diante dos imperativos da produção industrial das notícias, a busca por um resultado tão exigente – colar o discurso no mundo real externo de tal forma que a intermediação do emissor fosse anulada – foi substituída por uma série de procedimentos padronizados (ouvir os dois lados, usar criteriosamente as citações etc.) (Tuchman, 1972).

Ainda que existam diferenças entre as práticas jornalísticas de diferentes locais, ao longo do século XX a objetividade firmou-se como um valor central, e os rituais descritos por Tuchman formaram a rotina do exercício da profissão pelo mundo afora. Hallin e Mancini (2004) identificam três sistemas de relação entre mídia e política na América do Norte e na Europa Ocidental. Mas, no interior de cada um deles, a imprensa continua a se referenciar pelo ideal da objetividade jornalística. São estes valores que aparecem, de forma recorrente, no entendimento que homens e mulheres de imprensa têm sobre seu próprio fazer, na constituição dos esquemas práticos de atribuição de valor a seu trabalho, na defesa deste diante das pressões internas e externas ao campo jornalístico e na construção de um referencial ético compartilhado pelos próprios jornalistas. Trata-se de algo evidenciado em estudos realizados sobre os Estados Unidos (Johnstone; Slwaski e Bowman, 1972; Schudson, 1978, 1995, 2001, 2003; Reese, 1990; Ognianova e Endersby, 1996; Mindich, 1998; Lane, 2001), a Europa (Donsbach e Klett, 1993; Hafez, 2002; Sponholz, 2004; Carpentier, 2005) ou o Brasil (Hohlfeldt, 2001; Ribeiro, 2002; Biroli, 2007).

É bem verdade que a fixação do ideal da objetividade, tal como hoje entendido, é creditada ao desenvolvimento da imprensa nos Estados Unidos – sobretudo graças à emergência de um jornalismo comercial, sustentado por publicidade, e à introdução de inovações como o telégrafo e a fotografia, que ampliavam a possibilidade do fornecimento de fatos ao público e o colocavam diante de uma informação tida como um fragmento incontestável do mundo real. Alguns autores enfatizam a incompleta adesão de profissionais de outros países ao modelo normativo estadunidense, como faz, por exemplo, com relação à Europa, Michael Schudson (2001).

Com relação à América do Sul, é conhecida a análise de Silvio Waisbord, que entrevistou jornalistas de diversos países e concluiu que, mesmo com a incorporação das inovações tecnológicas que teriam propiciado o triunfo da norma nos Estados Unidos e o desenvolvimento de uma imprensa voltada ao mercado, persistia no subcontinente um amplo "ceticismo sobre a objetividade como o princípio basilar do jornalismo" (Waisbord, 2000, p.124; ênfase suprimida). No entanto, há diferença entre um discurso cético *abstrato* sobre a objetividade, efeito da disseminação de uma crítica acadêmica, e o papel concedido a ela nos esquemas efetivos de valoração da atividade profissional. Um certo tipo de crítica às noções de objetividade e imparcialidade se banalizou, nas escolas de jornalismo e mesmo dentro das redações, fenômeno que está longe de ser exclusividade dos países sul-americanos. Mas a crítica teórica combina-se com a manutenção de uma prática fundada nos valores criticados. Analistas que se debruçaram sobre uma controvérsia concreta, em que personalidades da imprensa mobilizaram argumentos em defesa de sua prática e expressaram os critérios de hierarquização das reputações, sugeriram que "a objetividade tem um papel mais importante, ao menos entre os jornalistas brasileiros, do que aquele reconhecido por Waisbord" (Albuquerque; Soares, 2004, p.158).

Isso ocorre, entre outros possíveis motivos, porque a objetividade cumpre uma função estratégica na conquista de autonomia para o campo jornalístico. Um campo é um "microcosmo" dotado de "seu próprio *nomos*", como afirma Bourdieu (2005 [1995], p.33). Ao tomar o lugar deste *nomos*, tornando-se o "código moral" do jornalismo, nas palavras de Michael Schudson (2003, p.84), a objetividade contribui para proteger o campo de interferências externas. É o primeiro valor que se mobiliza para garantir a independência das redações com relação aos interesses comerciais – a "muralha da China" que deve existir entre aqueles que fornecem as informações e aqueles que vendem espaço na mídia. É a bandeira que os profissionais erguem para se defender das pressões ligadas aos interesses políticos ou econômicos dos patrões. É o sustentáculo da legitimidade construída diante do público consumidor de informações (cf. Gans, 2004 [1979], p.186). Em suma, a objetividade está no coração da autonomia que, de um jeito ou de outro, o campo do jornalismo consegue alcançar.

A tensão entre objetividade e defesa do interesse comum, presente já nas formulações de Lippmann, permite definir a imparcialidade jornalística como uma sorte de universalismo. A fantasia de uma perspectiva não situada socialmente, isto é, transcendente aos conflitos sociais, é recorrente – do funcionalismo como "classe universal" em Hegel aos intelectuais mediadores de Karl Mannheim ou à "posição original" de John Rawls. O jornalismo a incorpora, de maneira tácita, em suas práticas. Ele se apresenta como capaz de determinar quais são as preocupações centrais da sociedade em um determinado momento e quais as contribuições relevantes ao debate sobre elas. A capacidade de tomar tais decisões "objetivamente" implica colocar-se em um ponto de vista que sobrevoa os interesses parciais em conflito.

Em um movimento similar, o discurso jornalístico universaliza (e naturaliza) um código de avaliação dos fenômenos que reporta. É o processo de "objetivação de padrões morais" (Ettema e Glasser, 1998, p.71; ênfase suprimida) que permite que o caráter transgressor de determinados comportamentos seja tratado como "fato" inquestionável e desprovido de ambiguidades.[3] A condenação não se faz em nome de algum valor moral, mobilizado para julgar aquela situação; ela é apresentada como uma constatação empírica.

A imparcialidade não é, assim, a equidistância entre os lados em um debate ou controvérsia, mas a capacidade de se apresentar como ocupando a posição do universal. E a neutralidade não é a ausência de valores, mas a naturalização de um padrão de valores que se transmuta de julgamento em fato. Na qualidade de vinculação da narrativa ao mundo real, a objetividade é balizada por esses dois ideais complementares, que sustentam as pretensões de escolha não

---

3 Para uma análise deste processo tendo como caso o "mensalão" do primeiro governo Lula, ver Miguel e Coutinho (2007).

enviesada dos fatos a serem reportados e de narrativa isenta e factual. A adesão a esse conjunto de ideais baliza a respeitabilidade dos órgãos e dos profissionais de imprensa, interna ao campo, e a credibilidade de suas informações, externa a ele.

Dito de outra maneira, mais do que com a neutralidade valorativa, a reivindicação de objetividade por parte do discurso jornalístico tem a ver com a autoatribuição de uma posição não situada socialmente. É por estar do lado de fora dos conflitos sociais que a imprensa pode apresentar uma visão imparcial – isto é, uma visão a partir da totalidade, não de alguma de suas partes. É o que fundamenta sua capacidade de identificar quais são os atores relevantes da cena pública, quais são as vozes e os argumentos dignos de serem ouvidos e também quais são as questões importantes do momento. O que está em jogo é a capacidade de identificar, de um ponto de vista totalizante, quais são os fatos que merecem vir a público. Ao fazer isso, a imprensa mantém a divisão ritual entre fato e opinião e, de quebra, determina quais opiniões se tornam fatos aos serem formuladas. E, o que é mais central, apresenta-se como capaz de transcender os interesses em conflito, apresentando um discurso fundado em critérios e valores de validade universal.

A exigência de pluralismo na mídia jornalística é, assim, limitada de antemão pela adesão à norma da objetividade. O pluralismo desejado, aquele que se estabelece como padrão para julgar a qualidade da prática profissional, é produzido a partir de um recorte da realidade que reflete a posição social do jornalismo. Mas, ao não se reconhecer como socialmente posicionado, o jornalismo nega as condições para se colocar esta questão.

Pluralismo na mídia e na política

A afirmação do pluralismo como valor político central é uma resposta à implantação de regimes que se apresentam como democráticos em condições de brutal divergência de interesses. A partir da metade do século XX, o pluralismo torna-se uma espécie de "índice" de democracia, o que se explica menos por alguma *démarche* teórica e mais por circunstâncias políticas. No contexto da guerra fria, após a derrota do nazismo, a democracia tornou-se um valor político universalmente disputado. Se, por um lado, era fácil descartar como contrafação o rótulo de democracias populares aplicado às ditaduras comunistas do Leste Europeu, por outro lado os regimes concorrenciais do Ocidente também pouco se ajustavam à ideia de governo do povo. O pluralismo ajudou a redefinir a compreensão da democracia, aproximando-a da realidade dos países ocidentais.

A contribuição mais importante à teoria pluralista da democracia vem da obra do cientista político Robert Dahl. Rotulando de "poliarquia" o modelo pluralista, ele o classifica como a melhor aproximação possível à democracia propriamente dita, que permaneceria como um ideal inatingível e como o horizonte normativo da organização política. Seu aporte para a construção do modelo está condensado, sobretudo, em duas obras teóricas (Dahl, 1989a [1956]; Dahl, 1971), às quais se acrescenta um estudo empírico que objetivou mostrar a validade do pluralismo para a compreensão do sistema político dos Estados Unidos (Dahl, 1961). Com o passar do tempo, Dahl tornou-se crítico das limitações da democracia eleitoral, chegando a afirmar a incompatibilidade entre o capitalismo e a soberania popular (Dahl, 1990 [1985]), propondo arranjos institucionais inovadores, como a adoção de sorteios (Dahl, 1989b), e denunciando o caráter antidemocrático da Constituição estadunidense (Dahl, 2002). Esta fase de sua obra, porém, obteve menos repercussão na ciência política.

De forma esquemática, é possível identificar três abordagens na formulação do conceito de poliarquia por Robert Dahl: normativa, processual e descritiva. A abordagem normativa é marcada pela determinação de um conjunto de requisitos para a efetivação da democracia. Embora a formulação varie – podem ser oito requisitos (Dahl, 1989a [1956]), podem ser vinte (Dahl, 1971), podem ser quatro (Dahl, 1989b) –, o sentido geral permanece. A democracia exige que os cidadãos sejam livres para participar da discussão política e tenham peso igual no processo de tomada de decisões. Para tanto, impõem-se o acesso universal à franquia eleitoral, a liberdade de informação e o direito de oposição. Quanto mais plenamente tais requisitos se efetivam, mais aperfeiçoada é a poliarquia.

A abordagem processual indica duas dimensões da democratização: a inclusão política e o direito de contestação (Dahl, 1971). Regimes "fechados" democratizam-se na medida em que permitem tanto a expressão da oposição ao governo (contestação) quanto a participação de mais cidadãos na política (inclusão). Cumpre observar que são dimensões da democratização e não da democracia em si: o processo de inclusão e de abertura à contestação leva à realização dos requisitos apresentados na abordagem normativa. Graças à sua aparente simplicidade, o modelo bidimensional ganhou amplo curso, mas também recebeu críticas frequentes, entre elas a ausência de uma terceira dimensão, social, que propicie o real usufruto dos direitos de participação e de contestação pelos cidadãos (por exemplo, Weffort, 1992). Na formulação de Dahl, a inclusividade é formal, limitando-se de fato ao direito de voto, sendo compatível com a exclusão política efetiva de grupos subalternos que não dispõem de recursos materiais e simbólicos para atuar na arena política.

A compreensão corrente da democracia pluralista, porém, corresponde àquilo que estamos chamando de abordagem descritiva – e que está presente no próprio nome da poliarquia, de *polys* (muito) e *archés* (comando, poder). A poliarquia não seria o governo da maioria, um ideal inatingível por muitos motivos, entre os quais a diversidade de interesses e a apatia política generalizada, mas o governo de muitas minorias. Em vez de haver um "bem comum" que a maioria determina, há uma agregação de vários interesses localizados, resultante do fato de que múltiplos grupos, dentro da sociedade, são capazes de influenciar no processo de tomada de decisões, o que é, em grande medida, consequência da competição eleitoral:

> Eleições e competição política não significam governo de maiorias em qualquer maneira significativa, mas aumentam imensamente o tamanho, número e variedade das minorias cujas preferências têm que ser levadas em conta pelos líderes quando fazem opções de política. Sinto-me inclinado a pensar que é nesta característica das

eleições – não o governo de uma minoria, mas de minorias – que temos que procurar algumas das diferenças fundamentais entre ditaduras e democracias (Dahl, 1989a [1956], p.131).

Assim, Dahl incorpora parcialmente a visão de uma massa apática e desinformada, central para a redefinição da democracia realizada no início dos anos 1940 por Joseph Schumpeter. Mas a apatia não é completa nem irreversível – os cidadãos são capazes de se mobilizar e pressionar quando algumas questões sensíveis para eles estão em jogo. E o processo eleitoral é dotado de um sentido mais substantivo do que para o teórico austríaco, que via nele apenas um método para a seleção da elite governante.

Na poliarquia, portanto, haveria uma pluralidade de centros de poder, isto é, inúmeras minorias pressionando (e tendo de ser levadas em conta pelos líderes). Para que isso aconteça, os recursos de poder devem estar distribuídos entre diferentes grupos. Essa teoria busca contestar tanto a visão marxista de que há uma classe dominante quanto a percepção crítica, emblematizada na obra de Wright Mills, da existência de uma "elite do poder". Não há uma classe dominante, tampouco uma elite governante. Os capitalistas formam apenas uma minoria, entre outras, competindo pela influência sobre as decisões. Foi este o ponto que mereceu de Dahl uma revisão mais profunda, no momento em que ele reconheceu que o controle sobre os meios de produção gerava um desequilíbrio profundo na capacidade de determinar as decisões públicas (Dahl, 1990 [1985]). A existência de uma pluralidade de grupos de interesse e mesmo a possibilidade de que tais grupos se manifestem e exerçam pressão não eliminam a desigualdade de recursos materiais e simbólicos que cada um deles é capaz de mobilizar.

O acesso à informação é um desses recursos. Em uma de suas formulações dos requisitos da democracia, Dahl estabelece que "todos os indivíduos devem possuir informações idênticas sobre as alternativas [políticas]", admitindo, em sua glosa, o "caráter utópico" da exigência e apresentando, como aproximação razoável, a ideia de que a escolha dos cidadãos não deve ser "manipulada por controles sobre as informações por qualquer indivíduo isolado ou grupo"

(Dahl, 1989a [1956], p.73). Daí deriva a compreensão, desenvolvida não pelo próprio Dahl, mas por outros, de que o pluralismo no fornecimento de informações – o pluralismo da mídia, para colocar de forma sintética – é um componente necessário do pluralismo político. A compreensão do sentido deste pluralismo, no entanto, é polêmica. Uma posição é emblematizada por Giovanni Sartori, autor liberal que não é propriamente um adepto da vertente pluralista.[4] No curto trecho que dedica aos meios de comunicação em seu *A teoria da democracia revisitada*, Sartori expõe a tese de que a competição mercantil gera o pluralismo necessário ao provimento de informações. Uma vez que, como ele diz, "um sistema de informação semelhante ao sistema de mercado é um sistema de autocontrole, um sistema de controle recíproco, pois todo canal de informação está exposto à vigilância dos outros" (Sartori, 1994 [1987], v.1, p.140), a concorrência mercantil garantiria a qualidade da informação fornecida ao público. Omissões ou falseamentos da verdade serão denunciados pelos competidores, isto é, a ação de cada concorrente em busca de seu próprio proveito acaba por beneficiar o público. No mercado da informação, como em qualquer outro, sob a ótica liberal, a competição age em favor do consumidor.

Subjaz a esta perspectiva a crença de que o problema do pluralismo na mídia é, no fundo, um problema relativo ao provimento de informação veraz e objetiva. O pluralismo é, assim, um valor instrumental. A existência de múltiplas fontes de informação, com o desperdício de recursos sociais que isto representa, é importante apenas para evitar que os jornalistas (ou as empresas jornalísticas) se vejam tentados a abandonar aquela que é, no final das contas, a garantia real da boa informação: a "ética do respeito pela verdade" (Sartori, 1994 [1987], v.1, p.144). O ponto débil na formulação de Sartori é a compreensão de que o que está em jogo é a "verdade". Além da correção factual, a disseminação da informação envolve

---

4 Enfático na defesa do caráter "seletivo" da democracia eleitoral, cujo objetivo é escolher uma minoria qualitativamente superior ao *demos* para exercer as funções de governo, Sartori é antes um elitista do que um pluralista.

valores, interesses, prioridades, visões de mundo, enquadramentos. Se a comunicação se processa segundo mecanismos de mercado, seus provedores serão empresas que, justamente por esta condição, tenderão a assumir posições similares.

Downs (1957) apresenta uma variante da concepção liberal, segundo a qual a competição que garante a informação pública adequada não ocorre no mercado da mídia, mas no próprio campo político. Os diferentes grupos em disputa possuiriam interesse em divulgar informações favoráveis a si ou desfavoráveis a seus adversários. Como resultado, os cidadãos passam a dispor de informações relevantes e, em especial, do contraditório político, isto é, de versões e informações concorrentes. Ele reconhece que há disparidade nos recursos informacionais detidos por diferentes cidadãos, mas julga que isso é um efeito da natureza humana (nem todas as pessoas teriam a mesma capacidade intelectual) e não um problema vinculado à oferta de informações. Downs, portanto, reconhece – ao contrário de Sartori – que as informações se vinculam a posições e interesses, mas conclui que o pluralismo político resolve o problema do pluralismo comunicativo.

Downs ignora a existência de desequilíbrios no seio do próprio pluralismo político, que em seu modelo limita-se à competição bipartidária estadunidense. Ainda mais importante, do ponto de vista desta discussão, ele equivale informação política a propaganda partidária e não leva em conta o papel dos meios de comunicação de massa como agentes na difusão desses conteúdos. As representações do mundo social difundidas pela mídia, que possuem um estatuto diferenciado diante do público (pois são lidas como "imparciais", ao contrário do discurso político, que é interessado), formam o ambiente no qual ocorre a luta política, que é também uma luta por dotar de sentido esse mundo. O pluralismo da mídia pode ser visto, assim, como uma condição para o pluralismo político.

Os limites do pluralismo midiático, nas democracias liberais, são bem evidentes. Daniel Hallin observou que o (bom) jornalismo se move dentro do que chamou de "espaço da controvérsia legítima". As diferentes vozes devem estar presentes, mas vozes dissidentes ou desviantes de um consenso básico não precisam ser consideradas: a

Fairness Doctrine (regra de imparcialidade do jornalismo estadunidense, adotada como diretriz oficial entre 1949 e 1997) não fora criada para dar espaço às posições comunistas (Hallin, 1986, p.116-7). No noticiário político em sentido estrito, o pluralismo na mídia acaba refletindo o sistema partidário, isto é, as vozes relevantes são as dos principais partidos.

Com isso, o jornalismo contribui, via de regra, para reforçar o espectro do discurso politicamente aceitável. O espaço da controvérsia legítima é o espaço daquilo que é considerado "sério" ou "digno de atenção" pelos agentes políticos. Em suma, o conjunto de discursos que são levados em conta no campo político. O que foge desses limites é rotulado de irresponsável ou "irrealizável" e descartado. Tais rótulos são, eles próprios, frutos da luta política; são modificados de acordo com as transformações conjunturais e as alterações na correlação de forças políticas. Por exemplo, o colapso do comunismo e a crise do Estado de bem-estar social contribuíram para estreitar, em praticamente todo o mundo, o espectro do que são propostas políticas dignas de consideração séria.

O pluralismo na mídia é comumente referido como "externo" ou "interno" – "isto é, imprensa que representa orientações políticas distintas ou imprensa que procura reportar as notícias de forma equilibrada" (Hallin e Mancini, 2004, p.14). Mais uma vez, o critério subjacente liga-se à reprodução do pluralismo no campo político. Trata-se de uma percepção redutora. Se o discurso da mídia é um espaço privilegiado de disseminação das diferentes perspectivas e projetos dos grupos em conflito na sociedade, isso significa, sim, que ele deve apresentar a voz dos vários agrupamentos políticos, permitindo que o cidadão, em sua condição de consumidor de informação, tenha acesso aos valores, argumentos e fatos que instruem as correntes políticas em competição e possa, assim, formar sua própria opinião política. Mas significa também dar espaço à disseminação das visões de mundo associadas às diferentes posições na estrutura social, que são a matéria-prima na construção das identidades coletivas – que, por sua vez, fundam as opções políticas. É o que se pode chamar de "pluralismo social", que transcende os limites do pluralismo político (Miguel, 2003a).

Perspectiva, conhecimento situado e a noção de imparcialidade

A noção de imparcialidade, apresentada em geral de maneira bastante chã pelos estudiosos da mídia, ganha uma roupagem mais complexa na obra de John Rawls. Objetivando delinear os princípios gerais de uma organização social equitativa, o filósofo estadunidense postula que uma compreensão universalmente compartilhada sobre o que é a justiça só pode advir do banimento dos interesses vinculados às situações sociais distintas. Ele apresenta, então, o célebre artifício da "posição original", na qual os indivíduos não saberiam quais as suas próprias condições e características (sexo, geração, raça, orientação sexual, grau de inteligência, preferências políticas ou estéticas etc.) e, assim, despidos de qualquer interesse particular, poderiam buscar uma ordem que não privilegiasse ou prejudicasse ninguém (Rawls, 1997 [1971]). Fica claro que a imparcialidade, entendida como ausência de posição social, é um requisito para a construção de um entendimento válido da justiça.

A obra de Rawls suscitou uma série de debates no campo da filosofia política. Parte importante deles ataca, por diferentes flancos, a noção de indivíduo abstrato, separado de suas características distintivas – pura encarnação da Razão –, que subjaz ao desenho da "posição original". Este conjunto de críticos inclui os chamados "teóricos da diferença", que questionam o ideal de imparcialidade rawlsiano.[5] Entre eles estão pensadoras feministas como Iris Marion Young e Nancy Fraser. Ainda que sua contribuição se dê no seio das controvérsias despertadas, em princípio, pelo tratado de Rawls, ela ajuda a iluminar os problemas desse ideal também no discurso normativo sobre o jornalismo.

Embora guardem diferenças entre si, as obras de Iris Marion Young e Nancy Fraser situam-se em um mesmo campo teórico e

---

5 O próprio Rawls repensa seu modelo à luz de algumas dessas críticas, embora não o suficiente para distanciá-lo do ideal de uma *razão pública* essencialmente imparcial (cf. Rawls, 2000 [1993]).

político.⁶ Em ambas, é central a discussão sobre as formas de exclusão e de opressão que são reproduzidas no cotidiano das sociedades capitalistas contemporâneas. A ênfase recai sobre o papel do liberalismo que formaliza, normativamente, a convivência entre igualdade formal e desigualdades efetivas, tornando-a não apenas aceitável, mas também legítima.

O sistema jurídico e político garante direitos igualmente estabelecidos para os diferentes indivíduos, sem levar em conta seu pertencimento de grupo, assim como garante ausência de coerção, veto ou discriminação (nas diferentes acepções dos termos) impostos pelo Estado ou por um grupo social a outro. No entanto, como as autoras procuram mostrar, mecanismos cotidianos produzem restrições e mantêm ativas as hierarquias mesmo nestas condições formais.

No caso específico do tema aqui tratado, permanecem restrições à pluralização do discurso midiático mesmo quando não há censura, controle estatal ou impedimentos à livre concorrência. Trata-se, assim, de enfrentar a complexidade da produção dos silêncios e dos modos de construção dos discursos, pensando-os como parte dos mecanismos de manutenção, ou de enfrentamento, das formas de opressão existentes nas democracias liberais contemporâneas. O questionamento desloca-se do problema do acesso a *informações relevantes* para o lugar social de construção da relevância e do caráter público de determinados eventos e experiências; do problema da incorporação das diversas vozes que fariam, por elas mesmas, parte dos *debates relevantes* para o lugar social de produção dos discursos e para os critérios mobilizados para a colocação das diferentes perspectivas em convivência (e em equilíbrio) no discurso jornalístico. Nos dois casos, estão em questão os critérios tecnicamente orientados, apresentados como não situados, que podem constituir obstáculos à visibilidade das perspectivas sociais de grupos que detêm pouca ou nenhuma condição de acesso aos espaços de representação, entre eles a mídia.

---

6 Ver o debate sobre suas categorias de análise centrais (Young, 1997; Fraser, 1997b), bem como as posições que sustentam em relação à obra de Habermas e às questões relativas à identidade dos grupos sociais na política.

A crítica à autonomização da política é parte importante dessa abordagem e pode ser mobilizada para uma análise dos limites das representações do campo político presentes na mídia e dos obstáculos, que lhes são correlatos, a uma ampliação das temáticas e vozes que comporiam o debate político. Nas palavras de Nancy Fraser,

o liberalismo presume a autonomia da política de maneira contundente. A teoria política liberal presume que é possível organizar uma forma democrática de vida política tendo como base estruturas socioeconômicas e sociossexuais que geram desigualdades sistêmicas. Para os liberais, portanto, o problema da democracia passa a ser o problema de como isolar os processos políticos daqueles processos que são considerados não políticos ou pré-políticos, aqueles que são característicos, por exemplo, da economia, da família e da vida cotidiana informal (Fraser, 1997a, p.121).

Nesse ponto, vale ressaltar a filiação de Young e Fraser ao debate feminista, que coloca em pauta a relação entre as formas existentes de dominação e a apresentação de determinadas perspectivas, categorias e julgamentos como universais. A noção de que seria desejável buscar e promover o "bem comum" é confrontada por abordagens que explicitam os mecanismos históricos por meio dos quais a exclusão de determinados segmentos sociais – e das experiências a eles correlatas – foi legitimada por critérios supostamente neutros de divisão, hierarquização e distinção. Está em pauta, por exemplo, a diferença entre uma abordagem que considera o acesso à cidadania (e à informação) como um processo de universalização de direitos abstratos e indiferenciados e uma abordagem que coloca em xeque os pressupostos que constituem as noções de cidadania e universalidade e, acima de tudo, as divisões sobre as quais se assentam – e que seriam reproduzidas na mesma medida em que são silenciadas.[7]

Destacam-se, na crítica feminista, dois eixos centrais: a exclusão das mulheres de esferas formalmente inclusivas (considerando-se

---

7 Para abordagens representativas, ver Pateman (1993 [1988]) e Okin (1998).

a inclusão formal como um objeto importante das disputas, sem, porém, se limitar a ela) e a contraposição entre público e privado, vinculada a compreensões específicas do que é *público* e do que é relevante o suficiente para *tornar-se público*. São entendimentos distintos da noção de publicidade, aos quais retornaremos adiante. Vale ressaltar que a solução para os problemas destacados nessas abordagens não está na integração de mais vozes a um discurso supostamente universal, que, na realidade, atualizaria as divisões mencionadas. A solução não está, ainda, na promoção da presença equilibrada entre diferentes vozes que são colocadas em convivência (elevadas ao patamar de sujeitos de discurso) a partir de critérios de *publicidade*, de *relevância* e de *grau de interesse público* que se apresentam como neutros ou tecnicamente definidos. Nesse caso, as divisões socialmente existentes e que dão legitimidade a posições sociais hierarquicamente distintas seriam reiteradas. A participação no debate não anularia as formas atuais de distinção, traduzidas em pesos e desvantagens que não são igualmente distribuídos. Um exemplo diz respeito às fronteiras tênues entre a exclusão das mulheres do noticiário político, o silenciamento de suas perspectivas e a promoção de sua inclusão por meio de estereótipos que justificariam os termos dessa exclusão e desse silenciamento (ver, adiante, os capítulos 4 e 5).

O conceito de perspectiva em Young permite caracterizar adequadamente as formas de exclusão que teriam impacto sobre um público ou uma esfera de representação constituída, restringindo sua pluralidade e seu potencial democrático. Em primeiro lugar, os sujeitos analisados – que são objetos de exclusão ou favorecimento – não são indivíduos, mas grupos. Em segundo, esses grupos não têm uma identidade permanente ou essencial, mas existem justamente como função das relações e interações entre os diferentes grupos em uma dada sociedade. Trata-se, assim, de discutir processos que revelam "uma rede de relações de reforço e restrição" que estabelecem diferentes condições de acesso às variadas esferas sociais, atuando "conjuntamente para produzir possibilidades específicas e excluir outras" e operando em um "círculo de reforço" às condições, posições e relações existentes (Young, 2000, p.93).

Esses processos fazem que as divisões e formas de exclusão ativadas cotidianamente sejam percebidas como naturais. A visibilidade diferenciada nos meios de comunicação é entendida como parte desse "círculo de reforço" justamente por ser um mecanismo importante de ativação (ou neutralização) das relações de opressão existentes. O silenciamento de determinadas perspectivas e a reprodução de estereótipos ligados a alguns grupos e posições sociais são considerados aspectos importantes dessa dinâmica. Naturalizam-se juízos relativos às diferentes competências e habilidades de homens e mulheres, às diferentes disposições morais de ricos e pobres e à capacidade que os diferentes indivíduos teriam para emitir opinião sobre assuntos *públicos*, para citar alguns exemplos.

Um ponto que deve ser ressaltado é que, nesse quadro, como indica Young, a imparcialidade não é considerada apenas um ideal inatingível, mas um valor que serve a funções ideológicas precisas. Ela dá suporte à ideia de Estado neutro e legitima a autoridade burocrática e os processos decisórios hierárquicos, que são as manifestações dessa neutralidade. Além disso – e este é o ponto crucial para a discussão aqui traçada –, a imparcialidade reforça a opressão ao transformar o ponto de vista de grupos privilegiados em uma posição universal. As diferenças são reduzidas a uma unidade que não apenas é artificialmente forjada como também é socialmente situada. A pluralidade é negada, já que se postula uma moral transcendente capaz de totalizar as perspectivas. Quem permanece fora dessa unidade transcendente é transformado em um "outro absoluto", o que significa eliminar a alteridade como integrante efetiva do espaço público. Por fim, a imparcialidade legitima hierarquias baseadas na divisão entre público e privado, assegurando a opressão de alguns grupos e a despolitização de questões de poder relevantes.

A realidade que o discurso jornalístico apresenta é um artefato moral. Mas como as disputas entre interesses e representações diversas do mundo social não são explicitadas, ela é apresentada como um artefato sem artífices. O ideal da objetividade não corresponde apenas à ilusão de que os jornalistas podem transcender sua condição de indivíduos socialmente posicionados. Corresponde, também, à ficção de que os valores morais hegemônicos são universais. Objetividade e imparcialidade são, nesse sentido, dispositivos que permitem ocultar o trabalho moral realizado pelos jornalistas. Na base dos *framings* presentes no noticiário estão valores relacionados a posições e interesses sociais específicos, a partir dos quais os fatos jornalísticos tomam forma. Naturalizados e objetivados, os padrões de valores assumidos pelo jornalismo são a base para posições que não aparecem como tomada de partido, mas como a expressão da própria realidade. Os fatos noticiados demonstrariam, sem a necessidade de interpretações, o apego ou o desvio de atores e instituições a códigos tomados como óbvios. Veículos e jornalistas podem, assim, julgar instituições e indivíduos mantendo-se dentro dos limites do que é entendido como seu papel: o de críticos imparciais. Expressam posições políticas e valorativas específicas que são, no entanto, apresentadas como a expressão de uma crítica que resguarda valores que são os de "todos nós".

O deslocamento aqui proposto implica, assim, uma compreensão de que a imparcialidade não é apenas inatingível. Ao ser ativada como um valor de referência para a avaliação do grau de democracia, justiça e pluralidade presente nos meios de comunicação ou como um parâmetro para a avaliação do trabalho jornalístico pelos próprios jornalistas e pelos críticos credenciados, não permite considerar uma parte relevante das dinâmicas de opressão. A imparcialidade, como valor-guia, colabora para a ocultação dos lugares de enunciação dos discursos e das redes de diferenciação que os caracterizam e fazem com que circulem por determinados espaços e sejam aceitos como verdadeiros.

O conceito de perspectiva é proposto, aqui, como contraponto adequado à noção de imparcialidade justamente por explicitar que qualquer discurso, inclusive o midiático, é um discurso situado e marcado por uma rede complexa de relações. Aos lugares de enunciação desses discursos correspondem, ao menos, dois conjuntos complexos de problemas: (1) as formas de distinção que constituem a relação entre competências legitimadas (as dos jornalistas, as dos políticos, as dos intelectuais) e discursos legítimos e (2) as redes de restrições que condenam determinados sujeitos ao silêncio, a uma presença estereotipada ou a um simulacro das vozes socialmente aceitas e valorizadas. Nos dois casos, há tensões que merecem ser destacadas: no primeiro, as competências socialmente legitimadas conferem relevância e credibilidade aos discursos ao mesmo tempo que permitem que eles sejam apresentados como não situados – tecnicamente orientados, construídos segundo os parâmetros do aceitável e do justo; no segundo caso, a marginalidade social é reforçada pela percepção de que as experiências de determinados indivíduos têm pouco valor porque oscilam entre uma explicitação de seu lugar de fala (desvalorizado) e um esforço de adequação aos discursos aceitos (que reforça justamente os valores e critérios sociais vigentes).

As perspectivas dos diferentes indivíduos e grupos são entendidas como conhecimentos situados (noção trabalhada por Young a partir de Donna Haraway) que resultam de relações que posicionam os indivíduos de maneira diferenciada. As perspectivas dos grupos subalternos seriam, assim, marcadas "negativamente" pelas formas de opressão vigentes e pelos limites impostos à sua atuação, ao mesmo tempo que são "positivamente", a matéria de que se nutrem ações e discursos que seriam potencialmente capazes de deslocar as posições existentes e os discursos hegemônicos a elas vinculados.

O conhecimento situado e perspectivo não é entendido, apenas, como o único possível, epistemologicamente falando – como o que resta uma vez que se entende a imparcialidade como inatingível –, mas o que é desejável para a promoção de justiça social em uma democracia inclusiva. Essa posição é acompanhada pelo entendimento de que os conflitos devem ser explicitados e que o conhecimento mais abrangente das relações sociais se funda justamente na interação entre as diferentes perspectivas – uma interação entre "outros multiplamente situados" (Young, 2000, p.117).

Nas palavras da autora:

> A inclusão não deve significar simplesmente a igualdade formal e abstrata entre todos os membros de um público de cidadãos. Ela significa considerar explicitamente as divisões e diferenciações sociais e encorajar grupos diversamente situados a dar voz a suas

necessidades, interesses e perspectivas sobre a sociedade, de maneiras que correspondam a condições de publicidade e razoabilidade (Young, 2000, p.119).

Sendo redundante, o que resulta dessa interação não é um equilíbrio entre as diferentes posições sociais, produzido segundo critérios supostamente neutros e objetivos de justiça. A noção que permeia a prática jornalística e, em certa medida, as perspectivas teóricas apontadas na primeira seção deste capítulo, de que a consideração dos "dois lados" permite que o pluralismo social seja produzido ou reproduzido de forma razoável pelos meios de comunicação e a objetividade seja atingida, ignora o caráter conflitivo das relações sociais e da política e, especialmente, silencia sobre os critérios que definem quais as vozes relevantes. Afinal, os "dois lados" não são considerados a partir de um "não lado", mas de uma posição que é perspectiva porque está inserida em redes sociais de diferenciação e atribuição de competências que devem ser analisadas.

As noções de públicos e contrapúblicos, em Nancy Fraser, podem ser aqui atualizadas nesse mesmo registro. Ela parte da percepção de que existem grupos socialmente desfavorecidos e grupos socialmente privilegiados, o que implica uma situação diversa quanto à possibilidade de conferir publicidade a suas experiências e aos valores que orientam suas interações. De maneira sucinta, podemos considerar que, para a autora, os contrapúblicos resultam da interação com os mecanismos que produzem discursos e identidades hegemônicas, ao mesmo tempo que são a matéria que permite a reconfiguração das relações interpúblicos e intrapúblicos.

Os contrapúblicos são, nesse sentido, "arenas discursivas paralelas onde os membros de grupos sociais subordinados inventam e fazem circular contradiscursos para formular interpretações opostas de suas identidades, interesses e necessidades". A afirmação e multiplicação desses "contrapúblicos subalternos" levaria a uma ampliação da contestação discursiva (Fraser, 1997a, p.123-4). São espaços nos quais se produzem novas preferências, que em seguida passam a disputar a arena política mais ampla.

Um dos aspectos relevantes dessa ampliação e do alargamento do pensamento, no sentido trabalhado por Young, diz respeito às ambiguidades na compreensão do que é público, já mencionadas. A noção de que é público aquilo que "diz respeito a todos" envolveria ao menos dois entendimentos. É aquilo que afeta ou tem impacto sobre todos, segundo a avaliação de uma perspectiva externa – justamente a abordagem aqui criticada –, mas também "o que é reconhecido como uma questão de preocupação pública pelos participantes" (Fraser, 1997a, p.129). A ampliação da contestação discursiva está relacionada à ampliação e pluralização dos termos da disputa sobre o que se estabelece como uma questão de preocupação pública. E os meios de comunicação são, atualmente, o espaço privilegiado em que se dá essa disputa.

Uma parte importante da literatura sobre jornalismo e política debate essa questão, analisando-a na chave da "formação de agenda" na esteira do artigo fundador de McCombs e Shaw (1972). Apesar das importantes contribuições dessa tradição investigativa, ela, em geral, não enfrenta a questão das perspectivas sociais privilegiadas pelo jornalismo. Seu foco é a repercussão social das escolhas jornalísticas, dado que a imprensa é apresentada como a principal produtora da agenda pública. Daí derivam análises que focam nos esforços dos agentes políticos para influenciar na formação da agenda, com ênfase ou no impacto nas formas de organização política (Gitlin, 1980) ou na vulnerabilidade dos profissionais de comunicação a tais esforços. Neste universo, tende a ser ignorada a relação entre as perspectivas sociais dos jornalistas, os códigos de objetividade que guiam o exercício da profissão e a pluralidade limitada da mídia.

O jornalismo "imparcial" e o campo político

Ainda que uma leitura crítica da objetividade e da imparcialidade se tenha disseminado nas últimas décadas, o discurso jornalístico continua a se apresentar como partindo de um ponto de vista "universal". As posições que assume com relação a temas e disputas socialmente relevantes, quando são explicitadas, derivariam de um entendimento competente, e não de posições sociais específicas e da defesa de valores particulares. Como visto, a adesão a esta forma de discurso é alimentada pelas rotinas produtivas da profissão e é indispensável tanto para a consagração das práticas e dos profissionais no campo jornalístico quanto para a legitimidade social do campo. A pretendida universalidade do ponto de vista permitiria a identificação das posições parciais em conflito e sua reconstituição justa em um espaço público unificado do qual a imprensa seria o espelho – e o agente regulador, uma vez que o campo político, em seu funcionamento, seria regido pelo embate entre interesses e por uma consideração pouco rigorosa das fronteiras entre o público e o privado.

A literatura sobre *newsmaking*, a partir, sobretudo, dos trabalhos de Gaye Tuchman (1972, 1973), mostra como a "objetividade" é um produto de estratégias discursivas do jornalismo. O treinamento do jornalista profissional consiste, em grande medida, em obter o domínio dessas estratégias. Elas exigem que o profissional se coloque em posição de distância ostensiva com relação aos grupos em conflito. A produção do equilíbrio entre as diferentes vozes às quais se concede espaço em situações que, reconhecidamente, envolveriam partes e interesses distintos é correlata à produção de uma unidade forjada a partir de um conhecimento situado que se apresenta como imparcial.

O discurso jornalístico assume, assim, uma perspectiva olimpiana. Ele é imparcial porque reconstrói o todo incorporando as diferentes partes. Mas é também capaz de falar em nome de valores universais – o progresso, a ética, a democracia. É a imparcialidade que diferencia o discurso jornalístico do discurso de outros agentes, que podem tentar (e frequentemente tentam) mobilizar tais valores, mas sempre o fazem a partir de uma posição interessada (porque parcial).

O que ganha curso na sociedade como sendo a verdade jornalística é o discurso produzido de acordo com as estratégias de isenção descritas pela literatura sobre *newsmaking*. No entanto, este discurso é socialmente situado, como qualquer outro. Em primeiro lugar, pela origem social similar dos profissionais. Jornalistas podem diferir quanto a posições ideológicas ou valores, mas ocupam posições

CALEIDOSCÓPIO CONVEXO   61

similares no espaço social, fruto de trajetórias semelhantes e de padrões comuns de socialização, nas universidades e nas redações. Por isso, tendem a se acercar do mundo social de forma similar. De maneira muito simplificada, é possível dizer que, como os jornalistas estão na posição de "classe média", é natural que na imprensa haja também o predomínio de uma perspectiva de "classe média" (conforme Bourdieu, 1996; Fallows, 1997 [1996]). As preocupações das classes médias ganham maior visibilidade, ao mesmo tempo que a representação de outros ambientes sociais é tingida de exotismo. Os critérios que definem o que é importante e o que é interessante – ou seja, o que é notícia – refletem esta perspectiva social.

Um exemplo, bastante discutido na literatura estadunidense sobre jornalismo, ilustra a situação (conforme Page, 1996; Schudson, 2003). Em 1992, o presidente eleito Bill Clinton nomeou Zoe Baird como procuradora-geral dos Estados Unidos. Em seguida, ela foi denunciada por empregar imigrantes ilegais em sua casa. Para além da cobertura "factual", focada no desgaste político de Clinton, que acabou tendo de retirar a nomeação, muitos veículos de imprensa aproveitaram o episódio para produzir reportagens sobre o trabalho de imigrantes. Na quase totalidade, essas reportagens adotavam o ponto de vista dos patrões – os problemas de quem contratava imigrantes ilegais, não de quem estava na condição de trabalhador sem registro.

Trata-se de um caso extremo, no qual a unilateralidade foi exposta com crueza. No dia a dia, os filtros operam de forma talvez menos evidente. Incidem, em primeiro lugar, na pauta da imprensa, que reproduz uma hierarquização de interesses que corresponde a posições sociais determinadas. Não se trata apenas de reconhecer, com Bourdieu, que "a classe dominante se define precisamente pelo fato de que ela possui um interesse particular pelos assuntos ditos de interesse geral, porque os interesses particulares de seus membros são particularmente ligados a esses assuntos" (Bourdieu, 1979, p.518). Os interesses e preocupações dos grupos dominantes tornam-se interesses e preocupações gerais também porque o discurso socialmente legitimado do jornalismo entroniza-os nessa posição. A ideologia da objetividade jornalística atinge seu zênite na elaboração da agenda: ela afirma que é possível elaborar uma relação neutra das questões centrais do momento. Concessões à lógica comercial, como o predomínio do *fait divers*, são entendidas como desvios de uma regra que, em si, não é atacada. O jornalista se vê capaz de definir o que é importante, sem reconhecer nessa definição o reflexo de uma perspectiva social dada.[8]

Vale ressaltar que entendemos, como já foi dito, que essas perspectivas são correlatas a identidades sociais geradas em uma teia de relações com outros grupos sociais. Correspondem, portanto, a formas de valorização e tematização das experiências como menos ou mais relevantes do que outras, a formas de diferenciação e hierarquização dessas mesmas experiências. A noção de imparcialidade, mobilizada como ideal que permite distinguir entre o bom e o mau jornalismo, não permite lidar adequadamente com essa condição (perspectiva) da produção do discurso jornalístico e com os silêncios que ela produz.

Além da origem social dos jornalistas e de seu pertencimento a diferentes grupos sociais considerados anteriormente, outros aspectos merecem ser destacados. Trata-se, ainda aqui, de considerar a multiplicidade de variáveis que compõem as perspectivas dos jornalistas.

Com foco nas relações *internas* ao campo, é preciso considerar as normas e valores que constituem as hierarquias dentro do campo profissional do jornalismo. Aspectos relevantes das perspectivas sociais dos jornalistas são forjados na interação com os pares no cotidiano das redações e nas tensões envolvidas na reprodução ou na contestação das posições hierárquicas no interior desse campo. Também no cotidiano dessas relações, como em outros campos sociais, há uma rede de estímulos e restrições que impõe determinadas práticas e visões de mundo como aceitáveis.

---

8 Críticos de transformações recentes do jornalismo veem um deslocamento do poder de agenda, com uma redefinição do critério de noticiabilidade, o qual passa a ser a relevância para os leitores ou espectadores daquele veículo. O resultado é um *jornalismo de serviço*, com foco em autoajuda, carreira, família e saúde, dirigido a um público de consumidores, não de cidadãos (Underwood, 2001). Independentemente da correção de generalizar esta situação para todo o jornalismo atual, fica claro que tal modelo também não contempla uma ampliação das perspectivas sociais presentes.

Com foco nas relações *externas* ao campo, é preciso considerar a relação entre o campo jornalístico e outros campos sociais, com destaque para o político. As rotinas de produção e a socialização dos jornalistas definem, em grande parte, sua relação com outros campos de produção de discursos. Pode-se considerar que as perspectivas dos jornalistas são concebidas no interior de tramas sociais que constituem as relações entre diferentes campos ou perspectivas sociais estruturadas, legando temas e experiências (assim como os potenciais discursos que lhes seriam correlatos) à relevância, à marginalidade e/ou à inexistência. A tensão entre os diferentes campos, competências e discursos faz que essas relações sejam marcadas ora pela acomodação e complementaridade, ora por disputas e contradições.

Assim, em disputa com o campo político e o campo das ciências sociais, o campo jornalístico busca "a imposição da visão legítima do mundo social" (Bourdieu, 2005 [1995], p.36). Cada um a seu modo, os três campos reivindicam um ponto de vista universal, seja na forma do Estado que transcende os interesses particulares e zela pelo bem comum, da ciência que produz conhecimento objetivo sobre o mundo empírico ou da imprensa que espelha a realidade para seu público.

Voltamos aqui a um ponto mencionado no início deste capítulo. Na segunda metade do século XX, nos Estados Unidos e, por efeito mimético, em muitos outros países, o jornalismo minou a imagem do Estado como promotor do bem comum. O escândalo de Watergate e, mais ainda, a cobertura da guerra do Vietnã indicam uma virada em que a imprensa coloca o que seria seu dever com o público – o provimento de informações verazes e objetivas – acima de seu compromisso com o Estado. Se há aí o reconhecimento de que os interesses em conflito na sociedade não permitem que se estabeleça um bem comum unívoco, ao mesmo tempo se vende a ideia de que aquilo que serve a todos é a "verdade", o produto que (apenas) os jornalistas podem fornecer. É por apresentar a verdade que o jornalismo é imparcial; é por apresentar a verdade que ele serve à sociedade em geral, para além dos interesses específicos.

A "verdade" a ser apresentada não consiste apenas na aderência a uma realidade objetiva que é narrada. Consiste, sobretudo, na determinação de quais aspectos dessa realidade merecem ganhar a atenção do público. Dentro do próprio jornalismo ou entre seus críticos correntes, de diferentes posições políticas, há o reconhecimento de que esta decisão não é simples. Questiona-se o predomínio do *fait divers* em detrimento do noticiário de interesse público (por exemplo, Ramonet, 1999) ou ainda os critérios de seleção do noticiário político (conforme, entre outros, Fallows, 1997 [1996]; Cappella e Jamieson, 1997; Halimi, 1998 [1997]; Sartori, 1998 [1997]). Mas, como regra, permanece intocada a crença de que cabe aos jornalistas essa tarefa, caso façam de maneira correta o seu trabalho.

A afirmação de critérios profissionais, tecnicamente orientados, combina-se com a crença de que o jornalismo *reflete* a realidade que o circunda. A justificativa para a visibilidade maior (e diferenciada) de indivíduos e grupos que detêm posições sociais de prestígio ou características socialmente valorizadas é, nesse caso, a de que corresponde à realidade social – se há poucas mulheres em cargos importantes, haverá poucas mulheres no noticiário político, por exemplo. Para além da questão relativa à existência, de fato, de correspondência entre valorização no noticiário e distinção social, é interessante observar a oscilação entre um argumento que destaca a autoria e a escolha dos profissionais e outro que consagra a ideia de que o bom jornalista, aquele disciplinado, capta e reproduz a realidade tal como ela lhe é apresentada. De um lado, ressaltam-se critérios profissionais; de outro, destaca-se uma realidade que existiria de maneira independente em relação aos critérios de valorização e publicização que constituem a prática jornalística. As duas posições complementam-se porque estão ancoradas na ideia de que é possível, ao bom jornalista, colocar-se em uma posição não perspectiva e mobilizar, na produção do noticiário, critérios não situados socialmente – e também na ignorância deliberada da reflexividade do trabalho jornalístico, isto é, dos efeitos que exerce sobre o mundo social que é seu objeto.[9]

---

9 Boorstin (1961) já observava como a mera existência da imprensa, com seus critérios de noticiabilidade, suas rotinas produtivas e seu impacto na constituição do espaço público, altera o comportamento dos agentes sociais. Curiosamente, a reflexividade de sua prática é negada pelo mesmo jornalismo que exalta seu papel moralizador (por exemplo, denunciando e cobrando a punição de maus governantes).

Para a manutenção do jornalismo como espaço diferenciado e legítimo de difusão dessa verdade, é mobilizada a noção de que a objetividade possível, ainda que reconhecidamente limitada, consistiria na reprodução das diferentes opiniões sobre temas cuja relevância é pressuposta a partir de critérios profissionais "neutros". As vozes tornadas públicas são justamente aquelas que se inserem em uma configuração prévia dos discursos, que permite a expressão dentro dos limites daquilo que os jornalistas consideram publicamente relevante e politicamente razoável. O "equilíbrio" constituído é, portanto, a reiteração das perspectivas sociais dos jornalistas, a partir de um conjunto específico de vozes chamadas a compor uma ordem discursiva fundada nos valores sociais compartilhados pelos integrantes do campo jornalístico em um dado momento.[10]

Deixadas de lado suas posições políticas – e também o que é específico de sua posição social – e guiando-se por critérios profissionais de relevância, o jornalista seria capaz de produzir informações objetivas e imparciais. O noticiário resulta de escolhas, mas estas remetem ao ambiente profissional, com seus imperativos, e não ao indivíduo com suas inclinações (Gans, 2004 [1979], p.203). A adesão aos critérios jornalísticos para a seleção e construção da notícia, por outro lado, não precisa ser sofisticada do ponto de vista técnico. A formação técnica não é condição necessária para o domínio sobre os critérios que definem os valores-notícia e os padrões aceitos para o texto jornalístico em um dado contexto. O profissionalismo corresponde, nessa análise, sobretudo ao compartilhamento de valores, normas e rotinas. Corresponde, ainda, ao reconhecimento de uma competência profissional diferenciada pelos pares e pelos leigos, independentemente de ter sido produzida pelo acesso ao conhecimento formalizado, transmitido pelas faculdades de jornalismo, ou pelo cotidiano de trabalho.

Assim, a diversidade social é mal representada no jornalismo, que universaliza a perspectiva social de seus agentes, apresentando-a

---

10 Sem que se neguem as pressões e influências de outros campos sociais (cf. Miguel, 2002, 2003a).

como neutra. Mas há outro aspecto, vinculado à representação dos diferentes discursos políticos. A imposição de um padrão expressivo como condição para participação no debate é uma das formas fundamentais de negação do acesso do campo político aos integrantes dos grupos dominados (Bourdieu, 1979; Bickford, 1996). O jornalismo reforça decisivamente esse fenômeno. Afinal, o domínio da linguagem é, ao lado do acesso a indivíduos em cargos de decisão, um dos principais capitais de que os jornalistas dispõem. Ao reforçar a importância desse capital, a imprensa contribui para rejeitar as tentativas de ingresso, no debate público, daqueles que escapam das normas dominantes de produção do discurso.

Os agentes sociais interessados em participar da discussão pública ganham, assim, fortes incentivos para a adaptação às expectativas do jornalismo, quer na forma linguística, quer na agenda, quer no enquadramento. A quem está desprovido de condições de adotar o discurso dominante restam três opções. Se insistir na sua dicção própria, tende a ser marginalizado, isto é, ignorado ou apresentado como "folclórico".

Buscar a adaptação ao modelo esperado – a segunda das três opções – significa trair a vivência e os interesses que se desejava expressar. Ao mimetizar o padrão discursivo dominante, recaindo naquilo que Bourdieu chamou "fala enguiçada", os porta-vozes dos grupos subalternos tornam-se incapazes de transmitir sua experiência vivida. Ao curvarem-se à imposição de certo registro, reconhecem implicitamente que não possuem legitimidade para estar ali, que são estranhos ao debate público.

A terceira opção é aceitar o silêncio. Os grupos em situação de maior subalternidade vão, com frequência, "ser falados" por outros. Seus interesses presumidos são vocalizados na esfera pública por outros agentes, como lideranças políticas, organizações não governamentais ou ainda especialistas universitários (advogados, assistentes sociais, sociólogos, psicólogos, médicos).

Por outro lado, o padrão discursivo dominante na imprensa deslegitima outras formas de produção de informação. Formas alternativas, que se assumem socialmente situadas, podem possuir público e mesmo alguma influência, mas seu estatuto é diferenciado e tendem a ocupar uma posição complementar em relação à mídia convencional. Há um forte incentivo, para qualquer grupo que se disponha a fornecer informações, a mimetizar as estratégias dominantes no jornalismo. A multiplicação, especialmente com o advento da internet, de espaços em que o jornalismo não profissional é proposto como uma espécie de antídoto ou contraditório da mídia comercial acaba, por vezes, colaborando para a legitimidade social do jornalismo profissional ao assumir seus critérios e valores. Sem deixar de lado a importância desses espaços de produção e difusão de informação, é importante ressaltar que a mídia convencional continua a ser o ambiente privilegiado de conformação do debate público, daí a importância de torná-la mais plural.

O problema destacado aqui é, portanto, o de que o equilíbrio entre as diferentes tendências, construído no noticiário, é a reiteração das perspectivas dos jornalistas – constituídas por sua posição na pirâmide social, pela ideologia profissional compartilhada, pelas pressões e imposições das empresas, pelas relações com os agentes do campo político. A adaptação aos critérios de relevância aceitos por eles como autoevidentes (e portanto inquestionáveis), bem como a utilização do padrão discursivo imposto como adequado, é condição para o ingresso no debate. O pluralismo de vozes resultante parte de uma posição não plural, que o limita e condiciona; por isso se fala de um "simulacro de pluralidade" no noticiário jornalístico.

Por sua vez, a legitimidade do campo jornalístico é fundada no reconhecimento disseminado da competência específica de seus profissionais, que se manifesta no discurso imparcial e universal. Com isso, o jornalismo assume a posição de fiador do pluralismo político, estabelecendo, a partir de sua própria prática, os limites deste pluralismo. O papel de *gatekeeper* da discussão pública implica avocar a competência para julgar a relevância e a adequação das diferentes contribuições ao debate.

Os critérios para a definição de quem estará presente no noticiário nascem das rotinas e das perspectivas dos jornalistas. Isso não significa que outros campos, como o da política, não exerçam influência sobre as escolhas que são feitas e que os interesses empresariais, em circunstâncias específicas, não determinem essas escolhas. Não significa, também, negar que "permutas" – em que a visibilidade é moeda corrente – fazem parte dos mecanismos de distinção dos profissionais do jornalismo e da política em seus respectivos campos. No cotidiano do trabalho nas redações, a escolha das personagens que compõem o noticiário é, no entanto, entendida como uma prerrogativa dos jornalistas, destacada quando há tensões e impasses com outros campos (especialmente o político) e com os imperativos econômicos das empresas que os empregam.

Tal prerrogativa se estabelece graças a um duplo movimento. O jornalismo apresenta-se como portador de um discurso tecnicamente diferenciado, algo que ele possui em comum com outros discursos de competência – considerando-se que a distinção entre profissionais e não profissionais está na base da divisão do trabalho e das formas de concentração do poder de produção do discurso legítimo em diversos campos sociais. O jornalismo se apresenta também como portador de uma posição de exterioridade em relação aos conflitos sociais, diferentemente de certos discursos que também têm sua competência legitimada socialmente (os discursos dos políticos profissionais ou dos representantes e advogados de interesses sociais específicos, por exemplo) e de maneira correlata ao que se dá em outros campos, como o científico.

Esses mecanismos de diferenciação – distinção entre profissionais e não profissionais e sustentação de uma posição supostamente universal e de exterioridade – não são específicos do jornalismo. O Estado se apresenta assim, e a ciência também, para citar apenas dois exemplos. A questão que se coloca, portanto, diz respeito às razões pelas quais o jornalismo, em sua relação com a política, é capaz de manter a imparcialidade como o valor que respalda sua competência específica, como o valor que provê os recursos que o caracterizam como fiador do pluralismo político.

Como já foi dito neste capítulo, a democracia se estabelece como valor hegemônico dentro dos limites de uma compreensão restrita da igualdade. Nela, a igualdade formal convive com a exclusão dos grupos subalternos das esferas de decisão e com a exclusão de suas perspectivas da agenda pública. O jornalismo, por sua vez, constitui--se como campo em que se configura a crítica legítima às distorções do ideal democrático. Isso se dá porque ele se apresenta como detentor de uma "verdade" não parcial – diferentemente dos agentes entendidos como propriamente políticos e dos representantes dos grupos sociais em conflito –, mas também porque as práticas jornalísticas tendem a acomodar-se a representações da política, da democracia e dos conflitos sociais que correspondem à manutenção da política dita democrática dentro dos limites antes mencionados. O jornalismo coloca-se como fiscal de uma ordem que ele não contesta.

Aquela que pode ser considerada sua prática política por excelência, a de estabelecer os termos do debate público e os limites do pluralismo político, é apresentada como exterior à própria política. É dessa posição de suposta exterioridade que o jornalismo poderia avaliar os desvios da política democrática liberal – em especial, a colonização de recursos e espaços públicos por interesses privados e, de modo inverso mas não contraditório, a restrição à liberdade e inventividade dos agentes privados pelo Estado. Mas essa posição pode ser apresentada como *não situada* justamente porque ela incorpora e ativa os pressupostos que naturalizam a ordem social e política estabelecida. Em especial, participa da neutralização dos conflitos por meio da marginalização de perspectivas sociais que colocam em relevo uma sociedade dividida.

Ao definir os limites do pluralismo político, o jornalismo delimita também o espaço de contestação discursiva. A ampliação do "espaço da controvérsia legítima" (Hallin, 1986) depende da possibilidade de que contradiscursos circulem em condições de disputa e diálogo com os discursos hegemônicos. Nos padrões convencionais do jornalismo, os discursos hegemônicos são reproduzidos como portadores de valores "universais". Os contradiscursos, por sua vez, são silenciados ou não se tornam públicos, a não ser como estereótipos verbais, oscilando entre a mimese dos padrões dominantes de expressão e sua apresentação como "outros" absolutos.

Pluralidades possíveis

A pluralidade necessária, portanto, não é apenas a pluralidade de controladores da mídia – a fórmula liberal da concorrência. Tampouco se reduz à pluralidade de formas de financiamento – quando se assume que um jornalismo não mercantil, liberto das pressões econômicas, seria capaz de empunhar, sem contaminações, os valores redentores da ética profissional.

A promoção da interação entre "outros multiplamente situados" (Young, 2000) não se dará dentro dos limites das representações da política como consenso ou gestão neutra dos interesses comuns. É preciso que os diferentes grupos sociais tenham possibilidade de produzir informações a partir de suas próprias perspectivas, o que implica o descentramento do padrão de profissionalismo jornalístico e dos padrões de hierarquização da expressão – sobretudo dos discursos políticos. Não se trata, no entanto, de acenar com uma solução que se daria pela substituição de uma perspectiva dominante por outra, dominada, que lhe seria ética ou cognitivamente superior. As perspectivas dos grupos subalternos não podem ser consideradas a fonte de onde emanariam posições políticas "não contaminadas", exteriores às disputas, aos constrangimentos impostos pelos campos e, em especial, aos padrões legitimados historicamente para a verbalização das opiniões políticas e a representação dos interesses em disputa.

As representações da política que imperam no campo jornalístico não são restritas a esse campo ou compartilhadas apenas por aqueles que estão em posições socialmente privilegiadas. As categorias que dão legitimidade às hierarquias e formas de distinção e de marginalização existentes podem estar, também, na base da compreensão que os grupos subalternos têm de sua própria experiência. Isso significa que "dar voz" – ou conquistar posições – não implica, necessariamente, a afirmação de perspectivas que contestem as formas atuais de hierarquização social, inclusive as que estão na base do monopólio da política democrática por determinados grupos e indivíduos.

Por outro lado, a incorporação de perspectivas reconhecidamente diversas pode consistir na acomodação das diferentes trajetórias e posições sociais por elas representadas à lógica predominante nos campos político e jornalístico. O fato de que essa incorporação envolva conflitos não elimina a tendência à concentração de recursos e à reprodução ou recomposição das hierarquias. Entendidos conforme a definição de Bourdieu, os campos sociais – tanto o político quanto o jornalístico – exercem um efeito homogeneizante, impondo uma matriz de comportamentos e formas de apreender o mundo (o *habitus*) que é condição para o ingresso em si e exclui maneiras alternativas de agir e pensar. Por mais que, como o próprio Bourdieu indica, os integrantes do campo ajam de forma estratégica para reconfigurá-lo, buscando torná-lo mais favorável à sua própria posição e trajetória, uma eventual pluralidade de perspectivas de origem sempre esbarrará na exigência uniformizadora da posse de um *habitus* adequado para a permanência naquele espaço. A concentração do capital político, própria dos regimes representativos, e a assimetria entre produtores e consumidores de informação, exigida pelo jornalismo, são geradoras de desigualdade.

É possível, aqui, trazer à baila uma diferenciação que, em outro contexto, Nancy Fraser faz entre estratégias "afirmativas" e estratégias "transformadoras" (Fraser, 2003, p.75). As primeiras visam incorporar mais grupos aos espaços sociais de poder e *status*, questionando as hierarquias vigentes, mas não pondo em xeque a existência de hierarquias. As segundas, mais ambiciosas e utópicas, buscariam "desconstruir" tanto as oposições binárias que fundam as identidades de grupo quanto as próprias estruturas da desigualdade social. Sob esse prisma, a pluralização das perspectivas no jornalismo é uma proposta de natureza afirmativa. Ela obrigaria o campo a se redefinir de maneira potencialmente mais democrática, mas manteria a separação entre produtores e consumidores de informação.

Porém, cumpre observar que, quanto mais distante o grupo está do campo – e quanto menos os integrantes do grupo dominam os códigos discursivos considerados legítimos –, mais a exigência de incorporação encontra resistências e mais mudanças na estrutura do campo requer para ser atendida. A reivindicação da pluralidade de perspectivas tensiona as formas estabelecidas de exclusão e dominação.

Se não há um "ponto de chegada", uma situação ideal em que todas as perspectivas sociais estejam igualmente presentes, uma vez que o campo reinventa seus princípios de hierarquização, a consciência da exclusão pode forçar permanentemente a redefinição dos seus limites. Em suma, a incorporação de perspectivas diferenciadas convive com a reprodução de concentração de poder que caracteriza esses campos, mas impõe novos desafios às formas como essa reprodução se dá (Miguel, 2010). A afirmação da pluralidade social ou a defesa da ampliação das perspectivas sociais presentes não encerra, portanto, nenhuma panaceia, mas expõe os limites da crítica pluralista e das representações da pluralidade presentes no discurso jornalístico. O percurso teórico assumido aqui contribui, assim, para a análise das conexões existentes entre as formas de reprodução das estruturas sociais (no caso, especificamente das estruturas dos campos político e jornalístico) e os conflitos que se impõem e participam de potenciais reconfigurações dessas mesmas estruturas.

A noção de imparcialidade, que legitima a compreensão de que práticas jornalísticas tecnicamente orientadas são capazes de produzir um espaço discursivo plural, não permite lidar adequadamente com as formas de inclusão restrita da diversidade e do contraditório que se apresentam nos noticiários. Essas práticas produzem, na realidade, um equilíbrio que consiste em simulação controlada dos conflitos sociais.

Apresentando-se como fiadores do pluralismo político, os meios de comunicação delimitam o debate público e confirmam os critérios ativos para a diferenciação entre opiniões razoáveis e não razoáveis e para a avaliação dos níveis aceitáveis de conflito em sociedades democráticas. A unidade que daí resulta é forjada a partir de critérios que se acomodam às representações hegemônicas da democracia – a convivência legítima entre direitos formais igualitários e práticas que restringem a participação política de determinados grupos sociais. Ao apresentar-se como um discurso fundado em categorias universais, o discurso jornalístico contribui para tornar invisíveis as discordâncias e diferenças que constituem um público efetivamente plural. Ao apresentar sua posição como não situada socialmente, os jornalistas ocultam o fato de que sua perspectiva incorpora e ativa os pressupostos que naturalizam a ordem social e política estabelecida. O resultado é que a política democrática é apresentada sob dois prismas. É incompleta e insuficiente diante de um ideal normativo que projeta o público como interação equilibrada entre os diferentes interesses, com vistas a um bem comum. É, ao mesmo tempo, a celebração dos limites que permitiriam uma convivência razoável entre as diferenças, afirmando as vantagens de um pluralismo restrito que não fere a "governabilidade" e os pressupostos da ordem social vigente. Em seu funcionamento convencional, o jornalismo colabora para a afirmação de que a boa política permite o livre curso do debate público e garante sua razoabilidade ao neutralizar as vozes que explicitam fraturas e conflitos sociais. Incorporá-las significaria situar os conflitos no cerne da política.

Assim, a dinâmica do campo jornalístico leva a um estreitamento do leque de representações do mundo social posto à disposição dos agentes deste mesmo mundo. Acrescenta seus próprios constrangimentos a um campo político que já é, por sua conta, excludente. No caso específico das mulheres, a separação entre as esferas pública e privada – reafirmada e naturalizada por vários discursos sociais, entre eles a mídia – apresenta-se como a principal barreira a uma presença política mais efetiva.

3
MULHERES, CARREIRA E CAMPO POLÍTICO

A sub-representação das mulheres na esfera política é, hoje, entendida como um problema. Mas as explicações para essa discrepância entre o universo dos eleitores e o dos eleitos ou dos que ocupam outras posições que lhes conferem poder variam. Elas partem de diferentes compreensões das relações de gênero e dos aspectos dessas relações que constituem barreiras à participação política. Mas não se trata apenas de uma questão de ênfase. Pode-se considerar que as posições teóricas e políticas quanto ao problema mais amplo dos limites das democracias concorrenciais contemporâneas e do ideário liberal que está em sua base são divisores entre as abordagens. As explicações respondem de maneiras diferentes à constatação de que as democracias liberais não cumprem suas promessas históricas de inclusão universal e à constatação de que existem, nessas democracias, padrões de concentração de poder que se reproduzem. Partindo dessas constatações, as explicações dadas a um fenômeno específico, a sub-representação feminina, dependem do entendimento do que deve ser alvo de crítica e objeto de transformações nessas democracias restritas.

É possível assumir que o liberalismo é constitutivo do feminismo, isto é, que a valorização da autonomia individual presente no ideário liberal está na base da possibilidade de confrontação com as formas tradicionais de subordinação, entre elas a dominação masculina (Pateman, 1989). Isso não significa, no entanto, que daí derivem posições homogêneas. A crítica feminista vai da adesão a esse ideário de universalidade e igualdade, exigindo a inclusão efetiva de todos os indivíduos, independentemente do sexo, à confrontação direta com o liberalismo, entendendo que a subordinação das mulheres é estruturante das práticas e instituições liberais, e não um desvio ou índice de incompletude. Mesmo quando premissas importantes do liberalismo são mantidas, a exigência de inclusão efetiva das mulheres tem impacto sobre o modo de organização das relações entre o público e o privado e, portanto, sobre um dos principais pilares da ordem liberal, a divisão estrita entre estas esferas – com a divisão sexual do trabalho daí resultante.

Compreensões do que constitui a experiência específica das mulheres, de um lado, e do que define os obstáculos à participação política nas democracias existentes, de outro, estão presentes nos estudos sobre a sub-representação política feminina. De maneira correlata ao que se disse sobre a posição quanto ao liberalismo, existe aqui uma oscilação entre uma maior ênfase no que é específico da experiência (e da exclusão) das mulheres e uma ênfase ampliada na demanda pela igualdade entre homens e mulheres, o que, no limite, pode significar o entendimento de que o sexo e as diferenças de gênero são irrelevantes. No primeiro caso, a neutralidade é vista como empecilho para o acesso igualitário a posições, uma vez que mulheres e homens partem de posições de poder diferenciadas; no segundo, exige-se uma política genuinamente neutra, na qual o sexo não seja uma variável definidora do envolvimento e do acesso a posições (Phillips, 1991). Isso não significa, porém, que a pressão pela universalização efetiva da participação na política não possa produzir, indiretamente, uma atenção para a exclusão de distintos grupos sociais – e, dito de outra forma, para as especificidades que envolvem os diferentes casos de exclusão e marginalização política. Na medida em que essa pressão envolve necessariamente o reconhecimento de que a exclusão é um problema, ela abre espaço para a consideração dos múltiplos impedimentos, em suas diferentes formas e efeitos.

Além dessa oscilação entre a ênfase na diferença e a ênfase na igualdade – que não necessariamente constitui uma oposição entre as abordagens –, há matizes importantes também na compreensão do que é específico à experiência das mulheres. Mesmo que se concorde que as mulheres são excluídas e incluídas "enquanto mulheres" (Pateman, 1989, p.197), em argumento ao qual voltaremos neste capítulo, é preciso explicar qual o sentido dessa distinção e dessa especificidade. A concordância quanto à relevância do sexo como variável definidora do grau e das formas de inclusão não implica uma concordância quanto aos fatores que produzem essa clivagem. O feminino pode corresponder a experiências relacionadas às posições que as mulheres ocupam em uma dada estrutura social, isto é, em uma geografia das relações de poder em que ser homem ou mulher tem impacto sobre as experiências dos indivíduos, sobre sua compreensão das relações em que se inserem, suas oportunidades e seus interesses (como em Young, 1990, 2000). Mas pode corresponder, também, a experiências que seriam típicas de uma vivência das mulheres, como a maternidade e a maternagem. Essas experiências são, nesse caso, definidas como a base para a valorização da diferença entre homens e mulheres no espaço público e no âmbito da atuação política em sentido estrito. O espaço familiar não aparece, então, como esfera na qual a subordinação das mulheres se efetiva, mas como o ponto de partida para uma sensibilidade diferenciada.

As causas da exclusão podem, nesse caso, ser neutralizadas diante do que justificaria a inclusão das mulheres, com a valorização de um *diferencial feminino no exercício do poder*. As pretensas características maternais transbordariam para a arena política, fazendo que as mulheres fossem mais preocupadas com os mais frágeis, menos competitivas e mais abnegadas. Esse discurso aparece com frequência entre as próprias mulheres na política, que veem nele a forma de afirmar um diferencial positivo em relação a seus concorrentes do sexo masculino. Até a inexperiência delas na vida política ganha conotação positiva, já que estariam distantes da política tradicional exercida pelos homens e marcada pela desonestidade e pelo descaso com a sociedade (Pinheiro, 2007).

De forma mais elaborada, essa é a posição do chamado "pensamento maternal" ou "política do desvelo" (*care politics*), desenvolvida por pensadoras como Sara Ruddick (1989), Jean Bethke Elshtain (1981) e Nancy Hartsock (1998 [1983]), entre outras. A socialização diferenciada por que passam as mulheres engendraria uma sensibilidade e um julgamento moral específicos, opostos aos masculinos dominantes. A corrente apoia-se nas obras de psicologia social para afirmar essa singularidade feminina — e, então, extrapolá-la para a ação política. Em linhas gerais, existe uma valorização feminista de práticas e ideais que Elisabeth Badinter (1985 [1980]), entre outras autoras, demonstra estarem presentes na naturalização da submissão das mulheres, ao menos desde o século XVIII.[1]

A principal referência na sustentação desta postura é o livro da psicóloga estadunidense Carol Gilligan, *In a different voice* — um misto de pesquisa empírica e reflexão teórica, baseada, por sua vez, na revisão que a antropóloga Nancy Chodorow faz dos escritos de Freud sobre o impacto psicológico das diferenças anatômicas entre os sexos. Para Freud, a formação do superego está ligada à clara resolução do conflito edipiano, estimulada pelo medo da castração. O processo fica obviamente comprometido no caso das mulheres; por isso, conclui, elas mostrariam "menos sentido de justiça do que os homens" (Freud apud Gilligan, 1982, p.7). Chodorow (1978) vai deslocar a discussão; em vez da diferença anatômica, o que interessa é o fato de que as mulheres são as principais responsáveis pelo cuidado com os filhos. Assim, a menina possui um modelo (feminino) presente, a mãe, enquanto o menino possui um modelo (masculino) ausente, o pai. Isto faz com que as características masculinas do menino sejam desenvolvidas na forma de regras abstratas; já a menina desenvolve suas características femininas a partir de relações concretas e emocionais. O modelo de Chodorow é bem mais complexo que este resumo; o importante, para a presente discussão, é que ela apresenta o desenvolvimento de duas formas diferentes de relação com o mundo, em vez de apenas dois diferentes estágios da forma-

---

[1] Os próximos parágrafos reelaboram e resumem Miguel (2001).

ção da moralidade – um avançado (o masculino) e outro atrasado (o feminino). As mulheres possuiriam maior sensibilidade para as necessidades alheias, recusando a abordagem fria e impessoal que é própria da abordagem masculina da justiça.

Gilligan recusa o essencialismo em sua abordagem, afirmando que o padrão moral alternativo, que descreve em seu livro, "é caracterizado não por gênero, mas por tema" e que "sua associação com as mulheres é [apenas] uma observação empírica" (Gilligan, 1982, p.2). A rigor, portanto, sua preocupação seria alertar para a necessidade de reconhecer a legitimidade do padrão não dominante de moral, e não especificamente apontar uma singularidade constitutiva das mulheres. Da mesma forma, Chodorow aponta que a reprodução da maternidade – que, na sua teoria, fornece a chave para a construção do papel feminino – ocorre "através de processos psicológicos socialmente induzidos", não sendo "nem um produto da biologia, nem de treinamento intencional" (Chodorow, 1978, p.7).

No entanto, a apropriação da obra de Gilligan e de Chodorow por teóricas políticas feministas como Sara Ruddick (1989) e Jean Bethke Elshtain (1981), entre outras, resvalou com frequência para uma postura essencialista. A diferença feminina pode não ser "natural", no sentido de "biológica", mas é vista como fundante da identidade das mulheres, de uma maneira tão elementar que, para todos os efeitos, está naturalizada. Um exemplo expressivo é a introdução do livro de Ruddick, em que ela narra como a experiência da maternidade lhe proporcionou a reconciliação com sua identidade feminina – e o passo fundamental neste processo teria sido o distanciamento com relação à Razão masculina e opressora.

Sob o nome de "política do desvelo" (*care politics*) ou de "pensamento maternal", essas autoras afirmam que as mulheres trariam um aporte diferenciado à esfera política, por estarem acostumadas a cuidar dos outros e a velar pelos mais indefesos. Com uma presença feminina mais expressiva nas esferas de poder, haveria o abrandamento do caráter agressivo da atividade política, que é visto como inerentemente masculino. As mulheres trariam para a política uma valorização da solidariedade e da compaixão, além da busca genuína pela paz;

áreas hoje desprezadas nos embates políticos, como amparo social, saúde, educação ou meio ambiente, ganhariam atenção renovada.[2] A corrente leva a crer que a alteração dos padrões de comportamento na política será decorrência natural da paridade nos foros decisórios. Mas a afirmação de que as mulheres possuem tais atributos morais diferenciados é questionável a partir de duas perspectivas, uma "política" e outra "empírica". Do ponto de vista político, é arriscado que feministas propaguem um tipo de discurso que, como anotou Susan Okin (1989, p.15), tende a ser apropriado por forças reacionárias, como a hierarquia católica, com o intuito de aprisionar as mulheres na esfera doméstica. E, empiricamente, é possível contestar a associação entre mulheres e uma forma determinada de fazer política. Muitas mulheres que obtiveram êxito em suas carreiras mostraram-se vinculadas ao padrão "masculino" de comportamento político – como Margaret Thatcher, que foi primeira-ministra do Reino Unido de 1980 a 1991 e pode ser considerada a líder política de maior influência internacional no século XX.

Com efeito, no âmbito parlamentar, há indícios de que as mulheres se ocupam com mais frequência de temas ligados à área social do que àqueles vinculados diretamente ao controle do Estado e de seus recursos e à distribuição dos postos de exercício do poder. A questão colocada por este capítulo, entretanto, é se isso é uma opção ou, ao contrário, um efeito da *falta de opção*: as mulheres encontram nesses temas o único nicho disponível para elas no campo político (Delphy, 1994 [1992]). E, ao mesmo tempo em que são mais permeáveis à presença das mulheres, tais temas estão associados a posições menos prestigiadas do campo político. Do discurso da "política maternal" decorre, então, uma manutenção da divisão social do trabalho político que, confinando as mulheres ao âmbito das questões sociais, reserva aos homens as tarefas com maior reconhecimento social (Miguel, 2000, 2001). Além disso, é possível especular que o sucesso das políticas que visam à ampliação da presença feminina nos foros de

---

2 Para um resumo da discussão, com ênfase em sua crítica por outras correntes feministas, ver Mouffe (1992).

poder traria, como consequência, a destruição desse argumento, na medida em que permitiria às mulheres disputarem, de forma mais intensa e com maiores possibilidades de êxito, também as áreas que hoje são quase monopólio dos homens.

Este capítulo oferece um mapeamento de algumas das principais vertentes da explicação da sub-representação política das mulheres. Distinguimos três conjuntos de abordagens. A primeira é a vertente que enfatiza o caráter patriarcal subjacente às instituições políticas liberais. A obra de Carole Pateman é a que melhor representa essa abordagem que analisa criticamente a oposição entre público e privado, central ao liberalismo e à reprodução continuada da subordinação das mulheres. A divisão sexual do trabalho, nas duas esferas, é apresentada, ao mesmo tempo, como resultado e desdobramento de valores e instituições que são estruturantes do liberalismo. A inclusão política das mulheres, nessa vertente, apresenta problemas complexos. Sem o enfrentamento de alguns dos principais pilares da ordem liberal, ela não seria capaz de enfrentar as hierarquias que estão implicadas nas diferenças de gênero.

A segunda vertente analisa os padrões culturais e de socialização que constroem o político como espaço masculino e inibem o surgimento da "ambição política" entre as mulheres. Ela está presente, sobretudo, na literatura estadunidense sobre candidaturas femininas e possibilita analisar os diferentes momentos em que os obstáculos à atuação política das mulheres se impõem. Permite acesso, também, a um conjunto amplo de considerações empíricas sobre o impacto do sexo para a construção das carreiras políticas. A terceira vertente, por fim, destaca os constrangimentos estruturais à participação política das mulheres, que possuem, via de regra, menos acesso aos recursos econômicos e bem menos tempo livre do que os homens. Nesse caso, as análises expõem uma conexão relevante entre as funções desempenhadas por mulheres e homens nas esferas privada e pública, com impacto sobre suas trajetórias profissionais e, mais especificamente, sobre a construção das carreiras políticas.

Esses três conjuntos de abordagem partem do problema da convivência entre universalidade, igualdade e exclusão. As críticas presentes na análise do patriarcado moderno, sobretudo as de Carole Pateman, permeiam análises que fazem parte dos dois outros eixos. Pode-se dizer que, apesar das discordâncias quanto ao uso do termo "patriarcado" e quanto à ênfase na submissão feminina, a primeira vertente é estruturante de um conjunto amplo de críticas à condição da mulher nas sociedades modernas. Comparativamente aos dois outros eixos, nela a análise das práticas restritivas das carreiras políticas das mulheres é indireta, voltada para a estruturação de instituições que pressupõem a continuidade entre a liberdade e autonomia dos homens e as restrições à autonomia das mulheres.

As duas outras vertentes apresentam-se ancoradas em pesquisas empíricas e aproximam-se da primeira em graus diferentes, que correspondem a seu afastamento crítico das premissas liberais. Na segunda delas, que foca a produção da "ambição política", os problemas estruturais das sociedades liberais ganham pouco ou nenhum destaque. Pode-se dizer que, em linhas gerais, a análise trata da formação da ambição política das mulheres em condições dadas, isto é, pressuposta a configuração atual da política e os termos em que o liberalismo define a dualidade entre o público e o privado. Na terceira vertente, diferentemente, a análise dos recursos materiais restritos para a candidatura das mulheres parte de premissas que são comuns àquelas presentes na vertente que faz a crítica ao "liberalismo patriarcal", a primeira entre as que serão discutidas. Aqui, na análise da variação nos recursos materiais, a organização das esferas pública e privada e a posição das mulheres em uma e outra dessas esferas restringe sua possibilidade de atuação política e seu alcance a posições de poder. Os arranjos familiares, por exemplo, são centrais a essa terceira abordagem, assim como à primeira. A imposição de normas e valores constituídos a partir das experiências masculinas também.

Liberalismo e patriarcalismo

A crítica feminista tem como um de seus alvos as contradições entre os direitos liberais, apresentados como universais e igualmente desfrutados, e a permanência de formas concretas de subordinação e exclusão. A dualidade entre o público e o privado, tal como se estabeleceu na modernidade, permite a convivência entre os direitos individuais, na esfera pública, e as relações desiguais que estruturam a esfera privada. Do mesmo modo, a divisão sexual do trabalho envolve a designação de posições diferentes para homens e mulheres, estabelecendo continuidades entre as esferas – nas duas, os direitos individuais não são suficientes para colocar homens e mulheres em posições equânimes. Em outras palavras, a subordinação e a dependência impostas às mulheres, concretizadas pela divisão sexual do trabalho, permeiam as diversas esferas da vida e explicitam as conexões entre elas.

É a essa situação, em suas configurações históricas e seu impacto sobre a teoria política, que Carole Pateman (1993 [1988], p.122) denominou "liberalismo patriarcal". Em sua abordagem influente – e controversa – sobre o contrato social, Pateman analisa, ao mesmo tempo, as diversas instituições que organizam a sociedade contemporânea e as abordagens predominantes na teoria política, fundadas na ficção de um contrato social que garante a existência de indivíduos livres e iguais.

A universalidade liberal é organizada, a um só tempo, pela oposição entre o público (a esfera da liberdade) e o privado (a esfera da subordinação) e pela tensão entre a inclusão universal na esfera jurídica e política e uma definição do indivíduo e da autonomia individual que exclui uma série de pessoas, entre elas as mulheres. Daí a denúncia de que o liberalismo é incapaz de incorporar aqueles que são marcados pela diferença, definida a partir dos padrões de normalidade afirmados pela racionalidade e moralidade burguesas. Daí, também, a crítica ao fato de que as regras e contratos orientados por valores universais, definidos nos termos dessa racionalidade e dessa moralidade, reproduzem formas de dominação e opressão, ao mesmo tempo que se revestem de uma fachada de realização do ideal da adesão e do consentimento voluntário de cidadãos igualmente livres.

É o entendimento de que "a liberdade civil não é universal", mas um atributo masculino (Pateman, 1993 [1988], p.17), que orienta muitas das leituras sobre os paradoxos e contradições da cidadania das mulheres. Embora o contrato arquetípico da narrativa liberal seja a compra e venda de bens exteriores a seus proprietários, permitindo a mútua satisfação de necessidades, a forma "contrato" vai servir para legitimar relações de subordinação ao incluir trocas nas quais um dos contratantes é também o objeto. São, em particular, os contratos de trabalho e de matrimônio. É a subordinação (dos empregados aos proprietários e das mulheres aos homens) que está na raiz deles, produzindo as condições – jurídicas e culturais – que permitem a dominação continuada de alguns indivíduos por outros. Os direitos de controle estão nas mãos de um dos contratantes e a diferença entre homens e mulheres é, nesse sentido específico, aquela entre quem contrata, ativamente, e quem é objeto de um contrato que determina sua condição de subordinação. Assim, nos contratos que dão origem aos direitos individuais e nas instituições que os asseguram, ainda no século XX, estaria presente a representação da diferença sexual como diferença política.

Carole Pateman discute a historicidade dessa configuração das relações de poder. No patriarcado moderno, a concepção do indivíduo livre e racional, assim como a afirmação da vontade e do consentimento como a raiz da sociedade política e de qualquer autoridade, convive com a afirmação da subordinação natural das mulheres aos homens. As críticas a sua análise feminista de maior impacto – *O contrato sexual*, de 1988 – são tão frequentes quanto os estudos que nela se apoiam. Sem querer dar conta de todos os seus matizes, é possível concentrá-las na crítica ao uso do conceito de patriarcado para a análise das sociedades modernas, tidas como pós-patriarcais, e na crítica à compreensão das relações de gênero por meio da dualidade entre dominação e subordinação.

A oposição entre o patriarcado e o liberalismo está presente em análises no âmbito da teoria feminista, nas quais o reconhecimento das tensões entre a liberdade individual e a naturalização do pertencimento da mulher à esfera privada não implicam o entendimento de que se mantenham relações de caráter patriarcal. Apontando as características do patriarcado como fenômeno histórico – e das justificativas ideológicas para ele, sobretudo na obra de Robert Filmer (1949 [1680]) –, a cientista política Jean Bethke Elshtain observa que é abusivo estender o conceito à sociedade contemporânea: "rotular ambos [o mundo do século XVI e a sociedade capitalista pluralista avançada] como 'patriarcais' é confundir e distorcer a realidade" (Elshtain, 1981, p.215). A ausência de patriarcado não implica ausência de dominação masculina. Mas esta dominação toma novas formas.

Para Pateman, diferentemente, existe um tipo específico de patriarcado que estrutura as relações de poder nas sociedades liberais modernas. O patriarcalismo teria, segundo a autora, duas dimensões: a paternal (pai/filho), que fundamenta a autoridade política na autoridade paterna, e a masculina (marido/mulher), que fundamenta a subordinação das mulheres aos homens (Pateman, 1989). Esta última se mantém, vinculada a características estruturantes da política moderna, das quais pelo menos duas são centrais em nossa discussão: a oposição entre público e privado, que pressupõe a possibilidade de existência de uma esfera pública política de indivíduos autônomos, silenciando sobre as relações de subordinação (e mesmo violência) na esfera privada; e a oposição entre a razão e os afetos, das quais é parte importante a dualidade entre pensamento (abstrato) e corpo (particular). A divisão entre público e privado, civil e familiar, é a divisão entre a razão masculina e o corpo feminino (Pateman, 1989, p.45).

O argumento de Pateman é que o sexo é definidor de, ao menos, duas categorias de indivíduos no patriarcalismo moderno: homens livres, que são os cidadãos atuantes da sociedade civil, e mulheres naturalmente subordinadas, que são definidas em sua posição relacional no âmbito familiar (como esposas e como mães). A imposição de um lugar na esfera privada e familiar é, ao mesmo tempo, o produto e a base para o *gap* fundamental que justifica a exclusão da esfera pública e da cidadania integral: a ausência de senso de justiça. A cidadania universal corresponde a um silêncio sobre a exclusão das mulheres. Apaga-se a centralidade das relações de gênero nas sociedades liberais, que organiza a oposição entre publicidade e intimidade, autoridade e sexualidade, trabalho remunerado e trabalho não remunerado – em suma, entre liberdade e subordinação. Há, assim, um impasse na base da adesão aos valores liberais, uma vez que a conquista da cidadania pelas mulheres é, nesses termos, o apagamento de suas especificidades. Por outro lado, as especificidades das mulheres, especialmente a maternidade, estão na base de sua exclusão. É o que Pateman denomina *dilema de Wollstonecraft*: de um lado, a demanda de que o ideal liberal seja estendido às mulheres, com uma agenda "neutra" do ponto de vista do gênero; de outro, a defesa de que sejam incorporadas *enquanto mulheres*, isto é, que suas especificidades sejam levadas em conta. Porém, "o entendimento patriarcal da cidadania significa que as duas demandas são incompatíveis, já que permite apenas duas alternativas: ou as mulheres se tornam (como) homens, e assim cidadãos plenos; ou continuam no trabalho de mulheres, que não tem valor para a cidadania" (Pateman, 1989, p.197).

Nesse ponto, Carole Pateman apresenta preocupações comuns a outras teóricas feministas, como Anne Phillips, Iris Marion Young, Nancy Fraser e Susan Okin. A crítica ao ideal de universalidade é acompanhada pelo reconhecimento de que não basta incluir as mulheres, e outros grupos marginalizados, sem alterar aspectos institucionais e estruturais das democracias. As democracias devem ser reestruturadas tendo-se em mente a diferença sexual (Phillips, 1991, p.149). Mas a inclusão com base em identidades de gênero, que derivam ao menos parcialmente das relações de opressão, pode reproduzir uma compreensão da feminilidade como um "outro", a partir da norma masculina – ecoando, por exemplo, a oposição entre razão e emoção e confirmando laços diferenciados entre as mulheres e a vida familiar, os mesmos que vêm restringindo sua atuação em outras esferas. É o que faz a corrente do "pensamento maternal", discutida anteriormente. Há, entre essas autoras, a preocupação – ainda que com ênfases e posições políticas variáveis – que as esferas privada e familiar sejam parâmetros para a avaliação da democracia, em consonância com o ideal feminista de que os critérios que definem relações justas e democráticas sejam válidos para todas as esferas sociais.

Neste ponto, vale retomar uma das críticas à obra de Pateman antes mencionadas, aquela que considera inadequado que a análise se funde no par dominação-subordinação. Nancy Fraser retoma o problema da historicidade da análise, mas o foco desta vez não está no conceito de patriarcado. Para a autora, as transformações sociais que ocorreram desde meados do século XX e os matizes das relações de gênero não são considerados adequadamente. A análise dos contratos de trabalho e de casamento hoje, em países como Estados Unidos e Inglaterra, leva a autora a seus dois principais argumentos. Em primeiro lugar, a compreensão da mulher como naturalmente subordinada encontra uma série de outras interpretações, rivais, sobre a diferença sexual, complexificando o quadro. Em segundo, a dominação se mantém, mas por meio de mecanismos estruturais mais impessoais, que deslocam o foco da relação específica entre um homem e uma mulher.

Uma consequência é a (re)produção da subordinação mesmo quando as mulheres, cada vez mais, agem como indivíduos que não estão sob comando direto de um homem em específico. Outra é a criação de novas formas de resistência política e contestação cultural (Fraser, 1997a, p.235).

O argumento de Pateman, no entanto, não ignora um aspecto que está presente na crítica de Fraser e que é relevante para a nossa discussão. O liberalismo – isto é, os valores liberais e as práticas sociais às quais se vincula – provocou mudanças que permitiram ao problema da autonomia, cidadania e participação política das mulheres ganhar relevância. A contradição entre a universalidade e a subordinação das mulheres, a tensão (e não apenas a continuidade) entre o exercício masculino da liberdade na esfera pública e a restrição da mulher à esfera privada, estão na base da definição da exclusão feminina como um problema. A centralidade e as ambiguidades do consentimento e da adesão voluntária nas democracias liberais explicitam essa tensão.[3] Segundo a autora, a "emergência do individualismo como teoria social geral", que define os indivíduos

---

3 Da própria Pateman (1989), conferir os capítulos "Justifying political obligation" e "Women and consent".

como livres e iguais, está na base do liberalismo e do feminismo. Essa dubiedade estaria presente, mais tarde, também na estruturação do *welfare State* (Pateman, 1989). São, portanto, ao menos dois os desdobramentos para a temática deste capítulo. A cidadania incompleta das mulheres não foi um desvio do ideal liberal, mas um de seus pilares. O significado da liberdade civil que caracteriza a vida pública depende de seu contraponto, a sujeição natural que caracteriza o domínio privado. Do mesmo modo, a racionalidade e a justiça são definidas a partir de seu oposto, as emoções e laços particulares que seriam característicos das relações na esfera privada e familiar. Essas oposições não datam, apenas, de teóricos influentes do Iluminismo. São, também, estruturantes de abordagens contemporâneas de grande impacto para o debate sobre democracia e justiça, como a do teórico estadunidense John Rawls (ver Biroli, 2010b).

O segundo desdobramento expõe a radicalidade política do conceito de liberalismo patriarcal. A crítica liberal do liberalismo é insuficiente para promover a participação das mulheres porque não é capaz de superar as dualidades que estão na base de sua exclusão e, ainda menos, deslocar a compreensão de indivíduo que está na base da cidadania moderna. Se existe uma relação direta entre um modo de organização da vida pública – e da atividade política – e a exclusão das mulheres, a equidade na participação depende de uma reorganização dos ideais, das práticas e das instituições que estruturam tanto a esfera pública quanto a privada. O enfrentamento do *dilema de Wollstonecraft* só é possível, na compreensão de Pateman, quando se enfrentam, também, as bases patriarcais do liberalismo.

Gênero e ambição política

Uma segunda abordagem explicativa da ausência das mulheres nos espaços de decisão política ancora-se firmemente, ao contrário de Pateman, nos princípios liberais. A partir da análise das estruturas de oportunidades de diferentes indivíduos, busca-se entender onde estão os pontos de estrangulamento que impedem que integrantes de determinados grupos persigam, com sucesso, a ocupação de posições de poder. Existe o entendimento, aqui, de que as normas universais e neutras não se traduzem em oportunidades equânimes. A crítica aos modelos da escolha racional também está presente nesta literatura (ver, por exemplo, Lawless e Fox, 2005, p.28-30), mas os pressupostos de uma política centrada na competição de indivíduos autointeressados não são abandonados, mantendo, em linhas gerais, a compreensão liberal contemporânea da participação e da racionalidade política.

Pode-se dizer que a posição discutida na seção anterior tem por base uma denúncia (a da estrutura patriarcal do liberalismo, que determina a subordinação da qual decorreriam diversas formas de exclusão), enquanto esta procura diagnosticar e explicar distorções, verificando qual é, de fato, a influência do sexo nas trajetórias políticas. Investigam-se, então, o peso dos estereótipos na decisão do eleitorado (Kahn, 1996), os viéses dos partidos com relação às mulheres (Sanbonmatsu, 2006), as particularidades das campanhas políticas femininas (Burrell, 1994; Seltzer, Newman e Leighton, 1997). Em cada um desses momentos, as mulheres se defrontam com dilemas e empecilhos que lhes são próprios, para além daqueles comuns também aos homens.

As dificuldades impostas aos grupos minoritários, entre eles as mulheres, para alcançar os espaços decisórios são muitas. O primeiro obstáculo é a obtenção dos direitos políticos, em particular a possibilidade de votar e ser votado – a barreira entre o mero pertencimento à população e o acesso a esses direitos, conforme mostra a Figura 3.1, a seguir. Superá-la foi o objetivo do movimento sufragista, alcançado, na maior parte dos países, ao longo do século XX. Se, em alguns casos, por algum tempo, perduraram restrições (por exemplo, restrições vinculadas ao estado civil, idades mínimas diferenciadas para votar ou mesmo obrigatoriedade do voto para homens, mas não para mulheres), hoje, de maneira geral, é possível dizer que o sexo não é uma variável relevante para se considerar o acesso à franquia eleitoral.

A longa coexistência entre a igualdade formal de direitos e a ausência virtual de representantes mulheres nos espaços de poder revela a importância das outras barreiras. O acesso às candidaturas (o penúltimo nível na Figura 3.1) depende do funcionamento das estruturas partidárias – e é o alvo de políticas de cotas de candidaturas, implementadas em muitos países. As cotas visam impactar o último degrau, a quantidade de eleitas, que também é influenciada por outros fatores, em especial o sistema eleitoral.

Figura 3.1 – "Degraus" da presença política

Há outro passo importante, que faz (alguns) detentores de direitos políticos se sentirem motivados a participar de disputas políticas e, assim, buscar candidaturas. As pesquisas apontam que a vontade de participar da política eleitoral se concentra em determinados estratos da população – as camadas com maior escolaridade, os profissionais liberais etc. À medida que aumentou o número de mulheres nesses estratos, ficou claro que o sexo conta como uma variável independente.

A literatura sobre ambição política tende a focar o gerenciamento das carreiras por parte de detentores de cargos que anseiam por posições de maior poder e visibilidade, seguindo a hipótese da "ambição política progressiva" apresentada por Schlesinger (1966) e Rohde (1979). As mulheres encontram constrangimentos específicos para gerenciar suas carreiras, vinculados sobretudo às suas obrigações domésticas, que muitas vezes impedem uma dedicação à política similar à dos homens e impõem ônus que eles não encontram – por exemplo, uma mudança de local de moradia, que frequentemente é exigida para o progresso na carreira política, costuma ser mais custosa para mulheres do que para homens (ver Burt-Way e Kelly, 1992, p.23).

Além disso, alguns estudos mostram que mulheres que se envolvem em política comunitária, como as que se elegem para os conselhos escolares nos Estados Unidos, possuem motivações diferentes daquelas dos homens e, portanto, um comportamento mais distante daquele padrão "progressivamente ambicioso" (Deckman, 2007). Legisladoras estaduais mostram-se divididas entre a dinâmica progressiva da carreira e os imperativos familiares (Fulton, Maestas, Maisel e Stone, 2006). Já aquelas que alcançam cargos mais elevados, chegando ao Congresso, tendem a se aproximar do modelo masculino (Palmer e Simon, 2003). Ao que parece, há uma relação de circularidade entre o progresso na carreira e a adesão ao padrão dominante, masculino, de ambição política.

Segundo a ideia de ambição progressiva, uma vez que ocupe um cargo, o indivíduo provavelmente aspirará a outro mais elevado. Mas o foco principal, aqui, é o *surgimento* da ambição política – quando o indivíduo julga que gostaria de ir além da posição de simples eleitor ou mesmo de militante ou contribuinte, passando a exercer cargos públicos. Da forma como se entende aqui, a ambição política não designa um comportamento (a busca ativa por posições de poder), mas um interesse subjetivo. Eu posso imaginar que seria bom ocupar uma posição eletiva, mas não fazer nenhum movimento nesse sentido por saber que me faltam condições materiais ou que as vias de acesso às candidaturas estão de antemão bloqueadas para mim. Nesse caso, a ambição política surgiu, embora não se manifeste em ações. Ou seja, não se considera apenas aquilo que a literatura chama ambição "expressiva", mas também a ambição "nascente", "a inclinação a considerar uma candidatura" (Fox e Lawless, 2005, p.644). Portanto, na Figura 3.1, o degrau que vai do interesse à candidatura inclui de fato dois passos: do interesse nascente à busca por sua efetivação e daí à conquista da candidatura.

O ponto importante dessa discussão é que, embora no nível individual o não surgimento da ambição política reflita apenas a variação das inclinações pessoais, quando afeta todo um grupo social se torna um índice poderoso da desigualdade política. Como observou Anne Phillips, o problema não é que algumas pessoas se interessem por política e outras não, mas há de fato um problema "quando os níveis de participação e envolvimento coincidem tão de perto com diferenças de classe, gênero ou etnicidade" (Phillips, 1995, p.32). Essa coincidência mostra que a política é uma atividade exclusiva, acessível apenas a quem possui determinadas características, e que os grupos em posição de subalternidade introjetam esta percepção.

Ainda é necessário, para o argumento, diferenciar interesse (em participar, em se informar) e ambição. Edmond Constantini lista cinco grupos de motivações para a participação política: sociabilidade (a mobilização política oferece ocasião para amizade e convívio), propósito (preocupação com questões da sociedade), fidelidade (a partidos ou à comunidade), personalismo (participação induzida por indivíduos específicos, sejam amigos ou candidatos) e ambição política (Constantini, 1990, p.746). Nos Estados Unidos, as mulheres mostram-se menos sensíveis às motivações vinculadas à sociabilidade e à ambição política, segundo resultados de *surveys* conduzidos entre 1964 e 1984. Os resultados são consistentes ao longo de todo o período, embora a diferença se mostre decrescente, e independentes da filiação democrata ou republicana dos respondentes (Constantini, 1990, p.750).

O estudo mais amplo sobre o surgimento da ambição política foi realizado por Jennifer Lawless e Richard Fox, nos Estados Unidos. Eles trabalharam com questionários respondidos por indivíduos de ambos os sexos, integrantes de grupos dos quais normalmente saem os candidatos aos cargos eletivos (advogados, empresários, professores e ativistas), em posições similares nas carreiras profissionais. Os dados mostraram uma diferença estatisticamente significativa entre mulheres e homens desses grupos que consideravam disputar um cargo público (59% deles e apenas 43% delas). Entre aqueles que consideravam a possibilidade, os homens mostravam-se também mais ativos, tendo, em maior proporção, dado os passos iniciais que costumam preceder uma candidatura, como conversar com amigos e familiares ou sondar líderes partidários e comunitários (20% contra 15%). Isto é, a emergência da ambição política é mais rara entre elas e, quando ocorre, tende a ser mais tênue, manifestando-se menos em ações concretas. A taxa de sucesso entre aqueles que efetivamente competiram, porém, é ligeiramente favorável às mulheres, sem que a diferença apresente significado estatístico (Lawless e Fox, 2005, p.42-7).

O propósito de Lawless e Fox é demonstrar que a principal barreira à igualdade entre os sexos nas esferas de decisão política reside em mecanismos de socialização que fazem que as mulheres não se sintam chamadas a ingressar nas disputas eleitorais. Seu estudo trata da política estadunidense, mas, desde que não se percam de vista diferenças culturais que podem ser relevantes, o modelo explicativo que apresentam pode iluminar a realidade de outros países do Ocidente.

Os dados indicam que o efeito das responsabilidades domésticas não afeta diretamente a emergência da ambição política. As mulheres incluídas no *survey* – advogadas, empresárias, professoras e ativistas com um grau de êxito tal que estariam no grupo dos possíveis candidatos às eleições – têm uma chance muito maior do que os homens de ser solteiras ou divorciadas (Lawless e Fox, 2005, p.61). Mas, *entre as mulheres do grupo*, o casamento ou a presença de filhos não contribui para predizer se uma eventual candidatura será ou não considerada (Lawless e Fox, 2005, p.66). Dito de outra forma, os arranjos familiares tradicionais são um obstáculo às carreiras de sucesso que servem de plataforma ao ingresso na disputa eleitoral, mas não ao nascimento da ambição política em si.

O que afeta a ambição política é a avaliação da própria qualificação, muito mais rigorosa no caso das mulheres. Embora a formação escolar, as posições profissionais e as trajetórias sejam similares, elas tendem a se julgar menos preparadas para ocupar cargos públicos que eles (Lawless e Fox, 2005, p.98). E o que é ainda mais significativo: homens que julgam a si mesmos como pouco ou nada qualificados têm muito mais chance de, ainda assim, cogitar entrar em uma disputa do que mulheres que julgam a si mesmas de maneira similar (Lawless e Fox, 2005, p.102).

As explicações possíveis para este *gap* na autoatribuição de capacidade política têm a ver com o ambiente sexista. Por um lado, como a política permanece um espaço masculino, é mais provável que os homens tenham contato mais próximo com os ocupantes de cargos público. Com isso, eles tendem a ter uma visão menos idealizada das capacidades que os políticos eleitos detêm – e, portanto, tornam-se menos exigentes ao avaliar suas próprias condições de ocupar posições similares. Por outro, as mulheres estão habituadas à exigência de superqualificação, imposta aos integrantes de grupos subalternos que ingressam em espaços privilegiados (ver Bourdieu e Passeron, 1970).[4] Elas sabem, ainda que de forma intuitiva, que lhes é cobrada uma competência superior para que possam exercer tais funções. Intervém aqui, também, aquilo que Lawless e Fox chamam *gendered psyche*: o fato de que os homens são ensinados a ser confiantes e assertivos e a promoverem a si próprios, ao passo que, para as mulheres, tais características são, muitas vezes, consideradas inadequadas (Lawless e Fox, 2005, p.11).

Mulheres, assim como outros grupos subalternos, tendem a assimilar fortemente o sentimento da própria impotência política, recusando-se a fazer parte de um espaço no qual são recusadas – como mostra a célebre análise de Pierre Bourdieu sobre as "não respostas" a questões políticas. Como diz o sociólogo francês, "é necessário fazer intervir [...] o sentimento (socialmente autorizado e encorajado) de estar votado a se ocupar da política, de estar autorizado a falar de política, de ter autoridade para falar politicamente das coisas políticas" (Bourdieu, 1979, p.478). Diversas variáveis intervêm para construir – ou não – esse sentimento. Pesquisas como a de Lawless e Fox, a despeito de seu enquadramento teórico-metodológico distante da sociologia bourdieuana, contribuem para mostrar que sexo é uma variável que conta de forma independente. O desinteresse feminino pela política, a incompetência feminina nos assuntos da política e a falta de ambição política feminina são momentos de uma mesma exclusão.

---

4 Nas eleições brasileiras, a escolarização média das mulheres é sempre superior à dos homens, seja para candidatas ou para eleitas, independentemente do cargo disputado, dos partidos ou da região do País (Miguel e Queiroz, 2006). Dados similares são encontrados em outros países. A alta escolarização serve como *proxy* da superqualificação para a disputa e obtenção do cargo.

Recursos materiais e participação

Como se viu, a literatura sobre ambição política aponta que a menor predisposição das mulheres a cogitar disputar as eleições não é explicada pela sobrecarga de responsabilidades derivada da dupla jornada de trabalho. No entanto, os arranjos familiares tradicionais contribuem para prejudicar as mulheres nas carreiras profissionais mais competitivas. A política pode ser considerada uma dessas carreiras. Os papéis sociais femininos tradicionais comprometem as chances de êxito das mulheres na política, assim como ocorre em profissões liberais ou nos negócios. Mas a política possui também suas especificidades.

De forma esquemática, três tipos de recursos são necessários para a participação política em geral – e, a fortiori, para a possibilidade de disputar cargos públicos: dinheiro, tempo livre e rede de contatos. Como regra, faltam aos integrantes dos grupos em posição subalterna recursos de um ou mais tipos, frequentemente todos os três. Os trabalhadores, por exemplo, são definidos pela ausência de controle sobre os meios de produção. Decorre daí que tendem a controlar menos recursos financeiros e possuem menos tempo livre. Ainda que as jornadas de trabalho tenham diminuído, elas representam um severo obstáculo à ampliação da participação política, que compete pelo uso do tempo de não trabalho com outras atividades (o repouso, o lazer, a gestão da vida cotidiana). Por outro lado, embora as relações de trabalho ou a participação em atividades comunitárias e sindicais possam ser mobilizadas para uma eventual disputa eleitoral, os trabalhadores, assim como os integrantes de outros grupos subalternos, tendem a carecer de contatos mais estreitos com os operadores já estabelecidos no campo político.

A importância de tais contatos explica por que, para as mulheres que ingressam na carreira política, o capital de tipo familiar – as redes de apoios herdadas de pais, irmãos ou maridos – é tão importante.[5]

---

5 Além disso, a presença de políticos no espaço doméstico contribui para incrementar o interesse e o sentimento da própria qualificação política.

No Brasil, o capital familiar foi identificado como origem do capital político de 40,8% das deputadas federais brasileiras de 1987 a 2002 (Pinheiro, 2007). Na ausência de comparação com os deputados do sexo masculino, entre os quais também abundam exemplos vistosos de ingresso na carreira política graças aos pais, é impossível mensurar o quanto há de especificamente feminino no fenômeno.[6] Dados relativos aos Estados Unidos apontam que 31,2% das mulheres congressistas são "dinásticas", isto é, provêm de famílias com tradição política, contra 8,4% dos homens, mas os dados agregam todos os eleitos desde o século XVIII (Dal Bó, Dal Bó e Snyder, 2009, p.132).

Há indícios, por sua vez, de que a prevalência do capital familiar é tanto maior quando mais a carreira política se mantém fechada às mulheres (Miguel, 2008, p.205). Da mesma forma, o aumento da mobilização política feminina reduziu, no Congresso estadunidense, o peso das "viúvas políticas" (*political widows*), que herdavam os distritos eleitorais de seus falecidos maridos.[7]

O acesso à carreira política por via familiar ilustra uma especificidade das mulheres em relação a outros grupos subalternos, que em geral se encontram segregados dos dominantes (trabalhadores,

---

6 Dados iniciais da pesquisa "Gênero e carreira política no Brasil", coordenada por Luis Felipe Miguel, mostram que, ao menos entre os eleitos para a Câmara dos Deputados em 2002 e 2006, a presença de capital familiar é equivalente para homens e mulheres.

7 O sistema eleitoral estadunidense, de votação majoritária em turno único em circunscrições uninominais, certamente favorece o fenômeno. Dados de 2001 mostravam que, no universo das mulheres que ocuparam, em algum momento, cadeiras no Congresso dos Estados Unidos, 29% das senadoras e 18% das deputadas sucederam a seus falecidos maridos (Slowiej e Brunell, 2003). Uma ilustração anedótica de como a prática é vista como corriqueira encontra-se no romance gráfico *Y: the last man*, no qual, após uma praga que dizimou todos os mamíferos do sexo masculino, as viúvas dos congressistas julgam que podem ocupar os postos de seus maridos, mesmo sem novas eleições (Vaughan, Guerra e Marzán Jr., 2002, p.68-70). Mas o padrão de recrutamento mudou, sendo descrito em três etapas: inicialmente, capital familiar; depois, atuação prévia em grupos voluntários; enfim, carreira a partir dos cargos menores, tal como os homens (Burrell, 1994, p.58). A permanência, ainda hoje, de um contingente de *political widows* mostra que há uma sobrevivência de padrões anteriores, mesmo que deixem de ser dominantes.

como regra, não mantêm vínculos familiares com patrões e isso também, em grande medida, se pode dizer dos integrantes das minorias étnicas). De forma similar, as mulheres das camadas burguesas têm acesso a recursos financeiros – o que não quer dizer que contem com os montantes necessários à disputa eleitoral, que costumam vir não de fundos pessoais, mas corporativos, e, novamente, dependem da rede de contatos políticos. Dada a excepcionalidade da presença feminina na política, é de se supor que a receptividade inicial a candidatas mulheres no levantamento de fundos seja menor. Dados relativos aos Estados Unidos mostram que não há diferença significativa nos gastos de campanha médios de homens e mulheres nos dois grandes partidos (Burrell, 1994, p.106; Darcy, Welch e Clark, 1994, p.97-9; Seltzer, Newman e Leighton, 1997, p.8), o que em parte pode ser creditado a iniciativas destinadas a financiar candidaturas de mulheres, como a EMILY's List (democrata) e a WISH List (republicana). Mas, como os dados tratam de candidatas indicadas pelos principais partidos, que já superaram vários filtros que outras mulheres não conseguiram transpor, não é possível descartar um viés desfavorável a elas na obtenção de fundos.

No Brasil, os dados oficiais mostram gastos de campanha similares para homens e mulheres para a Câmara dos Deputados em 2006, com elas, em média, despendendo 3% a mais que eles. No caso das Assembleias Estaduais, na mesma eleição, elas gastam 35% a menos, em média, em suas campanhas. Os números, portanto, não revelam uma tendência – e, de resto, as contas oficiais de gastos de campanha não refletem necessariamente o dispêndio efetivo.

O principal constrangimento material à participação política das mulheres, porém, diz respeito ao tempo livre – o que se liga estreitamente à responsabilidade maior, quando não exclusiva, pelas tarefas domésticas e pelo cuidado com as crianças. No modelo tradicional da família, em que o homem era o único provedor, o insulamento das mulheres no lar bloqueava a formação de redes de mobilização e, ao mesmo tempo, comprometia o surgimento do interesse pelas questões públicas (e, portanto, da ambição política). Pesquisas mostraram, assim, o impacto positivo da variável "trabalhar fora" no interesse das mulheres pela política (Welch, 1977, p.725). Mas o ingresso das mulheres no mercado de trabalho, com a disseminação do modelo familiar de "dois contracheques", não foi acompanhado pela redistribuição das responsabilidades domésticas. O conhecido fenômeno da "dupla jornada" é, então, um importante obstáculo à participação política: "Para as mulheres há uma tensão entre o tempo do 'agir' do sujeito político e o da realização das tarefas de manutenção da vida que deve ser cuidada e reproduzida. A falta de tempo funciona como um bloqueio para transitar da esfera do social para a do político" (Ávila, 2004, p.10). O fenômeno é registrado na militância partidária, no sindicalismo e mesmo em "novos fóruns de participação", como os orçamentos participativos, nos quais a elevada presença feminina costuma ser louvada. Embora as mulheres possam estar em grande número na base, tendem a ser sub-representadas nas posições de maior destaque, que exigem maior dispêndio de tempo (ver Abers, 2000, p.132; Silva e Ramires, 2003, p.4; Nabozny, 2006, p.2-3).

Pesquisas sobre "uso do tempo" revelam que, a despeito de mudanças significativas nos arranjos maritais, o fardo das tarefas domésticas ainda recai desproporcionalmente sobre as mulheres. Nos Estados Unidos, dados calculados para 1965 dizem que as mulheres gastavam 7,2 vezes mais tempo com o trabalho doméstico do que os homens. Em 1995, a relação tinha caído para 1,9 vez, uma evolução impressionante (Bianchi, Milkie, Sayer e Robinson, 2000, p.209).[8] A redução da diferença deve-se menos ao aumento do tempo ocupado pelos homens com tais tarefas e mais à diminuição por parte das mulheres, o que reflete a disponibilidade de eletrodomésticos (lavadoras de roupa automáticas, lavadoras de louça, fornos de micro-ondas) e também novos hábitos de consumo, ligados, por sua vez, a novos padrões do que é aceitável em um lar "apropriadamente cuidado", como comer fora, comprar comida pronta, utilizar roupas que não precisam ser passadas etc. E o salto principal ocorre entre 1965 e 1975, com uma tendência à estabilização desde então.

---

8 Outras pesquisas, com diferentes metodologias, apresentam números diversos, mas o panorama geral é similar (Sayer, 2005).

Os dados merecem ser lidos com algum cuidado, em primeiro lugar porque excluem os cuidados com as crianças. Além disso, eles nascem de diários preenchidos pelos próprios investigados. Como se disseminou, nas últimas décadas, a percepção de que a divisão sexual do trabalho doméstico é injusta, as respostas também podem refletir a vontade de se aproximar do padrão "correto".

Mas, ainda que se aceitem os números sem contestação, cabe observar que os tipos de trabalho doméstico permanecem diferenciados por sexo, com as mulheres se encarregando de limpar a casa, cozinhar, lavar e passar a roupa (taxas que, em 1995, oscilam entre 3,8 e 9,5 vezes mais tempo dispendido pelas mulheres), enquanto os homens se dedicam a cuidar do jardim, fazer consertos e cuidar das contas. Parte do aumento das horas de ocupação doméstica dos homens deve-se ao incremento do número de indivíduos do sexo masculino morando sozinhos. E, por fim, mesmo com toda a evolução, as mulheres estadunidenses gastavam em 1995, em média, 7,5 horas semanais a mais que os homens com os cuidados da casa (Bianchi, Milkie, Sayer e Robinson, 2000, p.211).

A literatura sobre a divisão do trabalho doméstico é complexa e leva em consideração variáveis como idade, geração, número e faixa etária dos filhos, classe social, etnia ou, ainda, o grau de dependência econômica de um cônjuge em relação a outro (Brines, 1994; Greenstein, 2000), sem mencionar as diferenças nacionais (Lewin-Epstein, Stier e Braun, 2006).[9] A própria definição de "trabalho doméstico" e os pressupostos das pesquisas empíricas são criticados (Ahlander e Bahr, 1995; Eichler e Albanese, 2007). É consensual, no entanto, que as mulheres despendem consideravelmente mais tempo que os homens com essas tarefas. Um estudo comparativo entre 22 países concluiu que

> as mulheres não apenas gastam mais tempo como também têm mais chance de se engajar em tarefas não pagas de trabalho doméstico e cuidado a terceiros, com as diferenças de gênero mais pronunciadas

---

9 Para uma resenha, ver Shelton e John (1996).

no Brasil, Itália, Espanha e Turquia e maior igualdade na Noruega e na Suécia (Fisher e Robinson, 2010, p.4).

Mesmo nos países escandinavos, cuja maior equidade é destacada, há entre 8 e 9 horas semanais a mais de trabalho não pago para as mulheres. Essa sobrecarga – à qual se acrescenta a pressão social para que elas também dediquem mais tempo à produção de sua aparência física (Wolf, 2002 [1991]) – prejudica suas carreiras profissionais e inibe uma maior participação política.

Não se trata apenas de tempo no cumprimento das tarefas, mas também da *responsabilidade* sobre elas – uma vez que, mesmo com todas as mudanças, o papel masculino ainda é o de "ajudar" em algo que compete às mulheres. Isto significa que, além de um conjunto de atividades a serem cumpridas, a gestão da unidade doméstica e a atenção às crianças (assim como aos idosos, aos doentes, aos incapacitados) são preocupações permanentes, que tolhem o foco quase exclusivo na carreira exigido em ambientes competitivos, como a própria política. De fato, casamento e filhos aparecem como fatores que impactam negativamente o comprometimento das mulheres com suas carreiras profissionais (Lopata, 1993; Coltrane, 2004).

Os dados relativos às eleições brasileiras de 2006 indicam com clareza os efeitos da situação conjugal na presença política das mulheres. Entre os 5.702 candidatos inscritos naquelas eleições, a todos os cargos em disputa, 65,8% dos homens eram casados, mas apenas 45,3% das mulheres tinham esse estado civil. Entre elas, 32,8% eram solteiras e 4,9% viúvas (contra 21% e 1,2%, respectivamente, no caso deles). Isolados os eleitos, permanece a diferença: são casadas 64,3% das mulheres e 79% dos homens. A diferença entre os casados aumenta conforme a importância do cargo: são 19 pontos percentuais a mais para os homens entre os candidatos às Assembleias Estaduais e 23,9 pontos quando a disputa é pela Câmara Federal. Nos outros cargos em competição (senado, governos estaduais, presidência), os números não se apresentam tão claros. Mas são disputas com poucos candidatos (e pouquíssimas candidatas).

A dificuldade no acesso aos recursos materiais necessários à participação política contribui para explicar a baixa presença feminina. Suas obrigações no espaço doméstico, seu menor acesso ao dinheiro e a relativa impermeabilidade das redes políticas às mulheres são fatores que pressionam para baixo as chances de sucesso na política eleitoral. Ao conectar as condições materiais à ação política, esta linha de explicação se contrapõe a visões que tendem a idealizar uma igualdade que as democracias realmente existentes não cumprem para além da formalidade.

Campo político e barreiras à participação

As três vertentes explicativas aqui apresentadas fornecem caminhos diversos, mas não necessariamente contraditórios, para compreender a baixa representação política das mulheres. Em todos os casos, a presença reduzida das mulheres é entendida como um indicativo de que os espaços e posições de poder, nas democracias liberais, estão concentrados nas mãos de indivíduos com perfis específicos. As desigualdades de gênero são, assim, reveladoras de uma série de mecanismos que restringem a realização efetiva de uma política mais plural. Alguns deles incidem de maneira específica sobre as mulheres. As abordagens presentes nas três vertentes destacam e enfocam de maneira diferenciada os problemas nas etapas que vão da socialização e da produção da ambição política, passando pelas variáveis que influenciam as chances de sucesso eleitoral e chegando aos aspectos envolvidos no reconhecimento e valorização, por outros atores, da atuação das mulheres na esfera política.

Há variações, também, no entendimento de como os filtros que atuam no campo político, em sentido estrito, se relacionam às hierarquias de gênero em outros espaços sociais. Em algumas das abordagens discutidas, a relação entre esfera pública e esfera privada é central. Nesse caso, existem esforços – de diferentes tipos – para explicitar quais são os mecanismos sociais que produzem a sub-representação feminina a partir de padrões nas relações de gênero em outras esferas. Ao mesmo tempo, ganha destaque outro problema, que oferece desafios à reflexão sobre a sub-representação feminina: a ausência de mulheres no campo político é um fator na reprodução das estruturas sociais que excluem as mulheres. Pode-se afirmar que a ausência das mulheres reforça o caráter "masculino" da política, permitindo a reprodução de estruturas que atuam na manutenção de sua exclusão – dentro e fora dos limites da política institucional. Mas isso não significa que a presença de mulheres necessariamente produza ruídos ou desloque valores e práticas estruturantes das relações no campo político. Dito de outra forma, nas condições da política contemporânea é possível a incorporação de um contingente de mulheres a posições de destaque, sem que isso implique uma ruptura com o padrão de desigualdade política geral (o fato de que, a despeito da igualdade formal, a capacidade de ação política efetiva está concentrada em uma minoria), sem que haja uma valorização da agenda política feminista e mesmo sem que o modelo "masculino" da prática política seja posto em xeque.

A compreensão do que produz, socialmente, uma menor ambição e níveis reduzidos de participação na política ganha maior complexidade quando se consideram os mecanismos de exclusão que atuam no campo político. Não se trata de advogar pela autonomia da política em relação aos padrões ativos das relações de poder em outras esferas, mas de postular que existem especificidades no funcionamento do campo que têm impacto sobre as formas de valorização das trajetórias e sobre as oportunidades para a atuação de mulheres e homens. O problema não se concentra no acesso dos diferentes indivíduos ao campo político, mas nos mecanismos que os diferenciam *internamente*, legando-lhes posições de maior ou menor centralidade. Pode-se dizer, de maneira esquemática, que atuar de acordo com os padrões de comportamento legitimados permite acesso a posições mais centrais no campo. A alternativa não é entre inserção e exclusão. Há formas de inserção marginal, em que a capacidade de transformar a dinâmica de funcionamento do campo é muito limitada. A conquista de uma posição no parlamento, por exemplo, por mais que signifique a obtenção de uma pequena fatia de poder e tenha efeitos simbólicos, pode significar uma influência bastante reduzida, uma vez que nem todos os detentores de mandato são iguais. A ampliação do capital político, isto é, da capacidade de influência, por sua vez, depende da adequação às regras do campo. O conceito de "campo político" permite entender que as estruturas induzem comportamentos que viabilizam sua reprodução. Isso não significa que a mudança não é possível, mas que ela não se esgota no ingresso de grupos antes excluídos em espaços sociais já estruturados.[10]

Assim, a Figura 3.1, sobre as etapas da participação política, apresentaria ainda um degrau suplementar, o que leva da eleição ao ingresso nas posições centrais do campo político. A expectativa de que as mulheres devem ser mais conciliadoras e menos agressivas na perseguição dos seus próprios interesses, impondo ônus simbólicos àquelas que se comportam de forma desviante, contribui para tolher esse avanço, assim como a associação entre gênero e temáticas de atuação política. Mulheres eleitas tendem a apresentar *expertise* em áreas diferentes dos homens – cuidados com a infância, educação, pobreza, meio ambiente, de um lado, e, do outro, política externa, defesa, crime, economia (Norris, 1997, p.8-9) –, o que reflete os espaços sociais "próprios" delas e deles e as vias de acesso diferenciadas à carreira política. Os eleitores tendem a atribuir "espontaneamente" competências diferenciadas aos candidatos de acordo com o sexo, na ausência de qualquer informação, conforme mostrou o célebre estudo de Virginia Sapiro (apud Burrell, 1994, p.19-20). As próprias candidatas percebem que suas campanhas são fortalecidas quando organizadas em torno de temáticas "femininas" e enfraquecidas quando focam temáticas "masculinas" (Iyengar, Valentino, Ansolabehere e Simon, 1997, p.78), na medida em que correspondem às expectativas dos eleitores e também da mídia (Kahn, 1996).

---

10 Vale observar que a compreensão de Bourdieu sobre o funcionamento dos campos sociais entra em diálogo com a ênfase na necessidade de mudar a "ossatura material do Estado", presente na obra do último Poulantzas (1980 [1978]), bem como a discussão de Offe inicial sobre a seletividade das instituições (Offe, 1984 [1972]).

Mas os temas "femininos" se associam negativamente à obtenção de capital político, dificultando o acesso às posições centrais do campo (Miguel e Feitosa, 2009). Ou seja: a (pequena) porta aberta às mulheres na política leva a um caminho pelo qual a chegada às posições de maior influência e poder é mais árdua. Ao contrário dos homens na política, as mulheres precisam escolher entre enfrentar os estereótipos, sofrendo os ônus desse enfrentamento, ou adaptar-se a eles, conformando-se com um papel secundário no jogo político.

O conceito de campo permite, assim, avançar no entendimento dos dilemas para a incorporação política das mulheres. O próprio Bourdieu não incluía gênero como uma variável importante em sua análise e, quando se debruçou sobre a questão da desigualdade entre os sexos, apresentou uma visão bastante esquemática (Bourdieu, 1998). O desenvolvimento, pela teoria feminista, de abordagens abertas pelo conceito de campo, juntamente com a ênfase nas relações entre esfera pública e privada, bem como nos efeitos da naturalização da perspectiva masculina no *habitus* do campo político, pode levar à construção de um modelo mais sofisticado para a compreensão de como funciona a política nas democracias liberais e quais são os obstáculos enfrentados pelas mulheres.

O *dilema de Wollstonecraft*, mencionado no início deste capítulo, não esgota, portanto, os problemas relativos à representação feminina. Os mecanismos estruturais que potencializam a concentração do poder nas mãos de poucos, reproduzindo as hierarquias e formas de valorização vigentes, limitam a pluralização e a redefinição das práticas políticas. A alternativa entre a promoção da igualdade, com a diminuição da importância do sexo e a valorização da diferença, ancorando a defesa da ampliação da participação naquilo que seria específico da experiência das mulheres, não é suficiente para considerar os obstáculos a uma inserção que ultrapasse o acesso individual de mulheres a um espaço já estruturado de relações.

Para que o dilema entre a igualdade e a diferença não se desdobre na alternativa entre a inserção nas condições dadas de configuração da política e a ocupação de posições marginais que reforçam a condição de alteridade das mulheres, a crítica às formas estruturais de concentração de poder *no campo político* é necessária – e elas têm particularidades que não correspondem inteiramente aos mecanismos que definem as hierarquias em outras esferas. A defesa de uma maior participação feminina pode, por exemplo, acomodar-se à distinção entre profissionais e espectadores da política que está na base da normatividade vigente e permite sua reprodução. E essa acomodação, ao colaborar para a reprodução das estruturas atuais, estabelece limites, por outro lado, para a incorporação das mulheres em condições de maior centralidade. Em outras palavras, uma agenda feminista que não inclua a confrontação com os padrões de concentração de poder na política corre o risco de ter como limite a "mera inclusão" de mulheres. Um impacto efetivo sobre o caráter "masculino" da política depende do grau de confrontação com os mecanismos que reproduzem, no funcionamento do próprio campo, os obstáculos a uma maior pluralidade nas democracias existentes.

As mulheres e a política no Brasil

Ainda que padrões seculares de exclusão e discriminação se façam sentir, a participação das mulheres na vida política brasileira das últimas décadas é significativa. "Marchas" de mulheres, sobretudo ligadas à Igreja Católica, foram fundamentais para a instauração de um clima de opinião que favoreceu o golpe militar de 1964. Mas elas também estiveram presentes na oposição à ditadura, liderando importantes mobilizações contra a carestia e em favor da anistia aos presos políticos. Em diferentes movimentos sociais, a atuação feminina é marcante, seja na base, seja entre as lideranças. Nas novas esferas participativas inauguradas a partir da redemocratização, em 1985 – conselhos gestores de políticas públicas, orçamentos participativos –, as mulheres também se fazem presentes de forma decisiva.

Mas tal presença na política, entendida em sentido amplo, repercute fracamente nos partidos, nas disputas eleitorais e nos poderes públicos. As mulheres brasileiras conquistaram o direito de voto na década de 1930, o que não coloca o Brasil entre os pioneiros, mas também não o deixa entre os países mais atrasados quanto à questão. Com a lei eleitoral de 1932, passaram a votar apenas mulheres casadas com autorização do marido e solteiras ou viúvas que tivessem renda própria. Em seguida, a Assembleia Constituinte de 1934, que contou com a presença de duas mulheres (uma eleita e outra como delegada classista), eliminou tais restrições, mas estabeleceu o voto facultativo para as mulheres e obrigatório para os homens. A Constituição de 1946, por fim, equiparou os eleitores de ambos os sexos. No corpo de constituintes, fruto da primeira eleição após o interregno ditatorial do Estado Novo (1937-1945), não havia nenhuma representante do sexo feminino.[11]

O alistamento eleitoral feminino evoluiu lentamente. Já em 1974, as mulheres compunham apenas 35% do eleitorado, o que se explica em parte pela maior presença delas entre os analfabetos (para os quais, até 1985, era negado o direito do voto), mas sobretudo pela menor taxa de alistamento.[12] Somente na virada do século XX para o século XXI o eleitorado alcançou a paridade de gênero. Desde então, há uma crescente maioria feminina entre os eleitores brasileiros, em todas as faixas etárias – desde os eleitores de 16 e 17 anos, cujo alistamento é facultativo, até os mais idosos (Alves, 2006). Em março de 2010, eram 69.036.887 eleitoras, isto é, 51,8% do total (dados do Tribunal Superior Eleitoral).[13]

Apesar disso, entre os cargos eletivos, a presença feminina é baixa, tanto no poder executivo quanto no legislativo. Embora a primeira

---

11 Sobre a conquista do voto feminino, ver S. M. Miguel, 2000.
12 Embora no Brasil o voto seja obrigatório, as penalidades para quem não se alista ou deixa de comparecer às eleições são pequenas. Para quem vive à margem do emprego formal (sobretudo no serviço público) e de contratos com o Estado, caso de grande parte das mulheres, tais penalidades podem ser consideradas inexistentes.
13 De acordo com o censo demográfico de 2000, as mulheres compunham 50,8% da população brasileira, sendo 51,4% daqueles potencialmente alistáveis, isto é, com 16 anos ou mais (dados do Instituto Brasileiro de Geografia e Estatística – IBGE, disponíveis em http://www.ibge.gov.br). A tendência é a ampliação da proporção de mulheres, dado o envelhecimento da população brasileira.

prefeita municipal do País tenha sido eleita em 1928 – antes, portanto, do voto feminino, graças a uma peculiaridade do código eleitoral do estado do Rio Grande do Norte –, nas últimas eleições para o cargo, em 2008, apenas 9,1% dos eleitos eram mulheres. No que se refere aos governos estaduais, a primeira mulher eleita foi Roseana Sarney, do Maranhão, em 1994 (com reeleição em 1998). Em 2002, duas mulheres tornaram-se governadoras, Rosinha Matheus (no Rio de Janeiro) e Wilma de Faria (no Rio Grande do Norte). Em 2006, por fim, foram escolhidas três mulheres entre os 27 governadores estaduais – além da reeleição de Wilma de Faria, foram vitoriosas Ana Júlio Carepa, no Pará, e Yeda Crusius, no Rio Grande do Sul. O número subiu para quatro quando a justiça eleitoral cassou o mandato do governador do Maranhão, por irregularidades na campanha, dando posse à segunda colocada, que era Roseana Sarney. Enquanto Sarney, Matheus e Faria representam o velho modelo de recrutamento feminino na política (são, respectivamente, filha, mulher e ex-mulher de ex-governadores), Carepa e Crusius são exemplos de novas formas de ingresso: a militância em movimentos sociais e a visibilidade como profissional com capacitação técnica específica. Mais do que a ampliação da presença feminina nos espaços de poder, a mudança neste perfil da "mulher na política" – perceptível também no poder legislativo – é o fenômeno mais importante relacionado a gênero e representação política, no Brasil das últimas duas décadas.

A presença feminina nos poderes legislativos brasileiros permaneceu restrita ao longo do século XX. Na Câmara dos Deputados, que é a câmara baixa do legislativo federal, bem como no Senado Federal (a câmara alta), as mulheres estiveram ausentes ou perto disso em boa parte do tempo. Ao todo, no período que vai da conquista do voto feminino até o fim da ditadura militar, em 1985, em onze pleitos, foram eleitas apenas 31 deputadas federais e nenhuma senadora. A partir da eleição de 1986, a presença de mulheres no parlamento torna-se um pouco maior, mas ainda assim inferior aos 10%, conforme se observa na Tabela 3.1.

Tabela 3.1 – Mulheres eleitas para o Congresso Nacional brasileiro (1974-2006)

	1974	1978	1982	1986	1990	1994	1998	2002	2006
Câmara dos Deputados[a]	1 (0,3%)	4 (1,0%)	8 (1,7%)	26 (5,3%)	29 (5,8%)	32 (6,2%)	29 (5,7%)	42 (8,2%)	46 (9,0%)
Senado Federal[b]	—	—	—	—	1 (3,2%)	4 (7,4%)	2 (7,4%)	5 (9,3%)	4 (14,8%)

Observações:
a. O número total de deputados eleitos variou ao longo do período: foram 364 em 1974, 420 em 1978, 479 em 1982, 487 em 1986, 503 em 1990 e 513 a partir de 1994.
b. O Senado é renovado em um terço e dois terços, alternadamente a cada eleição. Por conta de alterações no número de unidades da federação e a introdução de "mandatos-tampão", foram escolhidos 22 senadores em 1974, 44 em 1978 (22 pelo voto popular e 22 por indicação do Governo Federal), 26 em 1982, 52 em 1986, 31 em 1990, 54 em 1994 e 2002 e 27 em 1998 e 2006.

Fonte: Tribunal Superior Eleitoral (TSE) e do Instituto Brasileiro de Geografia e Estatística (IBGE).

Na análise da Tabela 3.1, deve ser levado em conta que, a partir das eleições de 1998, as mulheres são beneficiadas com uma legislação de reserva de vagas para suas candidaturas à Câmara dos Deputados. As cotas eleitorais para mulheres foram introduzidas por iniciativa da então deputada Marta Suplicy, por intermédio da Lei n. 9100, de 1995, que regulamentou as eleições do ano seguinte para as Prefeituras e Câmaras Municipais. A Lei n. 9504, de 1997, que regulamentou as eleições estaduais e federais, estendeu o princípio para a disputa das Assembleias Legislativas Estaduais e da Câmara dos Deputados Federal. No entanto, características do sistema eleitoral brasileiro, de representação proporcional em listas abertas, e da própria lei de cotas, que não obriga os partidos a preencherem todas as vagas reservadas, limitam seriamente sua eficácia (Miguel, 2008).

Contudo, é necessário não perder de vista que o acesso a cargos em organismos colegiados, objetivo das cotas, é um passo importante, mas insuficiente. O campo político é um espaço hierarquizado. Mesmo formalmente iguais entre si, dois deputados diferem quanto ao prestígio, à influência, à capacidade de gerar efeitos políticos. Faz toda diferença se um projeto ou uma declaração partem de um ou de outro parlamentar. Ou seja, diferentes deputados encontram-se em posições distintas no campo político. Portanto, às mulheres que entram na política, em particular àquelas que conquistam mandatos, resta ainda o desafio de chegar às posições centrais do campo. Parte dessas posições é definida institucionalmente. A Câmara dos Deputados possui uma mesa diretora com amplos poderes – desde a gestão interna dos recursos da casa até a fixação da pauta de votações –, eleita pelos pares a cada dois anos; é formada por um presidente, seis outros membros titulares e quatro suplentes. Nunca uma mulher ocupou qualquer cargo na mesa. Está em tramitação uma proposta de emenda constitucional, de autoria da deputada Luiza Erundina, que garante a presença de ao menos uma mulher em cada comissão parlamentar e nas mesas diretoras da Câmara e do Senado. Com parecer favorável da relatora, a proposta foi aprovada em comissão em 2009, mas não conseguiu ser votada em plenário ao longo do ano de 2010.

Outra instância importante é o Colégio de Líderes da Câmara, que reúne os líderes dos partidos, dos blocos partidários, da maioria, da minoria e do governo. Ele auxilia a mesa diretora no cumprimento de suas funções e costura acordos antes que as questões sejam votadas em plenário. Nenhuma mulher participou do Colégio de Líderes antes de 2009, quando uma nova regra ampliou sua composição, incluindo a coordenadora da bancada feminina na Câmara.

A diferenciação, porém, não se limita à ocupação de cargos. Mesmo parlamentares que não ocupam nenhuma posição institucional de destaque podem exercer maior influência que seus pares, ter mais peso nas decisões, ser ouvidos com mais atenção – em suma, possuem mais capital político. Um indicador grosseiro, mas útil na ausência de outros mais sólidos, dos parlamentares mais influentes e prestigiosos é a lista dos "100 cabeças do Congresso Nacional", elaborada anualmente, desde 1994, pelo Departamento Intersindical de Assessoria Parlamentar (DIAP), segundo critérios que incluiriam os postos ocupados, a influência em decisões (ou não decisões) cruciais e a reputação diante de outros agentes do campo. A listagem possui problemas metodológicos, a começar pela fixação arbitrária do número de cem deputados e senadores mais influentes. Em 2009, integravam a relação apenas cinco mulheres (três senadoras e duas deputadas). Nos dezesseis anos de produção da lista, o número de mulheres oscilou entre 3 e 6, com média igual a 4,9. Ou seja, a presença feminina na "elite" do Congresso é ainda menor que entre o conjunto dos parlamentares e mostra limitada tendência de crescimento.

Seria possível explicar a situação pela menor experiência das parlamentares do sexo feminino, mas esta variável não se mostra significativa. O acesso das mulheres às posições centrais do campo político – e, em particular, do Congresso – parece estar bloqueado, isto sim, pelas temáticas às quais elas se encontram limitadas. Os temas "femininos" da política, aqueles que se abrem com mais facilidade à presença das mulheres, são também aqueles considerados secundários.

A produção legislativa das mulheres – na forma de projetos de lei e propostas de emendas constitucionais – revela, em comparação à dos deputados homens, um foco maior na temática social e menor nas questões de economia e infraestrutura. As informações disponíveis convergem para esta conclusão (Santos, Brandão e Aguiar, 2004, p.88; Pinheiro, 2007, p.136; Biroli e Mello, 2008), ainda que utilizem formas diferentes de categorização das proposições e, muitas vezes, sejam produzidos dados apenas para as deputadas, sendo o comportamento dos homens inferido a partir de outras fontes.

A taxa de sucesso da iniciativa legislativa das mulheres – a proporção de propostas transformadas efetivamente em normas jurídicas – é inferior à dos homens, embora os dados das pesquisas sejam discrepantes. Santos, Brandão e Aguiar (2004) calculam em 1,5% a taxa de sucesso feminino para o período entre 1984 e 2004, ao passo que Pinheiro (2007) chega a 4,5% de proposições aprovadas.[14] Para o conjunto de deputados, de ambos os sexos, a taxa de sucesso é estimada entre 5% e 7%. É relevante também que, entre as mulheres, 19% dos projetos aprovados se referem a homenagens, como dar nomes a equipamentos públicos ou instituir datas comemorativas, enquanto, para ambos os sexos, esta proporção é de apenas 3,8% (Pinheiro,

---

14 Pinheiro, no entanto, não esclarece se as proposições que posteriormente sofreram veto presidencial – e, portanto, não se transformaram de fato em norma jurídica – estão ou não contabilizadas entre as aprovadas.

2007, p.137). Ou seja: as deputadas aprovam uma proporção menor de projetos, bem como projetos menos relevantes.

Os dados disponíveis não permitem determinar se há um viés independente que reduza a eficácia da iniciativa legislativa das mulheres ou se se trata de um efeito secundário de sua menor experiência parlamentar média – afinal, há uma correlação significativa entre o tempo de Congresso e a taxa de sucesso na transformação das proposições em normas legais (Amorim Neto e Santos, 2003, p.687). Um indício complementar da posição das mulheres na Câmara dos Deputados é a participação nas comissões permanentes da casa. A quase totalidade das iniciativas e propostas legislativas deve passar por estas comissões, responsáveis por emitir pareceres. Em muitos casos, sua concordância pode ser conclusiva, isto é, o projeto é automaticamente aprovado, sem passar pelo plenário. A título de ilustração, do total de propostas apresentadas na Câmara dos Deputados em 2005, 45% foram discutidas apenas nas comissões. Do total de proposições que se tornaram normas jurídicas, 90,5% tramitaram conclusivamente, ou seja, só pelas comissões.

A fim de entender as diferenças nas formas de atuação parlamentar de mulheres e homens, as comissões foram divididas em três categorias (assim como os discursos em plenário, analisados na próxima seção): *hard politics, soft politics* e *middle politics*. Por *hard politics* considera-se o núcleo central do processo político, em especial o exercício do poder de Estado e a gestão da economia; *soft politics* refere-se a assuntos mais voltados para o social; *middle politics*, temas que permitiam abordagens mistas, como "previdência social", que inclui tanto preocupações com os pensionistas quanto com as contas públicas. As categorias para os discursos ainda incluíram "questões irrelevantes", item que incorpora, sobretudo, as homenagens prestadas em plenário (a municipalidades, a instituições públicas ou da sociedade civil, a personalidades), muito frequentes nos pronunciamentos; e "outros", temas dispersos, com baixa frequência de observação, que não puderam ser enquadrados em nenhuma das categorias principais. Como hipótese, baseada nos dados da pesquisa comparada internacional (Lovenduski, 2005), esperava-se que as mulheres se concentrassem em *soft politics* e os homens, em *hard politics*.

A análise incluiu a 51ª e a 52ª legislaturas, isto é, a atividade parlamentar entre 1999 e 2006. Ao se condensar a participação nas comissões, segundo as categorias, é possível observar com clareza a relação entre sexo e área. Entre as deputadas, 85,9% participaram de comissões vinculadas a *soft politics*, mas apenas 55,4% dos homens as integraram. Nas comissões de *hard politics*, as posições se invertem: 74,5% dos homens e 46,9% das mulheres participaram delas. As diferenças são mais marcadas do que no caso de projetos ou de discursos, o que se explica, ao menos em parte, pelo fato de a participação nas comissões ser decidida pelos partidos. Isto é, ao contrário do discurso no plenário ou da iniciativa legislativa, cujo tema é de eleição "livre" do parlamentar, a presença em uma comissão depende do espaço que o partido abre àquele deputado. A percepção estereotipada das "inclinações femininas", dentro dos partidos, contribui então para insular as deputadas na política *soft*.

Não se está dizendo que as deputadas necessariamente desejariam estar em outras comissões e são impedidas pelas lideranças partidárias, embora em alguns casos isso ocorra.[15] A própria produção de suas preferências é influenciada pelas oportunidades abertas ao longo de sua trajetória política. A opção por uma comissão de educação, por exemplo, em vez de infraestrutura, pode refletir o fato de que o eleitorado, os meios de comunicação e os próprios pares no campo político serão mais receptivos à atuação de uma mulher na área social. Isto é, esta atuação pode ser mais efetiva e angariar maiores dividendos simbólicos caso ocorra *a favor* dos estereótipos de gênero e não contra eles.

Os discursos em plenário

Boa parte da percepção sobre o trabalho parlamentar julga que seu principal, senão único, produto é a lei (ver, por exemplo, Arnold, 1990). Na contramão desta corrente, partimos aqui do pressuposto que é necessário dar atenção aos discursos, por entender que a pro-

---

15 Ver os depoimentos de deputadas reproduzidos em Pinheiro (2007, p.162-5).

dução de sentido sobre o mundo social é um elemento essencial da atividade política.[16]

O discurso parlamentar é voltado a uma multiplicidade de públicos. Ele é, em primeiro lugar, um momento do debate entre os pares. Mas com frequência está dirigido também – ou mesmo precipuamente – para o público externo, seja ele a "opinião pública" em geral, seja um grupo específico. Cabe a cada deputada ou deputado definir qual é o seu alvo (ou alvos) ao discursar. As temáticas que elegem indicam também as prioridades de seu mandato. Tais prioridades, porém, não nascem apenas de suas convicções ou inclinações; são determinadas de forma estratégica, tendo em vista as oportunidades abertas no campo e as chances de êxito na carreira política.

A pesquisa se deu sobre uma amostra aleatória de 11.830 discursos pronunciados em plenário por deputados de ambos os sexos entre 1999 e 2006.[17] Trata-se de uma amostra sobredimensionada, alcançando cerca de 37% do universo total, que, graças ao grande volume de dados, permitiu inferências mais acuradas sobre o comportamento de deputadas e deputados com diferentes trajetórias. Como uma das características do discurso do parlamentar em plenário – em contraste com as falas feitas nas comissões – é sua tendência a abranger uma multiplicidade de questões em curto espaço de tempo, cada discurso pôde ser enquadrado dentro de vários temas simultaneamente.

Os 11.830 discursos incluídos na amostra foram pronunciados por 790 diferentes oradores, incluídos titulares dos mandatos e suplentes que eventualmente assumiram o cargo. O mais falante foi responsável por 318 pronunciamentos. A esmagadora maioria (624 deputados) ficou na faixa entre 1 e 20 discursos da amostra. Cumpre observar que a ocupação intensiva da tribuna não garante o acesso às posições centrais do campo – dos onze deputados com mais de cem

---

16 A ênfase absoluta na produção legislativa impede que outras facetas – não apenas a construção de sentido por meio discursivo, que inclui o agendamento e enquadramento temáticos, mas também a fiscalização do governo e a intermediação de interesses, sobretudo junto ao Poder Executivo – sejam levadas em conta na análise da atividade representativa ou do funcionamento dos mecanismos de *accountability*.

17 Os dados completos da pesquisa encontram-se em Miguel e Feitosa (2009).

discursos na amostra, apenas dois frequentaram as listas de "cabeças do Congresso" elaboradas pelo DIAP. As mulheres respondem por apenas 840 (7,1%) dos discursos da amostra, sendo 5,1% dos discursos da 51ª legislatura (um pouco abaixo do percentual de eleitas, 5,7%) e 8,4% dos discursos da 52ª legislatura (um pouco acima do percentual de eleitas, 8,2%). Na lista dos oradores mais assíduos, a primeira mulher a figurar ocupa a 24ª posição, com 68 discursos na amostra. O debate no plenário da Câmara dos Deputados é, assim, um debate masculino. E os dados revelam, com clareza, perfis de atuação diferenciados para homens e mulheres, com uma concentração delas nas questões de cunho social.

Os deputados de ambos os sexos privilegiam os temas enquadrados na categoria *hard politics*, reforçando a impressão de que tais questões possuem posição de destaque no interior do debate político, acarretando, por sua vez, uma maior visibilidade para quem delas se ocupa. A concentração em *hard politics* é um pouco maior entre os deputados do sexo masculino – temas enquadrados na categoria estão presentes em 73,3% dos discursos deles e em 67,3% dos discursos delas. A situação inverte-se quando se analisa a categoria *middle politics* (19,5% contra 22,6%). Mas a diferença torna-se significativa quando se observa a *soft politics*, presente em 46,8% dos discursos das deputadas e em apenas 30,8% dos discursos dos deputados. Fica patente, portanto, a associação entre as mulheres parlamentares e as temáticas mais vinculadas à área social.

Cabe ressaltar que o número de homens na Câmara é tão maior que o de mulheres que mesmo nos temas "femininos" eles são majoritários. "Direitos humanos" serve de exemplo. Ainda que 71,9% das deputadas tenham tratado da questão em ao menos um de seus discursos incluídos na amostra (ao passo que 72,5% dos homens nunca tocaram no assunto), esses percentuais significam apenas 46 mulheres em um universo de 246 parlamentares que falaram sobre o tema. Foram 122 discursos de deputadas sobre direitos humanos, em contraste com 451 pronunciamentos de deputados do sexo masculino. Isto é, dada a maioria esmagadora de homens no plenário, mesmo a concentração das falas femininas em determinada temática é insuficiente para reverter o caráter predominantemente masculino do debate.

Ao contrário do que se poderia esperar, quanto maior a experiência legislativa das parlamentares, menos discursos elas pronunciam (Tabela 3.2). No caso dos homens, as diferenças não são significativas. Uma hipótese para explicar o fenômeno é que as deputadas sofrem um processo de desencantamento, ao perceberem os obstáculos simbólicos ao exercício de seus mandatos na Câmara dos Deputados.

Tabela 3.2 – Média de discursos da amostra proferidos por parlamentar, de acordo com sexo e experiência legislativa

	Primeira legislatura	Segunda legislatura	Terceira legislatura ou mais
Mulheres	10,6	6,7	6
Homens	9,9	11,8	9,6

Fonte: Miguel e Feitosa, 2009.

Quanto à temática, a experiência legislativa é mais elucidativa. Os deputados de primeira viagem focam seus discursos nas questões atreladas às *soft politics* e, à medida que vão acumulando mandatos, passam a tratar delas cada vez menos. Há um desvio estatisticamente significativo para baixo na categoria das políticas *soft* nos pronunciamentos daqueles parlamentares da terceira legislatura em diante, como consta da Tabela 3.3.

Tabela 3.3 – Área temática dos discursos, de acordo com a experiência parlamentar do orador

	Primeira legislatura	Segunda legislatura	Terceira legislatura	Quarta legislatura ou mais
Hard politics	73,2% (3.517)	71,0% (2.391)	73,8% (1.271)	74,2% (1.437)
Middle politics	19,9% (954)	18,7% (628)	20,4% (351)	20,7% (400)
Soft politics	35,9% (1.724)	31,5% (1.060)	28,1% (485)	26,2% (507)
Irrelevantes e outros	18,5% (890)	19,1% (644)	19,8% (341)	18,9% (366)
Total	100% (4.804)	100% (3.366)	100% (1.723)	100% (1.937)

Observações:
Era permitida a indicação de mais de uma área temática por discurso.
A dependência entre as variáveis é muito significativa. Qui2 = 48,65, gl = 9 1-p ≥ 99,99%.
Fonte: Miguel e Feitosa, 2009.

A correlação entre mulheres e política *soft* poderia ser espúria, caso se constatasse que era efeito de sua filiação a partidos mais à esquerda, que se imagina serem mais sensíveis às temáticas sociais. No entanto, os dados não corroboram essa interpretação. A filiação a um partido de esquerda, de centro ou de direita não possui impacto significativo na predisposição das deputadas a tratar de política *soft* ou *hard*.

É possível isolar, agora, a "elite" parlamentar. No período analisado, 144 diferentes deputados foram incluídos pelo menos uma vez na listagem anual do DIAP sobre os congressistas mais influentes. Desses, apenas seis eram mulheres. Isto é, elas são 8,1% dos parlamentares analisados na pesquisa, mas apenas 4,2% daqueles considerados mais influentes. Os dados revelam com clareza a prioridade temática da elite legislativa. Os integrantes da lista do DIAP respondem por 23% dos discursos sobre *hard politics*, mas por apenas 17,4% dos discursos sobre *soft politics*. Nota-se uma associação entre os temas considerados mais "masculinos" e as posições de maior prestígio e influência no campo político.

Ao mesmo tempo, as mulheres que conseguem integrar a elite da Câmara mostram um perfil muito mais próximo de seus colegas do sexo masculino do que aquelas que permanecem em posição de menor destaque (tabelas 3.4 e 3.5). Entre esses últimos, os homens tratam mais de *hard politics* em seus discursos (diferença de sete pontos percentuais) e menos de *soft politics* (diferença de 16,1 pontos percentuais). Já no estrato dos congressistas considerados mais influentes, as mulheres tratam um pouco mais de *hard politics* do que os homens (diferença de 3,6 pontos percentuais) e cai a diferença no que se refere a *soft politics* (para 10,2 pontos percentuais).

A análise das tabelas 3.4 e 3.5 revela que a distância que separa uma deputada mais influente de outra menos influente, no que se refere aos assuntos de seus discursos, é muito maior que a que separa dois deputados homens. Acumular capital político, para uma mulher, significa aproximar-se do padrão considerado "masculino" de escolha temática. De fato, os dados sinalizam com clareza que, à medida que o capital político cresce, o parlamentar tende a se dedicar

Tabela 3.4 – Área temática dos discursos dos deputados que nunca integraram a lista do DIAP, por sexo do orador

	Mulheres	Homens	Total
Hard politics	65,3%	72,3%	71,7%
Middle politics	22,8%	18,5%	18,9%
Soft politics	48,6%	32,5%	33,8%
Irrelevantes e outros	14,0%	20,3%	19,8%
Total	100% n = 729	100% n = 9.244	100% n = 8.515

Observações:
Era permitida a indicação de mais de uma área temática por discurso.
A dependência entre as variáveis é muito significativa. Qui2 = 70,75, gl = 3, 1-p ≥ 99,99%.
Fonte: Miguel e Feitosa, 2009.

Tabela 3.5 – Área temática dos discursos dos deputados que integraram a lista do DIAP, por sexo do orador

	Mulheres	Homens	Total
Hard politics	80,2%	76,6%	76,8%
Middle politics	21,6%	22,9%	22,8%
Soft politics	35,1%	24,9%	25,4%
Irrelevantes e outros	11,7%	16,0%	15,9%
Total	100% n = 111	100% n = 2.475	100% n = 2.586

Observações:
Era permitida a indicação de mais de uma área temática por discurso.
A dependência entre as variáveis não é significativa. Qui2 = 5,09, gl = 3, 1-p ≥ 83,46%.
Fonte: Miguel e Feitosa, 2009.

mais à política *hard*. Os temas sociais ou *soft politics* aparecem como um nicho temático interessante para iniciantes ou, de maneira mais geral, para aqueles que, encontrando-se nas posições periféricas do campo político, buscam seu espaço de visibilidade em questões menos disputadas ou para as quais a disputa é menos qualificada. Mas o que é apenas um degrau na carreira política de um homem é aquilo que aparece como o espaço próprio para a ação parlamentar de uma mulher. Assim, o cruzamento entre sexo e posição no campo reforça a hipótese de que a vinculação das mulheres aos temas *soft* contribui para mantê-las em situação de menor prestígio e influência.

A representação da condição feminina

Mas qual o impacto da presença das deputadas no Congresso brasileiro, ainda que poucas, na defesa dos interesses das mulheres – ou, dito de forma mais precisa, no avanço de uma agenda feminista? Entre as eleitas, há mulheres de diferentes posições políticas, e algumas adotam posturas francamente conservadoras no que diz respeito às relações de gênero. Mesmo quando há simpatia pelas ideias feministas, raras vezes elas são uma prioridade no exercício do mandato, dado que os compromissos com outros interesses – categorias profissionais, movimentos sociais, base geográfica – tendem a ser mais cruciais.

Das duas leis de maior visibilidade em favor dos direitos das mulheres, uma – as cotas eleitorais – foi iniciativa de uma parlamentar, como já visto. A outra, a chamada "Lei Maria da Penha", de 2006, contra a violência doméstica, foi de iniciativa do Poder Executivo. Uma questão importante como o direito ao aborto ainda é quase tabu no Congresso, e entre os poucos deputados que o defendem há tanto homens quanto mulheres.

Existe, no entanto, uma articulação das parlamentares – a bancada feminina da Câmara, forma de atuação coletiva que surgiu na Assembleia Nacional Constituinte (1987-1988) a fim de pressionar pela garantia de direitos das mulheres na nova Carta. Desde então, ela contribuiu para avanços como a garantia da igualdade jurídica no novo Código Civil, sancionado em 2002, ou a determinação da realização do aborto nos casos permitidos por lei (estupro ou risco de vida para a gestante) pela rede pública de saúde.

Um ângulo diferenciado para apreciar o impacto da presença das mulheres na Câmara é observar a evolução do debate sobre a questão feminina: como deputadas e deputados situam as relações de gênero e representam a condição da mulher em seus pronunciamentos. As sessões do dia 8 de março costumam concentrar discursos sobre o tema, dada a comemoração do Dia Internacional da Mulher. A análise dos discursos parlamentares desse dia, então, serve como aproximação à maneira como os deputados veem a condição feminina.[18] Dia destinado a lembrar a luta das mulheres por sua emancipação, o Oito de Março sofreu, nas últimas décadas, tentativas de apropriação, metamorfoseando-se em uma exaltação despolitizada e conservadora da "feminilidade", quando as consumidoras recebem rosas na porta dos supermercados e marcas de eletrodoméstico veiculam "homenagens" em anúncios de jornal. Os discursos refletem as diferentes formas de entendimento da data, por parlamentares de ambos os sexos.

Uma análise dos discursos pronunciados nas sessões de 8 de março entre 1975 – o Ano Internacional da Mulher, segundo as Nações Unidas – e 2006 mostra as transformações nas abordagens do tema na Câmara Federal. Enquanto na 45ª legislatura (1975-1978) a questão da mulher mal era abordada nas sessões do dia, a partir de meados dos anos 1990 ela se tornou tema da maior parte dos pronunciamentos (ver Gráfico 3.1).

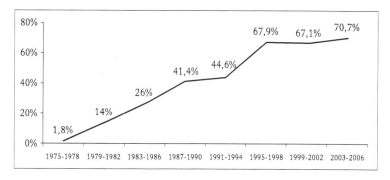

Gráfico 3.1 – Proporção dos discursos que tratam da condição feminina nas sessões do dia 8 de março na Câmara dos Deputados, por legislatura (1975-2006)
Fonte: Campos e Miguel (2008).

---

18 Os resultados completos da pesquisa se encontram em Campos e Miguel (2008).

Ao todo, foram pronunciados 893 discursos nessas sessões. As deputadas foram responsáveis por 14,3%. Embora ainda pequeno, esse percentual é mais que o dobro da proporção de deputadas que passaram pela Casa no período analisado (6%). Elas também são responsáveis por 28,1% dos discursos que trataram da condição feminina. De fato, 92,2% das deputadas que falaram em sessões do Oito de março abordaram o tema, contra apenas 39,5% dos deputados do sexo masculino.

Nestes mais de trinta anos, o número de mulheres na Câmara aumentou (como se pode ver na Tabela 3.1). Não existe correlação entre o percentual de mulheres que passaram pelo parlamento e o percentual daquelas que se manifestaram sobre o tema nas sessões do Oito de Março ($r = -0,306$). Contudo, foi identificada uma alta correlação entre o percentual de mulheres na Câmara e o percentual de discursos sobre o tema proferidos por deputados e deputadas ($r = 0,961$). Ou seja: a presença de mais deputadas no plenário contribui para que também os homens deem maior atenção às questões das mulheres.

Boa parte dos discursos, porém, limita-se a uma saudação protocolar ao Dia da Mulher, após o que o orador passa para outros temas. Ao lado daqueles que se detêm na exaltação da "beleza" ou da "grandeza" da mulher, com um elogio bastante convencional de suas "virtudes" e de seu papel na família, na economia ou mesmo na política, temos um conjunto de discursos que se dedicam ao enaltecimento acrítico e despolitizado da mulher.

Um segundo conjunto de discursos tematiza políticas públicas voltadas às mulheres – questões de saúde da mulher, homenagens a algum movimento ou personalidade ou comentários sobre a história das mulheres ou do feminismo. Por fim, há discursos de caráter mais crítico, em que são feitas denúncias da permanência do sexismo, da desigualdade e da violência contra a mulher e apresentadas reivindicações ligadas aos direitos reprodutivos, à representação feminina nas esferas de poder ou outras.

A Tabela 3.6 mostra como deputadas e deputados diferem na abordagem das questões de gênero. Enquanto nos discursos deles predomina a mera exaltação da mulher, no caso delas a grande maioria dos discursos incorpora uma abordagem crítica.

Tabela 3.6 – Presença relativa de grupos de abordagens nos discursos de acordo com o sexo do parlamentar

	Feminino	Masculino	Total
Exaltação da mulher	42,2%	60,1%	55,3%
História e políticas públicas	45,9%	38,5%	40,5%
Críticas, denúncias e reivindicações	86,2%	53,4%	62,2%
Total	100% (n = 109)	100% (n = 296)	100% (n = 405)

Observações:
Eram permitidas múltiplas respostas.
Foi suprimida a categoria "outras abordagens", com quinze ocorrências.
Fonte: Campos e Miguel, 2008.

Ao mesmo tempo, os discursos dos homens, em sua maioria (57,4%), reproduzem os estereótipos tradicionais da mulher como mãe, cuidadora e companheira, distinguida por sua generosidade e bondade. As deputadas, por sua vez, privilegiam amplamente uma representação militante da mulher, apresentada ou como lutadora ou como vítima da sociedade patriarcal, presente em 77,8% dos pronunciamentos delas.

Ainda assim, os limites do discurso sobre a condição feminina ficam claros. Um tema como a violência contra a mulher, ausente nas quatro primeiras legislaturas estudadas, ganha peso e passa a ser citado com frequência – 39 vezes apenas nos discursos da 52ª legislatura – e, em grande parte dos casos, por deputados homens. Já os direitos reprodutivos são citados, em média, em 1,5 discurso a cada legislatura, sem tendência de aumento. Embora se assinale que "com a redemocratização do país, houve mudanças a respeito da questão do aborto [...], sobretudo na visibilidade do tema [...] e na ampliação do debate" (Rocha, 2006, p.373-4), o Congresso continua relutando em discuti-lo, dada a resistência de setores importantes do eleitorado, em especial aqueles ligados às igrejas.

Além da representação

Os mecanismos de socialização de gênero ocupam uma posição central na conformação das práticas políticas femininas. A associação entre as mulheres e a esfera doméstica, com a consequente afirmação do espaço público como território exclusivo dos homens, permanece atuante mesmo quando elas rompem as barreiras e ingressam no campo da política. Os dados discutidos mostram que as mulheres brasileiras na política optam por temáticas afins ao seu papel tradicional – e que esta opção reforça sua posição de menor destaque dentro do campo político.

Em todas as dimensões da ação das mulheres na Câmara dos Deputados, é possível verificar a prioridade dada à *soft politcs*. Mas, à medida que elas ganham visibilidade e prestígio, transitam para o debate de *hard politics*. Fica evidente, assim, a associação entre privilegiar determinados temas na atuação parlamentar – aqueles associados aos homens – e a possibilidade de um progresso maior e mais veloz na carreira política.

A mera presença de mulheres no parlamento, por mais necessária que seja, não representa capacidade igual de influência na formulação de políticas e na produção das representações do mundo social. A associação entre as mulheres e os temas de menor prestígio no campo político contribui para mantê-las em situação periférica e cobra, daquelas que ainda assim são capazes de ascender, o ônus de romper com as expectativas sobre seu comportamento.

Não se trata, evidentemente, de afirmar que os temas "masculinos" são de fato os mais importantes. É possível mesmo postular o contrário. O relevante, aqui, é perceber que a associação dominante entre temas e gêneros trabalha contra a ascensão das mulheres às posições centrais do exercício do poder – um processo complexo, no qual, ao mesmo tempo que os deputados homens se beneficiam com o prestígio das suas áreas temáticas preferidas, concedem prestígio a essas mesmas áreas, tornando-as "masculinas".

Se os homens podem estabelecer suas estratégias mais ou menos livremente, as mulheres na política se veem, antes de tudo, diante de um dilema, comum a todas elas: se enfrentam os estereótipos, ignorando as expectativas sociais construídas sobre a postura "adequada" para elas, sofrem o estigma de serem consideradas desviantes ou masculinizadas; se, ao contrário, optam por se adaptar a eles, acabam por se confinar em posições de menor prestígio no campo. Isto é, criam uma espécie de gueto feminino na política masculina, que reforça os tradicionais papéis de gênero, colocando as mulheres como as únicas responsáveis por lidar com assuntos relacionados às preocupações de caráter social ou à esfera privada.

Decorre daí que fundamentar a adoção de cotas, por exemplo, ou qualquer outra política para ampliar a participação das mulheres na esfera pública, na afirmação de características intrínsecas e, dessa forma, naturalizadas de homens e mulheres, é sabotar as possibilidades da igualdade de representação política. A defesa da ampliação da capacidade de ação política dos grupos sociais em posição subalterna prescinde de qualquer argumento essencialista, que postule interesses objetivos diferenciados ou uma qualidade moral distinta. O que sustenta essa postura é o reconhecimento da desigualdade social e a necessidade de ampliar o espectro de vozes e interesses presentes no debate público – uma exigência para a plena realização da democracia, entendida como o regime político em que as normas são determinadas pelo conjunto daqueles que estarão submetidos a elas.

Por outro lado, a presença numérica faz, sim, diferença. A ampliação do número de mulheres torna mais difícil insulá-las em nichos temáticos específicos ou barrá-las em bloco das posições centrais do campo. Mesmo nos percentuais reduzidos do Brasil, a presença de um contingente de deputadas contribuiu para ampliar a atenção da Câmara – incluídos os deputados homens – aos problemas das mulheres, como se viu na discussão sobre os discursos nas sessões do Oito de março ou se depreende do aumento exponencial de proposições sobre questões femininas, de autoria tanto de homens quanto de mulheres, a partir dos anos 1990 (Santos, Brandão e Aguiar, 2004, p.45).

A ampliação da igualdade política não é um problema que diz respeito apenas às mulheres – ou a qualquer outro grupo em posição subalterna. Trata-se de um desafio a ser enfrentado por qualquer sociedade que se queira democrática. O enfrentamento da questão exige medidas no âmbito dos processos eleitorais, como as cotas; exige mudanças culturais, que garantam o *reconhecimento* desses grupos – no sentido de Fraser (1997a, 2003); exige a redistribuição dos recursos materiais que possibilitam a ação política, entre eles o tempo livre. Mas exige também transformações na dinâmica das próprias instituições representativas, impedindo-as de simplesmente reproduzir as hierarquias já estabelecidas.

Entre as instituições que necessitam ser transformadas está a mídia. No noticiário jornalístico, mulheres e homens surgem em posições diferenciadas, que permanentemente atualizam e reforçam visões estereotipadas de umas e outros. Se a visibilidade midiática é, hoje, um componente crucial da ação política, as representações dominantes das mulheres são um dos obstáculos importantes para sua presença mais efetiva no campo político.

4
HOMENS E MULHERES NA MÍDIA

Os estudos sobre a relação entre os meios de comunicação de massa e a política tendem a se concentrar no impacto sobre as campanhas eleitorais. Por um lado, o advento dos meios de comunicação em massa, em especial do rádio e da televisão, alterou as formas de contato entre candidatos e eleitores, reduzindo a centralidade dos partidos, exigindo novas formas de apresentação pessoal e novos recursos oratórios e conferindo proeminência a um novo tipo de consultor político (o "marqueteiro"). Por outro lado, as representações do mundo social veiculadas pela mídia afetam as preferências dos cidadãos e, assim, influenciam nos resultados eleitorais. Em torno dessas questões gira a maior parte da literatura sobre mídia e política, no exterior e também no Brasil.[1]

No entanto, a influência da mídia na ação política vai muito além dos processos eleitorais. Os meios de comunicação de massa ecoam nos discursos parlamentares, têm impacto na formação da agenda legislativa e fazem, às vezes, fórum de discussão para as elites políticas. E a visibilidade midiática é um componente importante na produção

---

1 A resenha mais completa dos estudos sobre mídia e política no Brasil ainda é a de Rubim e Azevedo (1998). Uma década depois, o quadro parece basicamente inalterado.

do capital político. Mais, ainda, as formas dessa visibilidade contribuem para a abertura ou o fechamento de oportunidades e, assim, orientam as carreiras políticas. Possuem impacto sobre a compreensão que os cidadãos comuns têm da política e do comportamento de atores específicos, mas fazem parte, também, das relações e formas de valorização dentro de partidos políticos e em diferentes espaços e dimensões nas quais essas carreiras se constroem. Por isso, a gestão da imagem pública, que é sobretudo a gestão da visibilidade pessoal na mídia, é uma preocupação central e permanente dos atores políticos, que não se limita aos períodos de competição eleitoral.

Uma vez que a política é mais bem compreendida como um campo hierarquizado, é insuficiente postular, como fazem muitos estudos sobre carreira política, a "ambição progressiva" daqueles que desejam exercer o poder (ver Capítulo 3). A luta pela acumulação de capital político, isto é, pelo acesso às posições centrais no campo, não se limita à conquista de cargos eletivos mais elevados. Dois integrantes de uma mesma casa legislativa podem possuir capacidades de influência muito diferenciadas, ou seja, suas posições no campo político são distantes entre si. Por outro lado, uma derrota eleitoral em uma disputa importante pode cacifar a posição de líder da oposição, com maior peso nas negociações políticas – mais do que a conquista de um cargo de menor expressão. Assim, os agentes no campo político lutam pela ampliação de seu "capital", entendido como o reconhecimento, pelos pares, de sua relevância naquele universo, o que inclui a obtenção de cargos, mas não se confunde com ela.

O representante afirma-se como tal por se constituir em porta-voz de determinados setores sociais, reconhecido pelos seus representados e pelos outros agentes políticos, o que também não se confunde necessariamente com o exercício de um mandato formal. A concorrência entre os agentes no campo político é uma concorrência pelo direito de falar em nome de outros. Um componente importante para a obtenção deste reconhecimento é a visibilidade social. Nas sociedades contemporâneas, a mídia é o principal espaço de produção dessa visibilidade. É a partir daqui que se pode afirmar a relevância política dos meios de comunicação de massa. Gerir a difusão da própria imagem na mídia torna-se, assim, uma das preocupações permanentes dos agentes políticos, que se esforçam tanto em garantir visibilidade para si próprios – sem a qual suas pretensões à liderança se esfumaçam – quanto em reduzir e, se possível, suprimir os aspectos negativos nela contidos (Miguel, 2002).

Neste capítulo, o foco é a relação entre a visibilidade na mídia e a produção do capital político, entendido como a incorporação, pelos agentes, dos elementos de valorização e distinção reconhecidos, legitimados e naturalizados, em uma dada estrutura do campo. Os meios de comunicação são, ao mesmo tempo, fonte e índice de capital político. A partir de um conjunto de normas e valores que definem o que é noticiável e quem compõe a notícia, os meios de comunicação (e, especificamente, o jornalismo) "conferem distinção" na medida em que tornam visíveis determinadas personagens. Ao mesmo tempo, a visibilidade é a constatação, pelo jornalismo, de distinções e competências definidas a partir das normas, valores e hierarquias que regem o campo da política e que os meios de comunicação absorvem.

A relação entre a visibilidade na mídia e a posição ocupada no campo político apresenta características específicas se considerarmos o sexo das personagens. Nesse caso, a presença escassa das mulheres na política e sua pouca visibilidade na mídia estão relacionadas, ainda, à vinculação delas a temáticas que restringem sua atuação e delimitam sua competência. É um exemplo de como a exposição nos meios de comunicação apresenta matizes diferentes e não é, por si só, um ganho na luta por posições políticas. A política veiculada no noticiário é composta de temas e personagens que são posicionados de modo a confirmar ou a deslocar as hierarquias ativas no campo político. Isso está relacionado ao fato de haver uma interface entre as hierarquias existentes em outros campos e as hierarquias presentes nos meios de comunicação, isto é, refere-se à própria existência ampliada que a mídia permite àqueles que atuam em campos sociais diversos. O ponto aqui é que é importante compreender as relações entre as hierarquias em outros campos sociais e aquelas que organizam o próprio noticiário, definindo as posições daqueles que conquistam essa visibilidade.

A partir dessas constatações, sumarizamos aqui o resultado de uma ampla pesquisa sobre as representações da política nos meios de comunicação de massa. A seleção dos temas e personagens que estão presentes no noticiário, com a observação, em particular, das diferenças entre homens e mulheres, foi considerada um aspecto importante das formas assumidas pela política na mídia brasileira. Por um período de quase dez meses, distribuídos ao longo de um ano e meio, foi realizado o acompanhamento sistemático do noticiário de três telejornais diários e de três revistas semanais de informação. Os dados reunidos permitem desenhar um panorama inédito da representação da política e de seus agentes no jornalismo brasileiro.

A pesquisa realizou o acompanhamento de três telejornais noturnos de redes nacionais e de três revistas semanais de informação durante três períodos de três meses cada, entre o primeiro semestre de 2006 e o primeiro semestre de 2007. A opção por períodos contínuos, no lugar da adoção de ferramentas de amostragem como a geração de "semanas compostas" ou "meses compostos", permitiu o acompanhamento de determinados tópicos e da construção discursiva associada a eles. O fato de serem três momentos diferentes – um período *pré-eleitoral* no começo de 2006, as eleições no final de 2006 e um período *pós-eleitoral* em 2007, quando os eleitos já haviam sido empossados – contribuiu para equilibrar a amostra, compensando o peso que um evento específico, como a própria disputa eleitoral, tem na cobertura da mídia.

A televisão é a mídia dominante no Brasil, país que combina altos índices de penetração dos meios eletrônicos com fraca escolarização, o que compromete tanto a circulação da mídia impressa quanto a utilização da internet. Dados de 2007 informam que 97,1% dos lares possuem ao menos um televisor. E a televisão, sozinha, recebe mais da metade da verba publicitária do País. Ainda que os chamados "formadores de opinião", em geral, e a elite política em particular tendam a privilegiar outros meios informativos, uma pesquisa entre deputados federais indicou que 62,2% deles assistem a telejornais todos os dias e outros 23,6% assistem-nos algumas vezes por semana (FSB, 2008). A centralidade da televisão é confirmada pela circulação restrita da mídia impressa. Em 2008, a circulação diária média dos principais jornais era de 4.351.000 exemplares, aproximadamente 2% da população (Instituto Verificador de Circulação, 2009).

Os telejornais incluídos na pesquisa foram o *Jornal Nacional*, o *Jornal da Band* e o *SBT Brasil*, todos transmitidos diariamente (exceto aos domingos), na faixa de programação noturna de maior audiência, o chamado "horário nobre". O *Jornal Nacional* é o principal produto informativo do maior conglomerado de mídia do Brasil, a Rede Globo de Televisão, e foi o primeiro programa a ser exibido em rede nacional. Embora não estivesse mais no auge, como nos anos 1970, quando ultrapassava os setenta pontos de audiência, no período da pesquisa ainda superava a média de trinta pontos, o que corresponde a mais de 2,5 milhões de espectadores diários só na Grande São Paulo. Trata-se, ainda, do telejornal mais assistido pela própria elite política, apontado como o preferido por 60,6% dos deputados federais (FSB, 2008).

O *Jornal da Band*, da Rede Bandeirantes, é o mais tradicional concorrente do *Jornal Nacional*, de uma emissora menor, mas com tradição em telejornalismo, ao passo que o *SBT Brasil*, do Sistema Brasileiro de Televisão, era um investimento recém-iniciado na época. Na errática condução da emissora por seu proprietário, Sílvio Santos, o programa representava uma tentativa de obtenção de respeitabilidade; era conduzido por uma profissional que havia sido uma das estrelas do jornalismo da Rede Globo, Ana Paula Padrão. Ambos os telejornais tinham, à época, audiência média em torno de seis a sete pontos.

As revistas analisadas pela pesquisa foram *Veja*, *Época* e *CartaCapital*. A primeira, da Editora Abril, circula desde 1968 e é a principal revista de informação brasileira, com tiragem declarada superior a 1 milhão de exemplares semanais. Caracteriza-se pelo tom fortemente opinativo de suas matérias e uma pouco disfarçada inclinação por posições políticas à direita, com histórica aversão ao Partido dos Trabalhadores (PT). Trata-se de um veículo com reconhecida influência no País. As classes médias, das quais brotam os formadores de opinião, têm em *Veja* uma de suas fontes mais importantes de informação. A passagem por sua redação é vista como uma experiência que valoriza o currículo profissional.

No entanto, *Veja* adota um estilo de jornalismo que rompe ostensivamente com os cânones da objetividade, tal como discutidos no

Capítulo 1. Sua adjetivação é agressiva, suas antipatias são explícitas, sua predileção por determinados temas da agenda é indisfarçada – características que se acentuaram nos últimos anos. As personagens de suas matérias são tratadas com pesos e medidas bem diferenciados, conforme a posição que possuem. Os muitos adversários da revista não se cansam de denunciar o "antijornalismo" adotado por ela, muitas vezes apresentando evidências de contaminação do noticiário por interesses políticos, comerciais ou mesmo desavenças pessoais.[2] Mesmo assim, *Veja* permanece em uma das posições centrais da imprensa brasileira.

A revista *Época*, surgida em 1998 como adaptação brasileira da tradicional publicação alemã *Focus*, pertence à Editora Globo – braço das Organizações Globo na mídia impressa – e tem tiragem média semanal de cerca de 400 mil exemplares. Entre as quatro principais revistas semanais de informações brasileiras (as três incluídas na pesquisa e *IstoÉ*), é aquela que se propõe adotar um tom de jornalismo mais neutro, com um estilo de texto menos colorido, pouca adjetivação e, de forma geral, um padrão mais próximo do jornalismo diário.

A *CartaCapital*, por sua vez, é um projeto do jornalista Mino Carta, que foi criador de diversos veículos da imprensa brasileira, entre eles a própria *Veja*. Surgida em 1994, com periodicidade mensal, tornou-se quinzenal em 1996 e semanal em 2001. Com tiragem em torno de 65 mil exemplares por semana, busca atingir um público de elite, combinando uma cobertura política que se quer mais aprofundada com um extenso noticiário sobre o mercado financeiro. Diferencia-se, também, por uma postura vista como mais à esquerda e pela simpatia com relação ao governo Lula.

As revistas semanais não têm público tão amplo e diversificado quanto os telejornais, mas possuem impacto junto aos formadores de opinião e um papel importante no agendamento recíproco entre os veículos. Um exemplo conhecido do papel das revistas no agen-

---

2 O exemplo mais conhecido é o "dossiê" publicado na internet, no começo de 2008, pelo jornalista Luís Nassif (luis.nassif.googlepages.com/; acesso em novembro de 2009). Para uma análise mais detida da singularidade de *Veja*, ver Biroli e Miguel (2010).

damento de campanhas e na produção da visibilidade (positiva ou negativa) dos atores é o da promoção de Collor nos meses prévios à campanha de 1989, seguida, mais tarde, das denúncias de corrupção que levaram ao *impeachment*. Depois disso, tiveram um papel destacado, também, na circulação das denúncias relacionadas à chamada "crise do mensalão". Mas sua importância, ao produzir uma síntese semanal do noticiário político, voltada para determinados segmentos da população, não se restringe aos períodos eleitorais ou a eventos particulares – tendem a adotar um estilo mais opinativo e a intenção, nada disfarçada, de orientar a apreciação do mundo por seus leitores. Entre os deputados federais, 87,8% afirmam ler revistas todas as semanas, com ampla vantagem para *Veja* (78%), seguida de *IstoÉ* (52,8%), *Época* (40,2%) e *CartaCapital* (25,2%) (FSB, 2008).

O acompanhamento dos telejornais foi diário e das revistas, semanal. Foram doze semanas entre 6 de março e 27 de maio de 2006, quinze semanas entre 10 de julho e 28 de outubro de 2006 e mais doze semanas no primeiro semestre de 2007 – entre 5 de março e 26 de maio para os telejornais, de janeiro a março para as revistas. O período eleitoral é maior, de maneira a abarcar do final da Copa do Mundo até a realização do segundo turno das eleições, gerando dados comparáveis com pesquisas realizadas sobre a cobertura jornalística em 1998 e 2002 (Miguel, 1999b, 2003b, 2004). Problemas técnicos na gravação comprometeram uma parcela significativa da amostra dos telejornais – 37,5% das edições do período pré-eleitoral, 19,9% do período eleitoral e 11,1% do período pós-eleitoral. Ao todo, foram incluídas 77,8% das edições previstas do *Jornal Nacional*, 76,9% do *Jornal da Band* e 78,6% do *SBT Brasil*. Como as falhas ocorreram de maneira aleatória, consideramos que elas não enviesaram os resultados. A coleção das revistas estava completa.

Uma ficha de acompanhamento foi preenchida para cada matéria,[3] de maneira a identificar as áreas temáticas predominantes nos telejornais e nas revistas. Em seguida, as "personagens" das matérias

---

3 Utilizamos *matéria*, por economia de linguagem, para indicar todo o material não publicitário das revistas e dos telejornais, incluindo reportagens, entrevistas, editoriais, artigos, colunas, críticas etc.

de política foram identificadas – sendo consideradas personagens as pessoas que, não pertencendo à equipe jornalística, apareceram no noticiário, seja na qualidade de entrevistadas, de fontes ou mesmo apenas citadas por algum repórter, colunista, apresentador ou por outra personagem.

Foram determinadas, após pré-teste, 26 categorias temáticas, 11 das quais se vinculavam à área de "política brasileira":

- Cidades (Brasil) – incluindo matérias sobre trânsito, transporte coletivo, direito do consumidor, greves em serviços públicos (exceto educação e saúde, encaixadas em categorias próprias) etc.;
- Ciência/tecnologia – novidades científicas, médicas e tecnológicas;
- Desastres – catástrofes naturais, acidentes de trânsito e ferroviários, desastres aéreos etc.;
- Ecologia/meio ambiente – espécies ameaçadas, áreas de preservação, aquecimento global etc.;
- Economia brasileira – inflação, desemprego, câmbio, dívida pública, balança comercial e de pagamentos, reajustes salariais etc. (exceto decisões de política econômica, que foram consideradas "política brasileira");
- Educação – vagas no ensino público, vestibular, ação afirmativa e outras formas de acesso ao ensino superior, distribuição de material didático, experiências inovadoras na educação no Brasil, greves de professores etc.;
- Esportes;
- *Fait divers* – curiosidades, anúncios de programas da própria emissora, fofocas sobre celebridades, eventos da indústria cultural, "mundo animal" etc.;
- Internacional – política externa brasileira, relações exteriores, política interna de outros países etc.;
- Lições de vida – abordagem edificante, mostrando como indivíduos e/ou grupos superam suas dificuldades;
- Polícia – crimes, busca de criminosos, revoltas de presidiários etc. (não inclui políticas públicas de segurança, que possui categoria própria);

- Política brasileira: ações do Poder Executivo Federal – lançamento de programas, preenchimento de cargos, liberação de recursos etc.;
- Política brasileira: propostas legislativas e ações no Congresso – ações do e no Congresso; inclui o debate e a tramitação de toda e qualquer proposta legislativa, inclusive quando de iniciativa do Poder Executivo;
- Política brasileira: judiciário – decisões judiciais, em especial das cortes superiores, com repercussão política; inclui também ações de órgãos com ação de tipo judicial que pertençam ao Poder Legislativo (Tribunal de Contas) ou ao Poder Executivo (Ministério Público);
- Política brasileira: escândalos – denúncias e investigações de atos ilícitos, improbidades e desvios de conduta em geral, envolvendo governantes, parlamentares, líderes partidários e ocupantes dos primeiros escalões das administrações municipais, estaduais e federal;
- Política brasileira: eleições (resultado de pesquisas) – toda e qualquer divulgação de sondagens de intenções de voto, bem como de resultados eleitorais;
- Política brasileira: eleições (curiosidades/serviço) – informações aos eleitores (como usar a urna, como justificar ausência etc.) e curiosidades à margem do processo eleitoral (trabalho dos TREs nas fronteiras do País, eleitores idosos ou jovens etc.);
- Política brasileira: eleições (debate eleitoral) – falas dos candidatos e de outros líderes políticos, programas de governo, eventos de campanha (passeatas, comícios etc.), denúncias contra candidatos;
- Política brasileira: vida partidária – conflitos internos de partidos, escolha de líderes etc.;
- Política brasileira: movimentos sociais/sociedade civil – ação de movimentos sociais ou de entidades da sociedade civil;
- Política brasileira: história/curiosidades – lembrança de episódios passados da política nacional, motivada por efemérides (por exemplo, cinquenta anos do suicídio de Vargas) ou

falecimentos (por exemplo, a biografia de Leonel Brizola); curiosidades da política nacional;
- Política brasileira: outros/*mix* — reportagens de política brasileira que mesclam várias das categorias anteriores, sem que seja possível indicar uma predominância;
- Previsão do tempo;
- Saúde pública — epidemias, saneamento, controle de medicamentos, rede hospitalar, greves de profissionais da saúde etc.;
- Segurança pública — políticas de segurança pública;
- Outros — categoria residual para matérias que não se encaixam em nenhuma das anteriores; no caso da revistas, inclui cartas dos leitores, seções de "frases da semana" e de notas variadas etc.

Ao todo, foram assistidas e fichadas 241 horas, 23 minutos e 43 segundos de telejornais. Não foram incluídas as chamadas iniciais (a "escalada", em que os apresentadores anunciam as principais notícias do dia) nem as chamadas ao final de cada bloco. A participação dos três noticiários no *corpus* foi equilibrada, com ligeira predominância do *Jornal da Band* (35,4% do tempo), seguido de *SBT Brasil* (32,5%) e *Jornal Nacional* (32,1%).

Quanto às revistas, foram lidas e fichadas 7.751 páginas, excluídas as capas e os anúncios. *Época* (37% das páginas) e *Veja* (36,1%) contribuíram com parcelas semelhantes do *corpus*, e *CartaCapital*, com um pouco menos (26,9%), o que reflete seu perfil de publicação mais enxuta.

A homogeneidade da cobertura

Agrupadas, as onze categorias de política brasileira ficam com a maior fatia do noticiário da televisão, totalizando 24,2% do tempo dos telejornais pesquisados. Não causa surpresa o fato de esse percentual ser maior no período eleitoral, quando alcança 32,9%; e a diferença entre os outros dois períodos se explica pelo fato de que, no primeiro semestre de 2006, o noticiário ainda era alimentado pelos desdobramentos do escândalo do mensalão (o pretenso pagamento de propinas para deputados com dinheiro desviado de órgãos públicos, a fim de que apoiassem o governo, denunciado em maio de 2005). Assim, o noticiário político ocupa 27,6% do tempo dos telejornais no período pré-eleitoral, contra meros 14,5% no período pós-eleitoral.

De fato, a subcategoria "escândalos" responde pela maior fatia das reportagens de política na televisão, 30,4% – mais até do que o conjunto das três subcategorias vinculadas ao processo eleitoral, que somam 24,5% das matérias de política. E é no período pré-eleitoral que os escândalos merecem atenção, concentrando 37,6% do noticiário político. No período pós-eleitoral, ao contrário, talvez por conta da atenção concedida ao novo mandato presidencial, cresce a presença de matérias sobre ações do Poder Executivo Federal.

O perfil de ocupação do espaço das revistas é diferenciado, com predomínio da categoria *fait divers*, que ocupou 31,2% das suas páginas. As categorias de política brasileira, agrupadas, vêm em seguida, com 20,1% do espaço. Mas a curva é similar à dos telejornais, como mostra o Gráfico 4.1, adiante. Política brasileira ocupa 21,3% das páginas das revistas no período pré-eleitoral, quase metade delas relacionadas a escândalos, subindo para 27,5% no período eleitoral e caindo para 10,9% no período pós-eleitoral. No *corpus* total, a subcategoria "escândalos" é, de longe, a mais importante, ocupando 29,5% das páginas do noticiário político das revistas. Segue-se a subcategoria "outros/*mix*", com 18,1% do espaço dedicado à política brasileira, que reflete uma prática comum aos três semanários analisados: produzir uma grande matéria de síntese dos fatos políticos, em que ações do governo, manobras no Congresso, estratégias eleitorais e escândalos podem estar mesclados.

Os dados também confirmam elementos constantes do jornalismo brasileiro nas últimas décadas do século XX, observados em pesquisas anteriores, como a fraca atenção concedida ao noticiário internacional, que fica com 10% a 12% do tempo dos telejornais e 8% a 11% do espaço das revistas, nos três períodos (e se concentra nos Estados Unidos e no Oriente Médio). A revista *CartaCapital*, com média de 15% das suas páginas voltadas ao noticiário internacional e uma maior diversidade nessa cobertura, foge ao padrão e, assim, reafirma seu perfil mais elitizado ou intelectualizado.

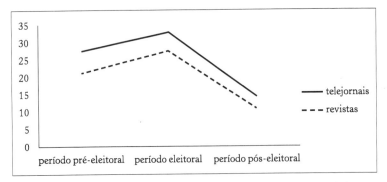

Gráfico 4.1 — Proporção do tempo/espaço dedicado ao noticiário político em telejornais e revistas semanais de informação (2006-2007)

O noticiário de variedades inclui, além da categoria *fait divers* propriamente dita, desastres, esportes, lições de vida e polícia. Ocupou, em média, 34,2% do tempo dos telejornais – um pouco abaixo disso no período eleitoral, um pouco acima nos outros dois. São números comparáveis aos do *Jornal Nacional* em 2002 e bem diferentes daqueles apresentados pelo noticiário da Rede Globo em 1998, quando as variedades abocanhavam mais de 50% do tempo (Miguel, 2003b).[4] Para as revistas, a média foi de 36,9% do espaço dedicado a variedades, com a *CartaCapital* apresentando uma proporção um pouco inferior à de suas concorrentes (32,9%).

Separados os dados pelos telejornais analisados, observa-se que as diferenças de perfil entre eles, embora presentes, não são de grande monta. O *Jornal da Band* dedica mais tempo ao noticiário de cidades e menos ao internacional de que seus concorrentes. O *SBT Brasil* concentra-se mais no *fait divers* e no noticiário policial, e menos em esportes. As diferenças giram em torno de três a cinco pontos percentuais. Apenas na cobertura de política brasileira se registra uma disparidade maior, alcançando 31,2% do tempo do *Jornal Nacional*

---

4 Longe de ser uma peculiaridade da cobertura eleitoral de 1998, o foco nas variedades marcou o período em que Evandro Castro de Andrade dirigiu a Central Globo de Jornalismo (1995 a 2001).

contra 20,8% do *Jornal da Band* e 20,9% do *SBT Brasil*. O *Jornal Nacional* dedica uma parcela maior de seu noticiário à política brasileira nos três períodos, chegando a 41,5% no período eleitoral. E todos os telejornais diminuem significativamente o tempo destinado ao assunto no período pós-eleitoral.

Enfocando agora apenas o noticiário político, as dessemelhanças entre os três telejornais permanecem sutis. O *SBT Brasil* dá um pouco mais de destaque a ações do Poder Executivo Federal, que ocupam 16,9% do seu noticiário político, contra cerca de 13% dos outros, e também à vida partidária, com 8,1% – mais que o dobro dos outros. Já o *Jornal Nacional* cobre um pouco menos o poder legislativo, totalizando 6,5% do seu tempo de noticiário político, ao passo que seus concorrentes ficam entre 8% e 10%. Mas é ao diferenciar os três períodos sob análise, como faz a Tabela 4.1, que a análise se torna mais interessante.

Começando com o *Jornal Nacional*, chama a atenção a brutal queda da atenção concedida às ações do Poder Executivo Federal durante as eleições. Ocupando mais de um quarto do noticiário político do telejornal da Rede Globo nos outros períodos, a categoria praticamente some entre julho e outubro de 2007, ficando com menos de 1% do tempo. Nos outros telejornais, a redução do tempo destinado ao Poder Executivo Federal no período das eleições também é grande, indicando que se trata de uma mudança de prioridades de pauta – isso se deve, também, ao fato de que o candidato Luiz Inácio Lula da Silva tendia a se sobrepor ao presidente Luiz Inácio Lula da Silva, não havendo distinção clara entre o noticiário eleitoral e o noticiário sobre o Executivo Federal. No caso do *Jornal Nacional*, porém, o desaparecimento do noticiário relativo às ações do Poder Executivo Federal sugere que, além disso, houve uma postura deliberada. Se foi assim, repete-se o quadro de 2002, quando, buscando repelir a imagem de manipuladora da opinião pública, fruto de sua ação em eleições anteriores, a Globo optou por um equilíbrio estrito no tempo dedicado a cada um dos principais candidatos (Miguel, 2003b). Naquele ano, porém, o presidente da República não era candidato à reeleição, situação que, presente em 2006, colocou novos problemas aos órgãos de imprensa em busca de imparcialidade ostensiva.

Tabela 4.1 – Distribuição do tempo do noticiário político, por telejornal, período e assunto (2006-2007)

	Jornal Nacional			Jornal da Band			SBT Brasil		
	Pré	Eleição	Pós	Pré	Eleição	Pós	Pré	Eleição	Pós
Poder Executivo	25,2%	0,8%	26,9%	18,1%	5%	21,8%	18,4%	6%	34,9%
Poder Legislativo	5%	2,8%	16,9%	12,7%	6%	12,7%	6,7%	4,9%	15,9%
Poder Judiciário	8,3%	2,1%	18,6%	1,8%	7,6%	9,2%	5,2%	2,5%	5,3%
Escândalos	37,4%	29,8%	25,8%	40,5%	25,6%	34,6%	35,1%	25,5%	23,4%
Eleições: pesquisas	1,7%	12%	–	2,5%	6,7%	–	4%	3,9%	–
Eleições: serviço	1,7%	3,1%	–	2,1%	0,7%	–	1,3%	4,9%	–
Eleições: debate	7,5%	26,4%	–	6,8%	37,7%	–	6,6%	40,1%	–
Vida partidária	5,5%	1,4%	0,9%	3,3%	4,2%	1,5%	11,4%	7,9%	4,6%
Movimentos sociais	6,4%	1,4%	8,4%	5,3%	3,5%	5,1%	7,8%	2,1%	10%
História	0,8%	–	–	–	–	–	–	0,1%	0,7%
Outros/mix	0,7%	20,5%	2,4%	6,9%	3%	15,1%	3,7%	2,3%	5,1%
Total	100%	100%	100%	100%	100%	100%	100%	100%	100%
n	6:42:38	12:18:09	5:10:40	4:50:37	8:08:22	4:47:13	4:50:14	7:28:38	4:06:55

Mas há, ainda, outro dado que deve ser levado em conta. No período eleitoral, a concentração do noticiário político nas eleições – cujas três categorias somam entre 41,5% e 48,9%, nos três telejornais – pressiona para baixo os percentuais de todas as outras categorias, não apenas das ações do Executivo Federal. A principal exceção é a categoria "outros/*mix*", para o *Jornal Nacional*, que apresenta notável acréscimo no período, passando de menos de 1% para mais de 20%. Estes números refletem a opção editorial do telenoticiário da Rede Globo, que mesclou a cobertura da campanha com a cobertura do Governo Federal, tratando de ambos os assuntos nas mesmas matérias. Não é surpreendente, por outro lado, a maior presença do resultado de sondagens de intenção de voto no *Jornal Nacional*, uma vez que a Rede Globo, maior e com mais recursos, contratava institutos de pesquisa que serviam não só aos telenoticiários, mas a todos os veículos de comunicação do conglomerado (notadamente, a rádio *all news* CBN, o canal de notícias por assinatura *GloboNews*, o jornal *O Globo*, a revista *Época* e o portal de internet *G1*).

O escândalo, entendido como denúncias de atos ilícitos praticados por funcionários públicos e as investigações delas resultantes, é um dos motores do noticiário político. Se, por um lado, a ênfase na denúncia e no escândalo custa aos jornalistas a frequente acusação de contribuir para o desgaste das instituições republicanas,[5] por outro lado ela seria a demonstração de que estão sendo cumpridas as responsabilidades de "quarto poder" ou de *watchdog*, a quem cabe zelar para que a leis e a moralidade pública sejam respeitadas. Em um mundo "onde poder e reputação andam de mãos dadas", como diz Thompson, o escândalo é importante porque "afeta as fontes concretas do poder" (Thompson, 2002 [2000], p.23). Todos os três telejornais dão destaque aos escândalos, que em geral ocupam entre um quarto e dois quintos do tempo do noticiário político.

---

5 É frequente, por exemplo, que deputados e senadores atribuam à imprensa a culpa pela baixa confiança da opinião pública no Poder Legislativo. Agradecemos a Pedro Noleto por nos ter repassado a transcrição de depoimentos colhidos de uma amostra de congressistas.

Os telejornais dedicam pouca atenção à vida interna dos partidos, talvez partilhando da percepção de que, nas condições da política brasileira, eles são pouco relevantes. A principal exceção é o *SBT Brasil*, no período pré-eleitoral, com matérias que focavam as disputas internas pela escolha dos candidatos. Movimentos sociais e sociedade civil se encontram quase ausentes do noticiário político, reforçando a percepção de que a política é uma atividade à parte, fracamente conectada com outras esferas da vida social. As personagens do noticiário político estão, assim, relacionadas a uma representação redutora da política.

De um lado, essa representação diminui a visibilidade já restrita de atores que poderiam produzir uma tensão com os limites atuais das instituições e do debate político, trabalhando para confirmar esses limites. Em 2.134 matérias classificadas como política brasileira, apenas 65 apresentaram alguma personagem vinculada a movimentos sociais, e 19, a organizações não governamentais. Especialistas ligados às universidades (presentes em 17 matérias) e representantes de religiões organizadas (19 matérias) estão em situação similar. De outro lado, essa representação redutora da política silencia o impacto de atores que não são propriamente políticos sobre o exercício da política pelos atores propriamente políticos. A despeito da inegável influência do poder econômico sobre a vida política, personagens ligadas a empresas privadas não apareceram em mais do que 74 dessas matérias – isto é, 3,2% – e são apenas 45 (7,7%) entre as 580 personagens presentes nas matérias da categoria "escândalo".

Entre as revistas, *Veja* e *Época* mostram perfis similares, ao passo que *CartaCapital* é ligeiramente desviante: dedica um pouco menos de espaço à categoria *fait divers* (27,7%, contra 31% a 33% das outras), mais ao noticiário internacional, como visto, e muito mais à categoria "economia brasileira" (12,1%, contra 3% a 5% das outras). Isoladas as matérias de política, as diferenças ficam bem mais significativas – e o quadro que põe *Veja* e *Época* de um lado e *CartaCapital* do outro não descreve mais a situação.

Salta aos olhos como *Veja* concentra o noticiário político nos escândalos, em uma proporção muito maior que as suas concorrentes, como mostra a Tabela 4.2, adiante. Em qualquer dos três períodos sob análise, *Veja* dedica uma proporção maior de suas páginas de política à cobertura dos escândalos, seguida por *CartaCapital* e, bem atrás, pela revista *Época*. E para qualquer das três revistas o noticiário sobre escândalos declina de um período para outro. Em *Veja*, cai de 57,2% das páginas sobre política, no período pré-eleitoral, para 12,2% no período pós-eleitoral. Na *Época*, vai de 23,7% para 5,3%; na *CartaCapital*, de 44,3% para 8,1%. Embora o *corpus* das revistas, no período pós-eleitoral, abranja os três primeiros meses do ano, caracterizados por um noticiário político mais morno, esse fato dificilmente corresponde a toda a explicação. Tamanho foco nos escândalos políticos no primeiro semestre de 2006 seguramente se relaciona às tentativas, por parte dos agentes políticos relevantes – aí incluída a própria mídia –, de moldar o cenário em que ocorreria a disputa eleitoral, meses depois.

Tabela 4.2 – Distribuição do espaço do noticiário político, por revista e assunto (2006-2007)

	Veja	*Época*	*Carta Capital*
Poder Executivo	10,5%	14,9%	15,1%
Poder Legislativo	2,9%	2,4%	4,8%
Poder Judiciário	1,3%	1,1%	2,5%
Escândalos	42,6%	12,7%	28,6%
Eleições: pesquisas	5,6%	1%	8,2%
Eleições: serviço	3,8%	2,5%	3,5%
Eleições: debate	7,9%	28,1%	12,9%
Vida partidária	3,5%	6,5%	8,6%
Movimentos sociais	1%	2,6%	3,7%
História	1,9%	2,7%	3,1%
Outros/*mix*	19%	25,6%	9,1%
Total	100%	100%	100%
n	635,8	468,6	449,7

Veja também se distingue pela menor atenção dada às ações do Poder Executivo, ao debate eleitoral e às movimentações internas aos partidos. Mas não se trata nem de uma polarização, em que ela fica de um lado e *Época* e *CartaCapital* do outro, nem de um *continuum* relacionável à posição relativa ao governo Lula, com *Veja* (mais oposicionista) em uma extremidade, *CartaCapital* (mais governista) na outra e *Época* em posição intermediária. Isto faria crer que *CartaCapital* daria menos espaço aos escândalos políticos e mais aos atos do Poder Executivo do que *Época*, o que os dados não confirmam. A subcategoria "ações do Poder Executivo" recebe espaço praticamente idêntico das duas publicações e, no que se refere aos escândalos, a proporção do noticiário político dedicada por *CartaCapital*, embora bem inferior à de *Veja*, é mais do que o dobro de *Época*.

Embora a subcategoria "escândalos" reúna uma diversidade de matérias – de denúncias de corrupção em prefeituras municipais a nepotismo no Congresso Nacional –, a maioria delas envolvia o Poder Executivo Federal. O episódio de maior repercussão foi a acusação contra o então ministro da Fazenda, Antônio Palocci, de que teria chefiado um esquema de recebimento de dinheiro ilícito para o Partido dos Trabalhadores quando era prefeito de Ribeirão Preto, importante cidade do estado de São Paulo. Os desdobramentos da acusação, em especial a quebra ilegal do sigilo bancário de uma testemunha-chave contra Palocci, levaram à sua queda do ministério, em 27 de março de 2006, portanto no início do acompanhamento do noticiário.

Cerca de dois terços das matérias sobre escândalos incluem personagens que podem ser identificadas, com clareza, como porta-vozes do Governo Federal ou da oposição a ele. *Veja* é a única que apresenta mais matérias em que aparecem apenas porta-vozes do Governo – nela, em 48,4% das matérias em que tais personagens são identificadas há representantes do Governo, mas não da oposição, contra 13,3% em *Época* e 5,4% em *CartaCapital*. *Veja* também possui muito menos matérias só com porta-vozes oposicionistas: 4,4%, enquanto nas outras revistas a proporção é de cerca de 20%. Ao que parece, havia uma contradição com a postura assumidamente contrária ao

PT e ao então governo Lula da revista *Veja*. Com base nos dados quantitativos, não é possível explicar o aparente paradoxo, exceto por duas especulações. Primeiro, o enquadramento dado por *Veja* aos escândalos situa-os não como um momento da disputa entre governo e oposição, mas como um embate entre acusadores neutros (testemunhas, procuradores, policiais) e um réu (o próprio Governo). Em segundo lugar, as explicações dadas por integrantes ou defensores do Governo são veiculadas, mas ao mesmo tempo, desqualificadas por meio de signos discursivos de ironia e suspeição.

Apenas como contraponto, para qualquer um dos três telejornais, nas matérias sobre escândalos políticos em que é possível identificar porta-vozes do Governo e/ou da oposição, há nítida maioria da presença de ambos (categoria que registra a presença simultânea de porta-vozes do governo e de porta-vozes da oposição) – 58,3% no *Jornal da Band* e 70% no *Jornal Nacional*. O *SBT Brasil* apresenta menos matérias em que há só oposição (3,4%, contra em torno de 11% dos outros) e o *Jornal Nacional*, menos matérias em que só aparecem porta-vozes do governo (17,8%, contra cerca de 32% dos outros), mas as diferenças são bem menos notáveis do que entre as revistas.

Assim como ocorre nos telejornais, no noticiário político das revistas há pequena presença de personagens vinculadas a movimentos sociais (aparecem apenas em 23 matérias, em um universo de 823), organizações internacionais (em 13 matérias), Forças Armadas (15) e religiões organizadas (11). Há uma presença um pouco maior de organizações não governamentais (69 matérias – apenas 8 delas publicadas na revista *Veja*), e, sobretudo, de empresas privadas (em 228 matérias, ou 27,7% do total) e de acadêmicos (presentes em 114 matérias, ou 13,9% do total), sem que se registrem disparidades dignas de nota entre as três publicações. Em suma, as revistas são um pouco mais abertas que os telejornais à presença, no noticiário político, de pessoas estranhas ao universo da política em sentido estrito, mas essa abertura se dá principalmente por meio da incorporação de porta-vozes das empresas e de especialistas ligados às universidades.

As personagens do noticiário

Diante deste quadro de baixa presença de integrantes da sociedade civil, não é surpresa que as personagens do noticiário político provenham, em sua grande maioria, das instituições políticas em sentido estrito. Foram identificadas 1.724 diferentes personagens nas matérias de política dos telejornais, além de uma quantidade de anônimos (em geral, fontes ou testemunhas não identificadas ou populares entrevistados em enquetes). Entre as personagens, 27,3% pertencem ao Poder Legislativo, seguido de perto pelo Poder Executivo (24,5%). As personagens populares foram 8,3% daquelas presentes nos telejornais, seguidas, então, por integrantes do Poder Judiciário (4,1%) e técnicos (3,6%). Um terço das personagens não é classificado em nenhuma dessas categorias.

Como esperado, o presidente da República e os outros candidatos à sua sucessão encabeçam as lista das personagens mais presentes na pesquisa, como mostra a Tabela 4.3, adiante. E é muito grande a pulverização da presença no noticiário dos telejornais – 68% das personagens, já excluídas as anônimas, aparecem em uma única matéria, 87,1% aparecem em menos de cinco. Muitas personagens aparecem eventualmente e são substituídas de acordo com a alternância de fatos e eventos. Mas o noticiário concentra-se, de fato, em poucas personagens, que têm visibilidade continuada de acordo com o cargo e a posição que ocupam no campo político, confirmando o resultado de pesquisas que definem o noticiário como institucionalista (Gomes, 2008).

Lula é, de longe, a personagem mais presente, com Geraldo Alckmin, Heloísa Helena e Cristovam Buarque seguindo-o, na mesma ordem em que terminaram classificados no primeiro turno das eleições presidenciais de 2006. Mesmo candidatos de partidos pequenos e com votação insignificante, como José Maria Eymael (0,07% dos votos válidos) e Luciano Bivar (0,06% dos votos válidos) integram a seleta lista das personagens com aparição em mais de cinquenta matérias dos telejornais.[6]

---

[6] Vale dizer que Ana Maria Rangel, candidata que obteve 0,13% dos votos válidos, foi personagem de apenas oito matérias.

Tabela 4.3 – Personagens dos noticiários políticos dos telejornais, por número de matérias em que aparecem (2006-2007)

Nome	Matérias
Luiz Inácio Lula da Silva	612
Geraldo Alckmin	299
Heloísa Helena	137
Cristovam Buarque	119
Antônio Palocci	79
Tarso Genro	78
Renan Calheiros	70
José Serra	67
Luiz Antônio Vedoin	66
Anthony Garotinho	65
Márcio Thomas Bastos	62
Ricardo Berzoini	62
José Maria Eymael	51
Luciano Bivar	50
Outros	4.721
Anônimos	327
Total	6.867

A lista reflete também a predominância do Poder Executivo no noticiário. Entre os catorze mais presentes, seis disputaram a presidência em 2006; outros quatro foram ministros (Antonio Palocci, Tarso Genro, Márcio Thomas Bastos e Ricardo Berzoini). José Serra foi sucessivamente, nos três períodos da pesquisa, postulante à candidatura presidencial pelo PSDB, candidato ao Governo de São Paulo e governador de São Paulo. Anthony Garotinho tentou ser candidato à presidência pelo PMDB, e boa parte de sua presença no noticiário se deve à greve de fome que iniciou como forma de pressionar a direção de seu partido. O único integrante da relação que deve sua presença sobretudo à atuação no Poder Legislativo é Renan Calheiros, presidente do Senado Federal. Finalmente, Luiz Antônio Vedoin é o único que não ocupava nem postulava mandato eletivo. Empresário, ele foi um dos pivôs do chamado "escândalo das sanguessugas" – um esquema de corrupção na venda de ambulâncias para o poder público –, que eclodiu em setembro de 2006. Mas Lula é a única personagem que está muito presente em todos os três períodos – de fato, lidera as aparições nos noticiários em todos eles. Palocci, o segundo colocado no período pré-eleitoral, com 66 matérias, aparece em apenas 13 nos dois períodos restantes reunidos. Alckmin aparece em 55 matérias no período pré-eleitoral, já como postulante à presidência pelo PSDB, em outras 243 no período eleitoral e uma única vez no pós-eleitoral. Teve melhor sorte que Heloísa Helena e Cristovam Buarque, que simplesmente somem do noticiário neste último período. Os protagonistas de escândalos também tendem a ter sua presença concentrada: Vedoin e Gedimar Passos (46 matérias), Valdebram Padilha (39), Freud Godoy (34) e Jorge Lorenzetti (32) têm quase todas as suas aparições no período eleitoral; já Francenildo Pereira concentra a quase totalidade das 45 matérias em que aparece no período pré-eleitoral, e Paulo Medina, todas as suas 25 no período pós-eleitoral.

As revistas apresentam uma quantidade maior de diferentes personagens nas matérias de política – são 2.477, além de 76 anônimos. Como nos telejornais, o presidente Lula é, de longe, a personagem mais presente. Mas o restante da lista dos mais presentes revela algumas discrepâncias entre os dois tipos de veículos (Tabela 4.4).

Geraldo Alckmin, o principal candidato da oposição às eleições presidenciais de 2006, que disputou o segundo turno contra Lula, é o segundo nome que mais aparece em matérias das revistas. Heloísa Helena está muitas posições abaixo, e Cristovam Buarque, presente em 31 matérias, nem figura entre as 19 personagens que estão em 40 ou mais matérias. Os candidatos dos partidos menores aparecem entre 1 e 5 vezes cada. O terceiro da lista das revistas é Fernando Henrique Cardoso, ex-presidente da República, que não ocupou ou disputou qualquer cargo eletivo no período sob análise. Outros dois ex-presidentes figuram na lista – Fernando Collor de Melo, que chamou a atenção por sua candidatura e eleição ao Senado, após ter recuperado os direitos políticos, e José Sarney, que se reelegeu sena-

Tabela 4.4 – Personagens dos noticiários políticos das revistas, por número de matérias em que aparecem (2006-2007)

Nome	Matérias
Luiz Inácio Lula da Silva	451
Geraldo Alckmin	219
Fernando Henrique Cardoso	151
José Serra	137
José Dirceu	111
Antônio Palocci	81
Aécio Neves	68
Fernando Collor de Melo	60
Anthony Garotinho	55
Tarso Genro	51
Marcos Valério	48
Heloísa Helena	47
Márcio Thomaz Bastos	47
Aloizio Mercadante	46
José Sarney	44
Aldo Rebelo	43
Ciro Gomes	41
Tasso Jereissati	41
Antônio Carlos Magalhães	40
Outros	4.721
Anônimos	76
Total	6.866

dor em uma apertada disputa no Amapá. Aparecem com destaque, também, outros parlamentares (Aloizio Mercadante, Aldo Rebelo, Ciro Gomes, Tasso Jereissati, Antônio Carlos Magalhães). Os protagonistas de escândalos – o ex-ministro José Dirceu e o empresário Marcos Valério – ligam-se não às denúncias mais recentes, mas ao mensalão, que eclodira no primeiro semestre de 2005.

A maior parte das personagens anônimas está na revista *Veja* (55, isto é, 72,4% dos anônimos). *CartaCapital* apresenta 10 personagens anônimas, e *Época* traz 11. A presença dos anônimos concentra-se, sobretudo, nas matérias da categoria "escândalos" (nela estão mais da metade dos anônimos de *Veja*). Muitas das denúncias de corrupção noticiadas nessas matérias são atribuídas a fontes não nomeadas. Esse recurso é amplamente utilizado por *Veja*, fazendo parte de 30 matérias sobre "escândalos". Está presente em frequência reduzida na *CartaCapital*, em apenas 5 matérias dessa categoria, e não foi encontrado na revista *Época*.

Os dados sugerem que o noticiário das revistas é menos prisioneiro dos cargos formais do campo político – embora os ocupantes e candidatos aos principais cargos tenham destaque, como nos telejornais, também há espaço para indivíduos detentores de alto capital político, mas que não estão, no momento, em tais posições. Além disso, possui uma "memória" maior, retomando acontecimentos dos meses anteriores. Aqui, há uma diferença que, sem ser gritante, é estatisticamente significativa: Fernando Henrique Cardoso aparece mais em *CartaCapital* (que responde por 66 das 151 matérias em que ele é citado), ao passo que José Dirceu está mais presente em *Veja* (63 de 111 matérias). Embora a simples análise quantitativa não nos permita chegar a conclusões, é razoável supor que as menções ao ex-presidente lembravam aos leitores de *CartaCapital* que o governo anterior padecia das mesmas mazelas que a oposição agora atribuía à gestão de Lula, ao mesmo tempo que concedia a ele o papel de porta-voz do PSDB. De fato, a presença mais concentrada de FHC na *CartaCapital* é nas categorias "escândalos" e "vida partidária", com 18,2% das matérias em cada uma. E o nome de Dirceu associava-se ao chamado "mensalão", com o qual *Veja* fustigava a administração do PT. Nesse caso, a concentração na categoria "escândalos" é bem maior, com 38,1% das matérias da revista em que Dirceu esteve presente.

O contraste entre as tabelas 4.3 e 4.4 pode levar a crer que o noticiário das revistas é pulverizado entre mais personagens, mas trata-se de um efeito do desenho da pesquisa. São contadas as matérias em que cada personagem aparece, independentemente de ser uma referência exclusiva, central ou lateral. As revistas tendem a ter matérias maiores, que apresentam, em média, 9,1 personagens, ao passo que os telejornais apresentam um número maior de matérias, mas menores e, em média, com 2,9 personagens cada. As 612 matérias com Lula indicam que ele apareceu ou foi citado em 26,2% das matérias de política na televisão, mas as 451 matérias com ele nas revistas correspondem a 54,8% do total.

Nos telejornais, há maior percentual de personagens com posição favorável ao Governo Federal (24,5%), comparativamente aos 19% de oposicionistas e aos 17,7% que assumem posição neutra ou ambígua nas matérias. As matérias apresentam, também, acentuada presença de personagens ligadas ao PT (26,7%, ou 1.833 personagens). Vale lembrar que Lula é responsável por um terço dessa presença. Esses dados – tanto os de posição das personagens relativamente ao Governo Federal quanto o da presença do PT nas matérias – refletem a visibilidade ampla de integrantes do Governo Federal no noticiário, sobretudo o presidente Lula e seus ministros, e não resultam, necessariamente, em matérias que apresentam posições favoráveis ao governo. A presença de personagens favoráveis ao Governo Federal em matérias de "escândalos", por exemplo, pode significar uma visibilidade negativa para ele. A maior concentração das personagens governistas no noticiário político é na categoria "escândalos", com 459 (27,4%) contra 261 (19,9%) das oposicionistas. A proporção inverte-se quando se observa a categoria "debate eleitoral", que apresenta a maior concentração de oposicionistas: 642 (49%) de suas aparições, quase o dobro da presença de governistas nessa mesma categoria (350 ou 20,9%). A concentração das personagens relacionadas ao PT nas matérias de "escândalo" é ainda maior, com 802 (43,8%) da presença do partido nos telejornais.

O segundo partido com mais personagens no noticiário é o PSDB, com 673 (9,8%), seguido pelo PMDB, com 575 (8,4%) e pelo PFL/DEM, com 254 (3,7%). Como no caso de Lula, Alckmin é responsável por boa parte da frequência de personagens do PSDB – nesse caso, pouco menos da metade das citações. E a maior presença do PSDB entre as categorias temáticas é no "debate eleitoral", acompanhando os dados sobre concentração de oposicionistas entre os temas das matérias. PDT, PSOL e PTB concentram, cada um, pouco mais que 2% das personagens. Não há diferenças significativas entre os telejornais.

As revistas repetem, grosso modo, a distribuição detectada nos telejornais, mas há uma concentração menor nas personagens favoráveis ao Governo e nas personagens ligadas ao PT, com um percentual maior de personagens ligadas ao PSDB. O PT concentra 1.563 personagens ou 20,9% do total, e Lula é, como nos telejornais, responsável por pouco menos que um terço das citações. Alckmin, por sua vez, representa um quarto das 889 (11,9%) personagens vinculadas ao PSDB. Na sequência vêm o PMDB com 512 (6,8%) e o PFL/DEM com 306 (4,1%). Os demais partidos não ultrapassam os 2%. Mais uma vez, a maior presença das personagens ligadas ao PT é na categoria "escândalos", em que se encontram 252 (38,5%), mais do que o dobro do percentual de concentração das personagens do PSDB nessa categoria, 18,1% (que equivalem a 161 personagens). Como nos telejornais, não há diferenças significativas entre as revistas.

Outro dado relativo ao perfil das personagens presentes no noticiário é a grande concentração em uma das unidades da Federação, São Paulo. No caso dos telejornais, 31,3% das personagens são paulistas. O estado do Rio de Janeiro vem na sequência, com apenas 5% das personagens, seguido por Alagoas (3,6%), Rio Grande do Sul (2,9%) e Minas Gerais (2,7%). A concentração em São Paulo se repete nas revistas, com 26,8% das personagens. Rio de Janeiro, com 4,3%, e Minas Gerais, com 3,8%, vêm em seguida, mas a concentração entre os estados atende a um mesmo padrão. Com exceção de Alagoas e Bahia, nenhum estado da região Nordeste apresenta mais de 2% das personagens.

As vozes

A concentração em dimensões da política (poder e âmbito aos quais pertencem as personagens) e em posições e partidos políticos deve ser lida em sua relação com outro dado importante – o acesso a voz, um elemento fundamental de diferenciação entre aqueles que estão presentes no noticiário. É da natureza da política a busca pelo espaço de fala, e o líder político, o representante, pode ser entendido como sendo o porta-voz daqueles que lhe dão um mandato, formal ou não (Bourdieu, 1981). Ou, como disse um deputado de ficção, personagem não dos telejornais, mas de um romance: "A política odeia o silêncio" (Tezza, 2004, p.95).

Começando com os telejornais, em 57,4% dos casos a personagem é apenas citada por um repórter, pelo apresentador do noticiário ou, mais raramente, por outra personagem. Os restantes 42,6% "têm voz". Essas presenças "com voz" foram diferenciadas de acordo com o conteúdo do que era dito, em quatro categorias de "sonoras":

a) *sonora com argumento*: quando o entrevistado[7] afirma que é contra ou a favor de determinado projeto (ou candidatura, ou situação etc.), acrescentando, ainda que de forma taquigráfica, argumentos que sustentem sua posição;
b) *sonora com posição*: quando o entrevistado afirma que é contra ou a favor de determinado projeto, sem aduzir argumentos em favor de sua posição;
c) *sonora técnica ou descritiva*: quando o entrevistado se limita a explicar um processo (por exemplo, a tramitação de um projeto legislativo), sem indicar uma posição quanto à sua substância; e
d) *sonora irrelevante*: quando a declaração do entrevistado tem caráter meramente anedótico.

Foram identificadas 2.960 sonoras nas matérias de política, 50,3% das quais com argumento, 28,4% com posição, 8,4% técnico-descritivas e 12,9% irrelevantes. As sonoras com argumento alcançaram duração média de 14,8 segundos, um pouco maior do que aquelas com posição (média de 12,3 segundos) ou técnicas (12,4) e bem à frente das irrelevantes, que duraram, em média, 6,7 segundos.

---

7 Usamos "entrevistado" por comodidade, mas, a rigor, pode-se tratar do trecho de uma declaração pública, de um discurso no plenário, de uma gravação clandestina etc.

Lula, o mais assíduo no noticiário, foi apenas citado por repórter ou apresentador em 57,8% das matérias em que apareceu. Isso relativiza a sua presença. Ele aparece em mais do que o dobro de matérias em relação a Geraldo Alckmin e mais de quatro vezes em relação a Heloísa Helena, mas suas 197 sonoras estão bem próximas das 172 de Alckmin e não chegam a três vezes as 75 da candidata do PSOL.

A menor presença de Lula foi no *Jornal Nacional*, em que fez parte de 172 matérias, ao passo que participou de 232 matérias no *Jornal da Band* e 214 no *SBT Brasil*. Nesse caso, a presença mais qualificada de Lula, que teve mais voz no *Jornal Nacional* – as sonoras de Lula estão em 46,5% das reportagens com ele no *Jornal Nacional*, contra 26,7% das reportagens em que esteve presente no *Jornal da Band* e 25,7% no *SBT Brasil* –, não relativiza sua baixa presença. Afinal, Alckmin esteve presente de maneira mais homogênea entre os telejornais (110 reportagens no *Jornal da Band*, 100 no *Jornal Nacional* e 96 no *SBT Brasil*), mas teve também um percentual maior de sonoras no *Jornal Nacional* (75%, contra 52,1% no *SBT Brasil* e 42,7% no *Jornal da Band*). O *Jornal Nacional* apresenta, de fato, o maior percentual de sonoras entre os telejornais (46,7% das personagens têm voz nesse telejornal da Rede Globo), o que está relacionado a diferenças no padrão das reportagens em cada um deles. Os 46,5% de sonoras de Lula coincidem com o percentual de sonoras desse telejornal na amostra. Já os 75% de Alckmin estão 28,3 pontos acima. Quando se observa apenas o período eleitoral, o percentual de sonoras de Lula passa a 55,8%, e o de Alckmin, a 79,7%, reduzindo as diferenças entre os candidatos. Essa diferença se reduz ainda mais, no período eleitoral, quando se leva em conta a duração das sonoras dos dois candidatos: na amostra geral, as sonoras de Alckmin duravam uma média de 13,9 segundos no *Jornal Nacional*, atingindo 15,4 no período eleitoral. Mas as de Lula, que duravam em média 14,9 na amostra geral, chegam a 18 segundos no período eleitoral.

Nos telejornais, as personagens que tiveram acesso a voz com maior frequência foram os integrantes do Poder Legislativo (29,1%) e do Poder Executivo (20%), seguidos pelos populares, que representaram 17,7% das sonoras, apesar de serem apenas 8,2% das personagens. Isto se explica pelo fato de que, destinados a dar colorido ao noticiário, mas sem contribuir efetivamente ao debate, os populares raras vezes são citados por terceiros. Os técnicos foram 6,8% das personagens com voz, e os integrantes do Poder Judiciário, 3,8%. Mas a duração média das sonoras relativiza a presença dos populares. É a menor entre os grupos, com 7,4 segundos. A duração média da sonora das personagens do Poder Executivo é a maior, com 17,7 segundos, acentuando ainda mais sua presença. Técnicos, integrantes do Judiciário e do Legislativo apresentam sonoras com duração média de 11,4 a 12,3 segundos.

Para analisar a distribuição do acesso a voz entre as personagens das revistas, elas foram divididas entre aquelas que foram apenas mencionadas nas matérias, sem voz (74,4%), aquelas que tiveram voz direta, isto é, que tiveram palavras suas citadas nas matérias entre aspas (20,1%), e aquelas que tiveram sua fala presente nas matérias, porém mencionada de forma indireta pelo autor do texto (5,5%). Assim, em apenas 25,6% dos casos, as personagens presentes nas matérias "falam".

Lula, que teve a maior presença também entre as personagens das revistas, foi apenas citado (sem voz) em 76,1% das matérias, enquanto Alckmin foi apenas citado em 80,9% das matérias. De modo geral, a presença menor das personagens é acompanhada de um decréscimo no percentual de matérias em que têm acesso a voz. Fernando Henrique Cardoso, o terceiro em número de citações nas revistas, é apenas citado (sem voz) em 84,1% das entradas. José Serra, que vem na sequência, aparece sem voz em 91,2% delas. Heloísa Helena é uma exceção: sua presença é aproximadamente 10 vezes menor que a de Lula e 5 vezes menor que a de Alckmin, mas ela tem voz, direta ou indireta, em 29,7% das matérias (sendo apenas citada nas outras 70,3%). Nesse caso específico, sua presença reduzida corresponde a uma concentração no período eleitoral (quando foram publicadas 89,4% das matérias em que apareceu), o que explica que a baixa presença não corresponda a um decréscimo maior de voz. Outro caso, o de Marta Suplicy, mostra uma situação diferente: sua presença em 38 matérias, apenas 9 a menos que Heloísa Helena, foi menos

concentrada, apesar de ter tido 50% de sua presença no período pós-
-eleitoral, quando se discutia sua indicação como ministra do segundo governo de Lula. Mas seu acesso a voz foi praticamente nulo: ela foi apenas citada, sem voz, em 37 das 38 matérias nas quais apareceu.

Lula e Alckmin, os dois atores com maior presença no noticiário das revistas (acompanhando, nesse caso, o que se viu nos telejornais), estão associados, de maneira mais concentrada, a temas diferentes. Retirando-se a categoria temática "outros/*mix*", em que estão presentes as matérias que tratam de diversos temas (com 30,2% da presença de Lula e 28,8% da de Alckmin), a concentração maior de Lula é na categoria "escândalos", com 88 entradas (19,5%). A de Alckmin, por sua vez, é na categoria "debate eleitoral", com 60 entradas (27,4%). A distribuição entre as revistas é desigual. Mais da metade das matérias da categoria "escândalos" em que Lula aparece (48) foram publicadas na revista *Veja*. No caso de Alckmin, diferentemente, há uma distribuição bastante similar entre as revistas na categoria debate eleitoral; na categoria escândalos, em que estão 30 (13,7%) das matérias em que aparece, a distribuição em *Veja* e *CartaCapital* é semelhante, com 12 e 11 matérias, respectivamente.

Entre as 1.914 personagens que tiveram voz nas revistas, a maior concentração foi de vozes técnicas (29,5%), diferentemente do que ocorre nos telejornais. Esse dado está relacionado ao perfil das revistas: o espaço dedicado às matérias nas revistas semanais permite não apenas uma variedade maior de personagens, em relação aos telejornais, mas também o investimento em análises que são respaldadas em personagens reconhecidas como detentoras de conhecimentos específicos. Como nos telejornais, há uma hierarquia favorável ao Poder Executivo na presença dos três poderes que constituem o Estado: Executivo (16,2%), Legislativo (14,7%) e Judiciário (7,7%). Os populares, que são apenas 0,7% das personagens presentes nas revistas, representaram 1,4% das personagens que tiveram voz nas matérias. É muito menos do que o percentual de populares com voz nos telejornais. Mais uma vez, temos aqui um traço diferencial entre o perfil do noticiário nos telejornais e nas revistas. Os populares aparecem, com frequência, legitimando os ângulos assumidos pelo noticiário nos telejornais. A baixa duração dos seus *soundbites* confirma sua posição de testemunhas pouco qualificadas. Sua presença ampla, por outro lado, está relacionada ao modo como o jornalismo televisivo opera com os rituais da imparcialidade e produz vínculos entre o noticiário e seu público amplo. Nas revistas, isso é bem mais raro. Pode-se dizer que no noticiário impresso das revistas semanais, voltado para um público menor e menos heterogêneo do que nos telejornais, os procedimentos de legitimação passam mais frequentemente pelo discurso técnico e pelos rituais da imparcialidade consagrados, que dão voz (mesmo que de maneira diferenciada) aos diferentes participantes de uma mesma contenda.

Outro dado que confirma as observações anteriores é a relação entre os populares e as categorias temáticas no noticiário político. A maior presença nos telejornais faz que estejam, também, distribuídos de maneira menos concentrada do que nas revistas e façam parte de uma diversidade maior de matérias. Nas revistas, a maior concentração dos populares é na categoria "debate eleitoral" (44,6%). Os populares são, em sua quase maioria, eleitores que opinam sobre candidatos e temas da agenda eleitoral. Essa categoria é seguida de longe por "ações do Poder Executivo" (14,3%) – vale observar que a presença dos populares nas matérias sobre o Poder Legislativo é de apenas 1,8%, o que corresponde a apenas 1 em um universo de 56 personagens. Nos telejornais, a maior concentração dos populares está nas matérias que tratam de mais de uma temática ao mesmo tempo, presentes na categoria "outros/*mix*" (37,8%), seguida por "movimentos sociais/sociedade civil" (13,9%) e "ações do Poder Executivo" (12,3%). Novamente, a concentração dos populares nas matérias sobre o Legislativo é mais baixa, ainda que não seja tão pequena quanto nas revistas: são 7,6%, ou 43, em um universo de 563.

A observação das ocupações associadas às personagens confirma, novamente, a concentração do noticiário em poucos perfis, bastante específicos. No noticiário político de telejornais e revistas, estão presentes, predominantemente, personagens que ocupam cargos nos altos escalões do Poder Executivo e do Poder Legislativo. Entre as dez ocupações mais presentes no noticiário das revistas, apenas uma, a de cientista político, não faz parte do campo político estrito senso (ainda que apareça em relação direta com as formas de existência atuais do campo, em análises que legitimam e naturalizam seus limites). No caso dos telejornais, estão entre as dez mais citadas também as ocupações de empresário e advogado.

Um mundo masculino

A visibilidade ampliada da política institucional, como foi dito, reforça uma compreensão dos limites da política – do campo político, dos debates e das personagens que são entendidas como pertencentes ao primeiro e participantes legítimas do segundo. O noticiário de telejornais e revistas concentra-se em personagens com características próprias, além do fato de pertencerem ao campo político estrito senso. As personagens presentes no noticiário político são predominantemente masculinas. As mulheres são apenas 12,6% das personagens dos telejornais e 9,6% das personagens das revistas, confirmando sua posição de subalternidade na política institucional, que é tomada amplamente como a política pelos telejornais. Essa presença varia pouco entre telejornais e revistas. Nas revistas, *CartaCapital* apresenta um percentual levemente menor de mulheres, 8,7%, pouco mais de 1 ponto percentual abaixo dos 10 a 10,1% de *Veja* e de *Época*. Mas é na *CartaCapital* que as mulheres têm maior acesso a voz. São 33,2%, ou 64, entre as 193 personagens femininas das revistas. Na *Época*, têm voz 50 entre as 222 personagens femininas, 22,5% delas, portanto, e na *Veja*, cujo percentual de personagens femininas com voz é o menor, elas são 54, isto é, 17,6% em um universo de 307 mulheres que estiveram na revista nos quase dez meses que constituíram nossa amostra. Entre os telejornais, o *SBT Brasil* apresenta um percentual menor de personagens femininas (11,2%), pouco abaixo dos 13,4% e 13% do *Jornal da Band* e do *Jornal Nacional*. É esse último, no entanto, que apresenta o maior percentual de mulheres com voz, 64,2%, bastante acima do percentual geral de 46,7% de sonoras nesse telejornal. *Jornal da Band* e *SBT Brasil* apresentam, respectivamente, 58,5% e 51,7% de personagens femininas com voz.

A presença reduzida das mulheres nos telejornais é acompanhada por um maior acesso à voz. Neles, 59,4% das mulheres presentes nas matérias tiveram voz, contra 40,5% dos homens. Vale lembrar que isso significa que 516 mulheres tiveram voz nas matérias dos telejornais, enquanto 2.444 homens estiveram presentes com acesso a voz. Ou seja, elas permanecem como uma reduzida minoria. Parte dessa diferença pode ser creditada ao fato de haver, entre as mulheres, uma proporção maior de personagens populares (que, como visto, tendem a aparecer falando com maior frequência). Retirados os populares, a proporção de personagens com voz cai para 45,1% entre as mulheres e 38,7% entre os homens.

Por outro lado, a duração média dos *soundbites* das mulheres é significativamente menor que a dos homens: 10,2 segundos para elas e 13,4 segundos para eles. A diferença torna-se menos expressiva com a exclusão das personagens populares, quando a duração média dos *soundbites* delas sobe para 13 segundos, e a deles, para 14,1 segundos.

Uma vez presentes nas revistas, homens e mulheres têm acesso semelhante à voz. Entre os homens, 25,8% têm voz direta ou indireta, pouco acima dos 23,3% das mulheres que têm esse mesmo tipo de presença no material – lembrando que isso significa um total de 1.746 personagens masculinas com acesso à voz, mais de dez vezes o número de mulheres com voz, que é de 168. A maior parte das personagens, homens (74,2%) e mulheres (76,7%), é apenas citada.

Nesse aspecto, a pouca presença de integrantes dos movimentos sociais e seu contraponto, a presença daqueles que possuem destaque nos partidos e nos três poderes, sobretudo no Executivo, colabora para a marginalidade das mulheres no noticiário político. A presença das mulheres é mais frequente nos movimentos sociais e em espaços alternativos de ação política, como o orçamento participativo e os conselhos gestores, do que no parlamento ou na chefia de ministérios. Estão, ainda, relacionadas de maneira mais estreita a temáticas de menor relevância no noticiário. Quando o noticiário político se volta quase exclusivamente para o campo político estrito senso, ignorando outros espaços e formas de se fazer política, reforça também a compreensão de que as mulheres não fazem política.

Mas a quantidade de personagens masculinas é tão largamente superior à de personagens femininas que, mesmo quando se observa o pertencimento a grupos sociais nos quais seria possível esperar uma concentração maior das mulheres, os números ainda explicitam a sua sub-representação na cobertura jornalística. Entre 91 personagens integrantes de movimentos sociais que aparecem nos telejornais, apenas 8 são mulheres; de 32 porta-vozes de ONGs, só 5 são mulheres; de 31 personagens vinculadas a universidades, as mulheres são 6. Nas revistas, os números são similares: há 6 mulheres entre 46 representantes de movimentos sociais, outras 6 entre 82 representantes de ONGs e 24 em um total de 194 acadêmicos. Ou seja: o noticiário político, em revistas e na televisão, deprime a presença das mulheres mesmo quando seleciona suas personagens dentro de organizações que já se mostram mais permeáveis a elas.

Quando se observa a distribuição de homens e mulheres entre diferentes tipos de personagens, a maior diferença favorável a elas está entre os populares, que incluem justamente aquelas que não estão associadas a competências específicas nas matérias e são, por outro lado, identificadas a posições de menor centralidade (na política e no noticiário). Nos telejornais, isso significa uma concentração de 28,7% das personagens femininas contra apenas 5,2% das personagens masculinas. Mesmo assim, o número de homens continua a ser superior ao de mulheres: elas são 249, e eles, 314 personagens populares. Nas revistas, a diferença percentual é bem menos acentuada: são 18 mulheres, ou 2,5%, e 38 homens, ou 0,5%.

A distribuição irregular de homens e mulheres entre as categorias temáticas indica um aspecto importante nesses dados: a convivência entre a representação desvantajosa das mulheres na cobertura jornalística e os estereótipos de gênero, reforçando também dessa maneira sua posição marginal no campo político. A pouca visibilidade é, assim, acompanhada de uma presença associada a temáticas de menor relevância segundo a hierarquia interna aos noticiários e ao campo político. Deslocando a análise novamente para o conjunto do noticiário – e não a restringindo às matérias sobre política brasileira – percebe-se a concentração das mulheres em um universo de questões que está mais próximo da esfera privada.

É assim que, nos telejornais, elas aparecem, sobretudo, nas matérias de *"fait-divers"*, que reúnem 18,6% das personagens femininas – mais que o dobro da concentração das personagens do sexo masculino na mesma categoria (ver Tabela 4.5, adiante). Seguem-se, com proporções bastante próximas, reunindo cada uma por volta de 15% das mulheres nos telenoticiários, três categorias: as matérias de polícia, nas quais, no entanto, elas estão com mais frequência na posição de vítimas do que de perpetradoras ou investigadoras; as matérias de cidades, em que as mulheres aparecem, sobretudo, na condição de consumidoras ou usuárias de serviços públicos; e as matérias de política brasileira.

Tabela 4.5 – Distribuição da presença de personagens femininas e masculinas nos telejornais (2006-2007)

	Mulheres	Homens
Cidades/cotidiano	15%	8,5%
Ciência/tecnologia	1,8%	1,3%
Desastres	3,7%	3,1%
Ecologia/meio ambiente	1,8%	1,6%
Economia brasileira	5%	3,5%
Educação	3%	1%
Esportes	4,5%	13,3%
Fait divers/variedades	18,6%	8,8%
Internacional	7,6%	9,1%
Lições de vida	1,3%	0,6%
Polícia	15,5%	14,3%
Política brasileira	14,4%	30,7%
Previsão do tempo	0,1%	0%
Saúde pública	4%	1,5%
Segurança pública	2,9%	2,3%
Outros	0,8%	0,4%
Total	100% n = 6.005	100% n = 19.563

As personagens masculinas, por sua vez, concentram-se no noticiário político, seguido de polícia, esportes, internacional e, só então, *fait divers*. Mas convém lembrar que a Tabela 4.5 apresenta os percentuais dentro de cada sexo. Assim, mesmo nas categorias que concentram mulheres em proporção bem maior do que homens, eles são majoritários. Os 18,6% de mulheres em *fait divers* contra 8,6% de homens, por exemplo, significam, em números absolutos, 1.119 personagens femininas diante de 1.718 masculinas.[8] No caso das matérias sobre política brasileira, categoria em que a concentração é muito maior do lado dos homens, os dados apontam que apareceram quase sete personagens do sexo masculino para cada uma do sexo feminino. Se as personagens populares são excluídas, essa relação ultrapassa nove para uma.

Nas revistas, há uma maior concentração tanto de homens quanto de mulheres na categoria "*fait divers*". Mais da metade das mulheres e de um terço dos homens que nelas aparecem estão em matérias classificadas como variedades (Tabela 4.6). Para ambos os sexos, a categoria seguinte é "política brasileira", mas aí a concentração relativa de homem é muito maior (25,6%, mais do dobro do que o percentual verificado para as mulheres). O viés é ainda mais forte do que nos telejornais: são 9,4 homens para cada mulher no noticiário político das revistas semanais.

Há um paralelo, no caso dos telejornais,[9] entre mulheres e negros, dois grupos sociais sub-representados no noticiário. Os negros são apenas 9,2% das personagens das matérias de política dos telejornais analisados. A análise do pertencimento das personagens a grupos

---

8 A única exceção é a categoria "previsão de tempo", em que a presença de alguma personagem é absolutamente excepcional e que contou com nove mulheres e sete homens.

9 A presença dos negros foi quantificada pela identificação fenotípica da cor das personagens do noticiário dos telejornais, a partir dos critérios correntes de atribuição de raça no Brasil, pelos estudantes que participaram da pesquisa. Personagens apenas citadas, sem imagem, não foram classificadas. O método é falho e foi utilizado como aproximação possível, na ausência de outros recursos.

Tabela 4.6 – Distribuição da presença de personagens femininas e masculinas nas revistas semanais (2006-2007)

	Mulheres	Homens
Cidades/cotidiano	3,7%	3,7%
Ciência/tecnologia	0,7%	0,6%
Desastres	0,7%	0,7%
Ecologia/meio ambiente	1,7%	3,7%
Economia brasileira	2%	0,7%
Educação	1,3%	2,9%
Esportes	52,6%	33,4%
Fait divers/variedades	5%	9,7%
Internacional	1,1%	0,6%
Lições de vida	3,7%	3,7%
Polícia	1,6%	1,4%
Política brasileira	11,1%	25,6%
Saúde pública	1,1%	0,8%
Segurança pública	1,5%	1,8%
Outros	12,4%	12,9%
Total	100% n = 6.488	100% n = 26.394

sociais mostra haver maior presença dos negros entre os integrantes de movimentos sociais (são 27,5%, representando 18,3 pontos acima do percentual geral de personagens negras, uma diferença considerada importante de acordo com os testes de significância estatística).

De modo complementar, a associação entre cor e poder mostra que a maior concentração de negros, como no caso das mulheres, está entre os populares. Nos telejornais, 31,8% dos populares são negros (22,6 pontos acima do percentual geral de personagens negras), enquanto só 54,2% são brancos (29,8 pontos abaixo do percentual geral de personagens brancas). Os negros, por outro lado, apresentam-se ainda mais sub-representados entre as personagens vinculadas ao Poder Executivo, sendo apenas 3% delas.

A política e o consumidor de informações

O que é a política, vista pelos olhos de um telespectador de telejornais ou leitor de revistas semanais? Em grande medida, ela se constitui naquilo que os meios lhe apresentam. Se "para a maioria das pessoas só existem dois lugares no mundo: o lugar onde elas vivem e a televisão", como diz uma personagem do romance *Ruído branco* (DeLillo, 1987 [1985], p.69), está claro que a política pertence à segunda esfera. É um mundo de homens de gravata, diferenciado e distante da gente comum.

Pierre Bourdieu diz que os regimes representativos contemporâneos vivem uma permanente tensão entre o caráter formalmente democrático do sistema político e seu funcionamento real, que é censitário. A resolução dessa tensão exige que muitos se abstenham voluntariamente da ação política, introjetando sua própria atribuição de incompetência (Bourdieu, 1979, p.464). É possível dizer que os meios de comunicação de massa contribuem para este sentimento de incompetência, ao construir a política como universo separado, de acesso limitado a uns poucos e fracamente conectado com outras esferas sociais. Por outro lado, pode-se pensar que isso aumenta a importância dos próprios meios de comunicação, que apresentam a si mesmos como canais privilegiados de acesso a essa esfera e como tradutores competentes daquilo que nela se dá.

Assim, a política, nos telejornais e revistas semanais, é um campo restrito, associado às atividades e competências de determinados atores sociais. A oposição entre profissionais – que detêm posições no campo político ou são reconhecidos como distintos em sua competência para analisá-lo – e profanos é acompanhada de um reforço às hierarquias internas ao campo político. Isso significa que, além de consagrar como atores políticos capazes de emitir opinião e participar do debate midiático aqueles que já fazem parte do campo político em sentido estrito, o jornalismo confere visibilidade justamente aos atores que já possuem recursos para se fazer ver, de acordo com os valores e hierarquias vigentes no campo.

O enfoque assumido pela pesquisa evidencia o fato de que, ao mesmo tempo que podem optar por um ou outro candidato, por uma ou outra plataforma política, os meios de comunicação de massa compartilham, em linhas gerais, uma compreensão sobre o que é a própria política: qual é o seu espaço, quais são os seus agentes. E esta compreensão é comum a veículos que apresentam opções político-partidárias diferenciadas ou que interagem de maneiras distintas com os cânones da imparcialidade jornalística. Pode permanecer enquanto os veículos modificam suas posições, de acordo com aspectos conjunturais e relativos a determinadas disputas.

A cobertura política confirma que tomar parte da política é possível para aqueles que têm um perfil próprio, afinado às exigências e competências que, efetivamente, excluem a maior parte dos cidadãos. A visibilidade diferenciada dos temas que compõem a agenda da mídia está relacionada ao entendimento do que é politicamente relevante. E essa relevância se conecta, por sua vez, à centralidade assumida por atores e práticas políticas específicos. Nesse sentido, agenda e concessão de voz são dois aspectos de uma compreensão fundamental, a de que a política democrática é feita em determinados espaços e por determinados atores, ainda que suas práticas sejam, rotineiramente, submetidas ao escrutínio da população em geral.

A crítica no jornalismo não tem como alvo um modo de funcionamento das democracias que concentra poder e reproduz clivagens e hierarquias sociais (de classe, de gênero, de raça), mas um mau funcionamento, que faz os atores desempenharem mal seu papel de elites dirigentes. Um exemplo, nesse sentido, são as matérias de escândalos, que jogam luz sobre comportamentos entendidos como desviantes, mas não sobre padrões estruturantes das relações entre Estado e poder econômico no capitalismo.

Na mídia, os atores políticos são aqueles que já possuem cargos públicos eletivos ou de confiança (especialmente no Poder Executivo e no Poder Legislativo Federais); são homens e, comprovadamente no caso dos telejornais, especulativamente no caso das revistas, são brancos. A política é, então, o espaço habitado por esses atores e se faz das relações entre eles, com menor ou maior grau de aprovação na própria cobertura. Na mídia, como nas esferas institucionais de representação política, a universalização que caracteriza a democracia convive com a exclusão da maior parte dos cidadãos dos espaços e posições que lhes poderiam conferir a possibilidade de decidir. Mas não é só isso. São, também, restringidos em sua possibilidade de emitir opiniões e fazer ouvir e ver suas perspectivas, isto é, seu entendimento sobre quais são as questões relevantes para eles e como deveriam ser conduzidas. À maioria dos cidadãos – em um nicho que inclui os próprios espectadores e leitores – cabe acompanhar o jogo. Isso fica evidenciado de forma ainda mais clara pela irrelevância dos depoimentos dos populares, destinados a cumprir um papel meramente ilustrativo, quando não folclórico, sem que se espere que produzam qualquer colaboração pertinente ao debate que se trava entre os atores políticos legítimos.

Existe uma correspondência entre uma compreensão restrita da política, a concentração do noticiário em personagens com perfil específico e a naturalização da hierarquia entre os temas e as experiências que constituem a agenda política e a agenda midiática. Vozes diversas (e dissonantes) poderiam impor à cobertura outras temáticas e mesmo forçar uma avaliação da hierarquia natural entre os temas no noticiário político ou entre os temas políticos e aqueles aos quais não se atribui essa rubrica. A especialização e a concentração em atores e temas legitimados pela configuração atual da política – e da política nos noticiários – têm, como um de seus aspectos, a confirmação da distância entre os poucos atores e os muitos espectadores.

O público consumidor de informação encontra-se em posição similar à dos populares, mesmo no caso das revistas, cujos leitores possuem um perfil bem mais elitizado do que os espectadores dos telejornais. Não se espera que ele seja capaz de oferecer uma contribuição válida ao debate – as cartas dos leitores ocupam um espaço ilustrativo e anedótico similar aos depoimentos de transeuntes colhidos nas enquetes.

Sequer se espera que os consumidores de informação sejam capazes de entender o jogo político. Seja porque os políticos, com frequência, utilizam uma forma de expressão diferenciada, que marca sua distinção, seja porque suas palavras e ações só guardam pleno sentido no contexto de uma teia de relações que escapa aos profanos, a intermediação dos jornalistas torna-se fundamental para explicar ao público o que está acontecendo. Isso reforça a sensação de afastamento.

A política, nas chamadas "democracias representativas", de fato se faz assim, com a exclusão permanente do titular nominal da soberania, o povo. Mas a mídia não se limita a refletir uma realidade que a cerca; ela desempenha uma função ativa na reprodução de práticas sociais. Dessa forma, os telejornais e revistas semanais brasileiros não só descrevem uma situação de fato, que é o monopólio da atividade política pelos profissionais, com a exclusão das mulheres e o insulamento das poucas que rompem as barreiras em nichos temáticos de menor prestígio. Eles a naturalizam diante de seu público e contribuem para sua perpetuação.

5
POLÍTICA, PRIVACIDADE E VIDA DOMÉSTICA

A leitura dos dados quantitativos apresentados no capítulo anterior oferece pistas sobre a posição relativa de mulheres e homens no noticiário jornalístico em geral e no noticiário político em particular. Revela, sobretudo, a sub-representação feminina e a vinculação das mulheres a determinadas temáticas. Mas, para evidenciar a sobrevivência dos estereótipos de gênero, a abordagem quantitativa é insuficiente. Torna-se necessária uma análise mais fina, que se debruce sobre os textos e seus contextos.

A presença restrita das mulheres no noticiário pode colaborar, por si só, para a reprodução de estereótipos de gênero: as representações da política que são difundidas confirmam, com essa ausência, os limites entre quem "pertence" e quem "não pertence" a esse campo. A relação entre as poucas mulheres presentes no noticiário e os temas abordados adiciona a esse quadro o entendimento de que, uma vez presentes, as mulheres atuam de maneira distinta, que refletiria suas especificidades "femininas". Sua visibilidade está, assim, marcada pelo fato de que são mulheres, e isso se desdobra em orientações para sua atuação política. Como essa situação desigual e diferenciada não é apresentada como um problema, aparece então como desdobramento natural do sexo, e não das relações de gênero – entendidas como relações de poder, que assumem características historicamente variáveis – e da política – entendida como um conjunto de instituições, regras e valores com permeabilidade e configuração também variáveis.

A esse enquadramento restrito, que tem o gênero como um aspecto relevante da associação entre personagens, visibilidade e agenda, soma-se ainda a atualização das fronteiras convencionais entre o público e o privado, confirmando o pertencimento diferenciado de homens e mulheres à vida familiar e doméstica. A visibilidade possível, antes mesmo de ser negativa ou positiva para a trajetória individual das mulheres que ganham espaço na cobertura jornalística, está relacionada à divisão dos papéis sexuais e à dualidade entre público e privado. As representações diferenciadas de mulheres e homens associam arbitrariamente os indivíduos a traços que lhes seriam comuns devido ao seu sexo biológico, marcando como desviantes aqueles que não se adequam à norma. Mas não se trata apenas de marcar diferenças. Elas estão diretamente relacionadas a formas concretas de dominação, que tornam as mulheres mais vulneráveis e diminuem suas possibilidades de autonomia. A visibilidade maior do corpo e as "demandas virtuais" (Goffman, 1988 [1963], p.41), que a exposição pública envolve, caracterizam uma diferença que aparece como desvio, (re)produz estigmas e impõe ônus específicos para as mulheres.

Como hipótese geral, julgamos que os estereótipos mais extremados, que negam a legitimidade da presença das mulheres no espaço público, estão superados. Raras vozes são capazes de se levantar, em pleno século XXI, e sustentar tais posições – ao menos na grande imprensa. O debate sobre as cotas eleitorais por sexo, no Congresso brasileiro dos anos 1990, ilustra situação similar. Nenhuma liderança partidária se pronunciou contra o ideal de ampliação do número de mulheres eleitas. O único partido que encaminhou posição contrária às cotas, o Partido Popular Socialista (PPS), fez questão de registrar que se colocava contra o meio, não contra a finalidade almejada. Em suma, a defesa da exclusão política das mulheres saiu do espaço do "politicamente dizível" – ainda que, em seguida, essas mesmas lideranças tenham obstaculizado todas as medidas que tornariam mais efetiva a reserva de vagas para mulheres no Brasil.[1] De modo similar, o discurso do jornalismo não comporta mais expressões abertas de machismo, mas muitos de seus pressupostos seguem organizando as formas de ver o mundo e a política. Os discursos se modificaram, sem que a dualidade entre feminino e masculino que está em sua base deixasse de corresponder à dualidade entre a esfera doméstica e a pública, com os valores e prescrições de comportamentos a elas associados.

Em 1982, ao ser chamada para o Ministério da Educação e Cultura do governo do general João Figueiredo, nos anos finais da ditadura de 1964, Esther de Figueiredo Ferraz tornou-se a primeira mulher a ocupar um cargo de primeiro escalão do Governo Federal. A cobertura sobre ela traz enunciados que ressaltam de maneira mais direta a oposição entre vida pública e vida privada, com uma ênfase valorativa mais forte nesta última, do que nas reportagens sobre ministras posteriores. O comentário, presente duas vezes na matéria, de que teria passado imediatamente pelo cabeleireiro após receber o convite para assumir a pasta ministerial (texto não assinado, *IstoÉ*, 25 ago. 1982, p.16-7) não difere das caracterizações feitas pelas revistas nas décadas posteriores acerca de outras ministras mulheres. Mas há, ainda assim, diferenças que não podem ser desconsideradas. Uma das matérias sobre sua nomeação atribui à ministra a declaração – publicada sem aspas – de que "com sua idade (67 anos), e solteira, só lhe restava mesmo aceitar o cargo para dar uma possível contribuição ao ensino brasileiro" (p.17).

Uma formulação tão crua dificilmente teria espaço décadas depois – e esta é a principal diferença que se pode encontrar na análise diacrônica da mídia. Há mudanças na linguagem, nas classificações e nos adjetivos que definem nos textos as dissimilitudes entre mulheres e homens. Mas isso não quer dizer que o pano de fundo da matéria sobre Ferraz não permaneça presente e muito ativo. Mesmo o aspecto mais gritante da reportagem de 1982, a desvalorização da mulher mais idosa, não está ausente da mídia atual. Sua expressão escancarada

---

1 Sobre o debate das cotas no Congresso, ver S. M. Miguel (2000).

deslocou-se para locais específicos do noticiário. Anadyr de Mendonça Rodrigues, que assumiu a Corregedoria Geral da União aos 66 anos de idade, no final do segundo mandato de Fernando Henrique Cardoso, isto é, duas décadas após a nomeação de Ferraz, ganhou do humorista José Simão a alcunha de "vovó da corrupção". Seu substituto, Valdir Pires, tinha 76 anos, mas sua idade avançada não foi ironizada, nem assinalada como um problema.

Há muito mais atenção ao estado civil e às relações afetivas das mulheres na política que dos homens, bem como a sua aparência física e indumentária. Uma análise das matérias jornalísticas das revistas semanais de informação sobre mulheres que ocuparam ministérios, disponibilizadas pelo *clipping* da Câmara dos Deputados, mostra que cerca de um terço faz referências ao corpo, às roupas e/ou à vida privada, independentemente do período consultado. O foco na aparência envolve julgamentos, ativa pressupostos sobre o comportamento "adequado" e serve como trampolim privilegiado para apreciações sobre sua personalidade e suas ações. Em muitos casos, coloca a beleza e a autoapresentação como atributo e distinção, promovendo o que Naomi Wolf chamou de atualização da "domesticidade virtuosa" como "beleza virtuosa" (Wolf, 2002 [1991], p.18).

Um caso de especial interesse é o de Zélia Cardoso de Mello. Em 1990, ao assumir, com 37 anos incompletos, o Ministério da Fazenda do governo Fernando Collor, tornou-se a primeira mulher a ocupar uma posição central na administração pública brasileira. Seus *tailleurs* e seu corte de cabelo receberam atenção constante da mídia, que também registrava seu hábito de espremer os lábios "num bico de criança assustada" (*IstoÉ*, 8 maio 1991, p.11, sem autor), forma de sinalizar sua juventude, inexperiência e insegurança no exercício do cargo. Ao traçar o perfil de Zélia Cardoso de Mello após sua saída do ministério, o jornalista Elio Gaspari afirma que seu desempenho foi "de ideias tão desnecessariamente curtas quanto suas saias" (*Veja*, 15 maio 1991, p.19) – embora, ao assumir o cargo, ela tenha recebido o aval da mesma revista, que ouvira um estilista sentenciar que ela "se veste corretamente", em nota da seção "Gente", intitulada "A moda nova do novo poder", tratando da autoapresentação das mulheres (apenas das mulheres) no governo Collor (*Veja*, 14 mar. 1990, p.72).

A agressividade do texto de Gaspari, que na mesma coluna assinala o exibicionismo de Mello, pronto a "levá-la a ocupar uma tribuna na revista *Playboy*, quer na longa seção de entrevistas, quer nas páginas centrais" (*Veja*, 15 maio 1991, p.19), é gritante. Na mesma edição de *Veja*, a reportagem não assinada sobre a saída da ministra a chama de "economista espevitada" e "elétrica senhorita de 37 anos", enquanto seu sucessor, Marcílio Marques Moreira, é caracterizado como "diplomata cauteloso" e "pacato sessentão" (*Veja*, 15 maio 1991, p.14). Expressões como "anti-Amélia" (no mesmo texto) e "Cinderela deslumbrada" (em matéria de Vilma Gryzinski, na mesma *Veja*, de 15 maio 91, p.30) parecem, hoje, marcas de discursos ultrapassados.

Mas o interesse despertado pela aparência das mulheres na política não mudou. Ainda hoje, deputadas jovens e consideradas bonitas recebem invariavelmente o título de "musa do Congresso", e são raras as reportagens sobre elas em que isto não seja mencionado – basta pensar em Rita Camata, nos anos 1980 e 1990, ou em Manuela d'Ávila, nos anos 2000. Mulheres como Benedita da Silva, Marina Silva e Marta Suplicy, para ficar apenas naquelas que ocuparam o cargo de ministras no governo Lula, têm sua visibilidade na mídia muito marcada pelas roupas que usam, pela maquiagem ou ausência dela e por eventuais cirurgias plásticas.

No caso de Benedita da Silva, os vestidos vistosos e exuberantes justificariam o destaque à aparência física. "A conversão ao Evangelho não impediu a manutenção de um pecadilho: a vaidade. Obcecada por se vestir bem, Benedita chegou a encomendar oito vestidos em um mês à costureira Beatriz de Oliveira, no Morro dos Cabritos, favela da Zona Sul do Rio de Janeiro" (Marcelo Carneiro, em *Veja*, 17 abr. 2007, p.78). Ao ser eleita senadora, treze anos antes, a aparência e a superação da vida difícil já surgiam associadas ao gosto pelo glamour. Ao mesmo tempo que se registra, positivamente, sua capacidade de transitar por diferentes espaços sociais, há ironia quando se diz que ela "circula bem no *high society*" e "mostra-se à vontade com a atual condição de colunável". O título do texto, que não é assinado, diz: "Bené, glória de madame" (*Veja*, 19 out. 1994, p.42). Quando se trata de Marina Silva, a "miudez", que a caracteriza em vários textos, não é suficiente para diminuir a visibilidade do corpo. "Ao pegar na enxada para plantar uma árvore em cerimônia ecológica, a blusa abriu e – ops! – uma nesga de lingerie ficou à mostra" (seção "Gente", *Veja*, 1 out. 2003, p.61).

A atenção sobre a vida privada e as relações afetivas também indica a existência de padrões comuns ao longo do tempo. Nesse caso, a conexão mais marcante é entre Zélia Cardoso de Mello, nas matérias sobre seu relacionamento com Bernardo Cabral, então seu colega de ministério, e Marta Suplicy, nas matérias sobre sua separação de Eduardo Suplicy e seu namoro, depois casamento, com Luis Favre. As referências ao "relógio biológico" de Zélia Cardoso de Mello, que seria "um fenômeno comum entre mulheres de carreira profissional bem-sucedida, que adiam a maternidade até descobrir que lhes resta pouco tempo pela frente para ter filhos" (Vilma Gryzinski, em *Veja*, 15 maio 1991, p.30), parecem ser um ponto intermediário entre a caracterização de Esther Figueiredo Ferraz nos anos 1980, mencionada antes, e a personagem delineada para Marta Suplicy nas matérias das revistas semanais já nos anos 2000. As mudanças existem. Mas permanecem, entre Mello e Suplicy, os destaques ao exibicionismo, à relação entre poder e deslumbramento e uma atenção minuciosa à aparência física. As atitudes diferenciadas das duas últimas quanto à exposição de sua vida afetiva não parecem ter determinado quanto e como foram discutidas nas revistas semanais.[2]

A visibilidade de Suplicy é, entre as mulheres que ocuparam ministérios, a mais diretamente atada aos estereótipos de gênero. As cirurgias plásticas e as roupas de grife surgem como indicadores de sua futilidade, tanto mais condenável quando ela é representante

---

2 Mello teria feito a opção, em vários momentos, de expor seu relacionamento com Bernardo Cabral, ao passo que as próprias revistas registram que Marta Suplicy teria se negado a comentar sua separação e dito, em várias oportunidades, que sua vida afetiva não era uma questão pública.

de um partido "dos trabalhadores". E é frequente, por outro lado, a exposição de detalhes – e julgamentos – sobre sua vida íntima e afetiva, sobretudo no período em que ocupou a Prefeitura de São Paulo. A ideia de que teria entrado na política pelas mãos do marido, o senador Eduardo Suplicy, presente em momentos e revistas diferentes (como nos textos de Ana Carvalho e Florência Costa, *IstoÉ* de 25 abr. 2001, p.39, e de Fábio Portela, *Veja* de 15 fev. 2006, p.48), é acompanhada do destaque diferenciado para a aparência quando o foco está nos dois: os "62 quilos" e a "fixação por sapatos" caminham juntos com a caracterização como mulher "mandona", de "jeito saltitante", enquanto Eduardo Suplicy usaria o mesmo relógio há décadas e seria despojado e introspectivo (André Petry, *Veja*, 1 abr. 1992, p.44-6).

As observações sobre a intimidade estendem-se às outras mulheres, de maneiras diferentes. Nos casos mencionados, de Zélia Cardoso de Mello e Marta Suplicy, relações afetivas que constituiriam desvios estão no centro de sua caracterização; em outros casos, são justamente os papéis convencionais que são destacados – a maternidade, a tensão e a concorrência entre vida familiar e atuação profissional e política. O desvio e a normalidade complementam-se, constituindo representações comuns da dualidade entre público e privado, em seus aspectos de gênero. No caso de Marina Silva, quando ela se elege pela primeira vez para o Senado, um texto não assinado destaca a história exemplar da "moça miúda e bonita de 36 anos, de fala firme e sorriso largo", "saída de um conto de fadas amazônico" (*Veja*, 19 out. 1994, p.40). Há um intervalo de quase catorze anos entre essas afirmações e os registros posteriores sobre a "história de vida impecável" da então ministra do Meio Ambiente (Leonardo Attuch, *IstoÉ*, 21 maio 2008, p.37). Em ambas, a caracterização de Marina Silva inclui menções a seus dois casamentos, aos filhos, a uma "sólida família" e ao fato de ter trabalhado como empregada doméstica e ter sido capaz de superar sua origem social.

Já a solteirice de Luiza Erundina, que foi prefeita de São Paulo no final dos anos 1980 e ministra da Administração Federal no governo de Itamar Franco, recebe tanta atenção quanto a de Esther de Figueiredo Ferraz, ainda que os termos com que é mencionada sejam menos ultrajantes. As reportagens apresentam a confirmação do "pertencimento" da mulher à vida privada ao colocar a condição de mulher solteira, a um só tempo, como um estigma e uma razão para a atuação política. Por outro lado, a vida política pode, ao mesmo tempo, constituir a exceção que justifica a ausência na vida doméstica e que pode levar ao fim do casamento. É o caso de Emília Fernandes, que foi senadora e, posteriormente, ministra da Secretaria Especial de Política para as Mulheres. Em seu perfil, ao ser eleita senadora pelo PTB do Rio Grande do Sul aos 45 anos, estão as informações de que "não cozinha, não faz as compras do supermercado e não cuida da casa" (*Época*, 19 out. 1994, p.42). Seis anos depois, uma reportagem da mesma revista sobre a conquista de posições de destaque e de poder por mulheres brasileiras fala da presença de Fernandes na Mesa Diretora do Senado. Entre referências a maquiagem e roupas, menciona que a senadora "é tão devotada ao mandato que viu ruir o casamento de 31 anos" (Andréa Michael; Maria Clarice Dias; Anabela Paiva, *Época*, 13 mar. 2000, p.60).

Assim, nos meios de comunicação, os estereótipos são reforçados juntamente com a oposição entre o público e o privado. Compreensões convencionais do feminino e do masculino permitem que a ausência de mulheres em espaços e posições de maior poder seja apresentada como algo natural. O mesmo ocorre quando se trata da maior tensão entre a atuação política e a vida privada e afetiva. Uma nota não assinada na seção "Contexto" da revista *Veja*, publicada em 26 de julho de 2006 (p.48), ilustra com clareza esse processo de naturalização – com tanta clareza, aliás, que chega a se destacar em um noticiário que, como já assinalamos, tende a expressar os estereótipos com mais sutileza. Sob o título "Política é coisa de homem?", a revista explica que a reserva legal de 30% das vagas de candidaturas às mulheres não é cumprida porque "não tem respaldo na realidade. O interesse feminino pela política é muito menor do que o masculino". Como não há menção aos obstáculos às candidaturas femininas e à produção da ambição política entre as mulheres – persistentes mesmo quando as regras do jogo expressam a universalidade do acesso ou, com as cotas, definem mecanismos de inclusão diferenciada, como foi discutido antes neste livro, especialmente no Capítulo 3, o texto toma o número restrito de candidaturas como um índice do desinteresse pela política e recorre a percepções tradicionais sobre a relação entre mulheres e política, amplamente questionadas pela literatura feminista e por pesquisas empíricas.

Em registros diferentes, voltados para o sucesso de candidaturas femininas nas eleições, a exterioridade da mulher com relação à política aparece quando suas habilidades são definidas com base na divisão convencional dos papéis sexuais. Em texto representativo desse discurso, "os eleitores estão atrás de quem cuide das finanças municipais com a mesma dedicação de donas de casa" (Sérgio Pardellas, *IstoÉ*, 6 ago. 2008, p.32). Mas esse discurso não circula, apenas, a partir da cobertura jornalística. Faz parte, também, dos discursos das mulheres na política e da posição de especialistas (cientistas sociais, entre outros), que constroem suas estratégias e análises a partir de pressupostos que atualizam estereótipos. As distinções, mesmo quando definem a mulher pela honestidade e dedicação que lhe seriam características, tendem a naturalizar as diferenças entre os sexos (Andréa Michael, Maria Clarice Dias e Anabela Paiva, *Época*, 13 mar. 2000). No texto de *IstoÉ*, a então candidata pelo DEM à Prefeitura de Belém, Valéria Pires Franco, teria reforçado essa distinção, acentuada pela associação com a maternidade: "no que depender de mim, vou cuidar todos os dias de Belém, como mãe zelosa e guardadora" (Sérgio Pardellas, *IstoÉ*, 6 ago. 2008, p.32). Em uma longa reportagem sobre o eleitorado feminino, publicada dois anos antes, uma das características atribuídas às mulheres, a de demorar mais a decidir-se entre os candidatos, recebe do psicólogo Sócrates Nolasco a explicação de que elas "priorizam o espaço da casa, e não da rua. Filhos, compras, relações familiares. Só mais tarde vão pensar em quem votar" (Elisa Martins e Martha Mendonça, *Época*, 21 ago. 2006, p.34).

A atenção maior dos meios de comunicação ao papel desempenhado pelas mulheres na esfera privada, indicada pelos dados apresentados neste capítulo, mostra, por outro lado, que nessa representação convencional das relações de gênero o interesse ou afinidade destas com a vida doméstica e familiar complementa sua ausência – desinteressada – do campo político em sentido mais restrito e do noticiário político. É justamente porque as dualidades permanecem fora do foco da discussão que as imagens apresentadas pelo caleidoscópio variam, mas dentro dos limites que padrões convencionalmente estruturados, e restritos, lhes impõem. Mesmo quando a presença das mulheres políticas se amplia, na política e no noticiário, a vida conjugal, a relação com os filhos e com a rotina doméstica está em pauta, novamente reforçando os estereótipos de gênero. Um dos desdobramentos dessa situação desigual é que a tensão entre vida pública e vida doméstica faz parte da caracterização das mulheres que atuam na política, enquanto parece ser uma questão ausente ou, quando muito, lateral para a caracterização das carreiras e para a discussão das chances de êxito dos homens. Afinal, *essa* política é coisa de homem, para voltar ao texto de *Veja*, isto é, configurou-se historicamente como território masculino, produzindo a valorização de determinados comportamentos e rotinas que, como no mundo do trabalho, pressupõem que mulheres estarão em casa gerenciando a vida cotidiana e cuidando de filhos e outros familiares que exijam maior atenção. A participação reduzida das mulheres na política institucional, que é o foco principal dos noticiários, pode diminuir as chances de essa situação ser entendida como um problema em espaços privilegiados de debate, como a própria mídia e o campo político.

Sem idealizar os efeitos de uma maior presença ou confundir a atuação *de mulheres* com uma atuação *feminista*, pode-se considerar que a inclusão, nos debates, da vivência dessas tensões pelas mulheres poderia produzir efeitos concretos. Mudanças no entendimento da oposição entre público-masculino e privado-feminino poderiam levar, por exemplo, à defesa de mais creches e escolas públicas de qualidade e em período integral, de fórmulas alternativas para a licença-maternidade que incluíssem a possibilidade do compartilhamento ou divisão do cuidado entre os pais, de mudanças na rotina de trabalho que deslocassem a antinomia entre carreira e cuidado familiar. Esses são apenas alguns exemplos de políticas que poderiam ter impacto sobre a distribuição das tarefas, a definição dos papéis e a orientação dos interesses de mulheres e homens, aumentando potencialmente o êxito das primeiras nas esferas profissionais e da política. Em todos os casos, parece existir uma complementaridade entre o impacto de uma atuação feminista no campo político e a transformação das estruturas que constituem as hierarquias na política, no trabalho e na casa.

Público, doméstico e estereótipos

As correntes hegemônicas da teoria política presumem a dualidade entre o público e o privado. A crítica feminista vem discutindo esta dualidade, com os sentidos que assumiu pelo menos desde o século XVII, como um pilar da subordinação das mulheres nas duas esferas. As ambiguidades nos sentidos assumidos pelos seus termos são apontadas por diversas autoras, expondo a oscilação nas vertentes hegemônicas da teoria política das oposições entre Estado e sociedade e entre vida doméstica e vida não doméstica, incluindo o âmbito econômico em uma ou outra dessas esferas (Mackinnon, 1989; Okin, 1998; Pateman, 1989).

A crítica à naturalização dos laços entre as mulheres e a vida doméstica vem sendo colocada por diferentes vertentes da teoria feminista. Por um lado, a idealização da vida doméstica e familiar e, fora dos limites da crítica feminista, a precariedade das análises das relações de poder nessa esfera contribuem para naturalizar diferenças que funcionam como obstáculos concretos para relações de gênero mais justas. Por outro lado, o silêncio relativo aos problemas de gênero nas vertentes hegemônicas da teoria política em geral, e da teoria da justiça em particular, impede a compreensão dos impactos diferenciados da proteção e do sigilo para a garantia da intimidade.

O problema da definição dos limites para a ação do Estado no âmbito doméstico varia conforme a avaliação das fronteiras é feita a partir da experiência histórica dos homens ou das mulheres. Se, para uns, essa garantia significa a preservação da individualidade e das relações afetivas, produzindo espaço e tempo necessários ao desenvolvimento de suas potencialidades, para outras pode significar a preservação de um espaço em que relações assimétricas e mesmo violentas e a imposição de determinadas rotinas impedem a afirmação da individualidade. Habilidades e comportamentos estimulados na esfera doméstica, que seriam próprios às mulheres, são então desvalorizados em outras esferas, como a profissional. Para os homens, em ambientes e situações convencionais, as exigências parecem ser menos contraditórias: a ausência relativa da vida doméstica é a contraface do desenvolvimento e do exercício das habilidades requeridas em outras esferas.

A divisão sexual do trabalho doméstico impõe às mulheres ônus que serão, então, percebidos como deficiências em outras esferas da vida (Okin, 1989, p.133). A conexão entre os aspectos doméstico e não doméstico da vida é profunda e permeia todos os espaços e atividades (Okin, p. 126).[3] As formas de definir – e restringir – o papel da mulher em uma dessas esferas organizam suas possibilidades de vida nas outras. Assim, a ausência de profissionalização devido à dedicação ao cuidado dos filhos e da rotina doméstica corresponde, ao mesmo tempo, à vulnerabilidade na vida privada (na qual os arranjos convencionais ou quase convencionais[4] impõem a dependência econômica das mulheres com relação aos homens e a priorização do seu desenvolvimento profissional, uma vez que ele provê toda ou a maior parte dos rendimentos) e na vida pública (na qual as habilidades e afetos desenvolvidos pelo desempenho dos papéis domésticos serão desvalorizados e, em alguns casos, vistos como indesejáveis para uma atuação profissional satisfatória).

---

3 A discussão feita nos parágrafos iniciais dessa seção e a análise sistemática da posição de Okin podem ser encontradas em Biroli (2010b).

4 Entende-se por arranjos quase convencionais aqueles em que as mulheres têm uma atuação na esfera pública, do trabalho, que lhe confere valorização e renda, mas fica mantida, na esfera doméstica, a divisão convencional dos encargos e expectativas. São, assim, os arranjos relacionados à noção de dupla jornada e ao problema da divisão desigual do tempo, com impacto sobre a participação política das mulheres e o lazer, entre outros aspectos.

A crítica à idealização das relações familiares não exclui o entendimento de que o espaço doméstico é relevante para a identidade individual e coletiva (Cohen, 1997; Young, 2005). E a importância de uma esfera privada instituída como tal avulta quando deslocamos o olhar das classes médias para as populações mais pobres, nas quais esse limite é frequentemente rompido pelo Estado, seja na forma da polícia, seja na forma da assistência social. Polícia e assistência social podem, eventualmente, ser necessárias para proteger os membros mais indefesos de uma família, mas sua intromissão permanente viola a possibilidade de desenvolvimento autônomo de seus integrantes (ver Elshtain, 1997). Tal situação ilustra com perfeição as ambiguidades da separação entre público e privado e as insuficiências tanto da visão liberal de estrita cisão entre as esferas quanto do discurso radical de abolição da privacidade (ver Schechter, 1982).

A valorização da privacidade não significa deixar os indivíduos entregues à sua própria sorte. O conceito de privacidade defendido por Jean Cohen, por exemplo, relaciona o exercício da autonomia a um processo criativo que exige a preservação de espaços de si (a partir da noção de *"territories of the self"* em Erving Goffman, 2010 [1973]) para a produção das identidades – frágeis e individualizadas. Vale acrescentar que existem impedimentos específicos para a preservação desses espaços para as mulheres, em famílias com estrutura de gênero convencional. Susan Okin (1998) contrapõe a intimidade como espaço para o desenvolvimento dos afetos à vulnerabilidade de mulheres e crianças à violência e à dominação no espaço doméstico; a intimidade como "retirada das máscaras" à ausência de privacidade para as mulheres quando a divisão sexual do trabalho é convencional e elas têm poucas oportunidades para distanciar-se do papel de mãe; e, por fim, a intimidade como solidão necessária ao autodesenvolvimento à expectativa de que as mulheres concedam a maior parte do seu tempo para os filhos e a vida doméstica.

Outro aporte a essa discussão está na crítica feita por Nancy Fraser à noção de esfera pública em Habermas. Para retomar brevemente a posição da autora, uma concepção pós-burguesa (pós-liberal) de esfera pública deve abordar criticamente a interação –

contestatória e conflituosa – entre públicos múltiplos e desiguais, "identificando o mecanismo que faz com que alguns deles sejam subordinados a outros" (Fraser, 1992, p.128). O foco central da crítica, como na discussão anterior, é a convivência entre igualdade formal e desigualdades sociais efetivas. Para Fraser, tais desigualdades constituem e delimitam as interações discursivas que se dão nas esferas públicas, não sendo possível ignorá-las ou abordá-las tendo como referência a ficção de que indivíduos abstratos e munidos de uma razão universal interagem em busca de um consenso.

A formação da esfera pública burguesa incluiu, segundo Fraser, a afirmação da classe burguesa como "classe universal", transformando seus valores e padrões em normas racionais de interação. O que a visão habermasiana deixa de fora é justamente a relação entre o conteúdo concreto dessa racionalidade e as formas de distinção e de separação que constituem a esfera pública. A separação estrita entre público e privado, com novos códigos para a domesticidade feminina, é parte importante dessa dinâmica e estabelece conexões entre as exclusões de gênero e outras formas de exclusão. A partir da análise do historiador Geoff Eley (1992) sobre a conexão entre a emergência da esfera pública e a construção do Estado-nação, ela ressalta que a separação entre público e privado e a codificação da domesticidade geraram significantes que são centrais à distinção da burguesia com relação a outros estratos sociais. "É uma medida do sucesso eventual desse projeto burguês que essas normas tenham, mais tarde, se tornado hegemônicas", sendo assumidas ou impostas a outros segmentos da sociedade (Fraser, 1992, p.115).

O pressuposto de que seria possível isolar a esfera pública e a política das desigualdades existentes em outras esferas, como a família e a economia, oculta o fato de que a definição do que é politicamente relevante não está dada, mas é justamente o objeto de muitas das disputas que se travam. Os limites assumidos pelo debate público estão diretamente relacionados aos atores e perspectivas que dele tomam parte, bem como a sua possibilidade de propor agenda e consolidar enquadramentos, investindo suas intervenções de legitimidade. A própria definição do que é público, do que é privado e dos limites entre essas esferas é, portanto, uma questão política da mais alta relevância. E isso está diretamente relacionado ao fato de que não é "natural" determinados assuntos ganharem o *status* de assuntos públicos (no sentido de serem levados à publicidade *porque* são considerados de relevância pública) e outros serem considerados como parte de experiências individuais e restritas. Mas está relacionado, também, ao fato de que o privado venha a público de diferentes maneiras. Dois exemplos podem ajudar a esclarecer esta última afirmação: a tematização, pelo movimento feminista e pela teoria política feminista, da violência doméstica e da justiça intrafamiliar, por um lado, e, por outro, o fato de as mulheres serem permanentemente associadas, mesmo em sua atuação profissional ou na esfera política, a habilidades, exigências e características que seriam típicas da esfera privada, da intimidade ou das questões relacionadas à sexualidade e ao corpo. No primeiro exemplo, a politização e a exposição da esfera privada permitem o combate a relações de opressão que se ocultam, muitas vezes, sob um véu que garantiria a intimidade. No segundo, a atuação na esfera pública é forçosamente relacionada aos papéis exercidos na esfera privada – o que, no caso das mulheres, significa o reencontro com convenções restritivas, pressões e ônus diferenciados daqueles que se exercem sobre os homens.

No primeiro caso, estamos lidando com duas exigências da democracia radical, como postuladas por Iris Marion Young (1990, p.120): a de que nenhuma pessoa, ação ou aspecto da vida seja forçado à privacidade e a de que nenhuma instituição ou prática social seja excluída *a priori* de se tornar um assunto próprio para a discussão e expressão pública. No segundo, estamos lidando com o problema de que tornar visíveis as experiências relacionadas à esfera privada não significa, necessariamente, confrontar hierarquias e convenções presentes na dualidade convencional entre o público e o privado, assim como seus impactos sobre a vida de alguns indivíduos, sobretudo as mulheres. A associação com a privacidade, a intimidade e o corpo podem, justamente, funcionar como uma marca de diferença negativa, ou estigma, em discursos que presumem a relevância do público e o associam à universalidade, à razão abstrata e à impessoalidade. O privado, os afetos e o corpo aparecem, nesse caso, como "o outro", como um desvio com relação ao que a esfera pública e a atuação política legitimamente pressuporiam. A visibilidade ligada ao corpo aparece como marca negativa, caracterizando as mulheres como dissonantes diante do ideal de um debate livre de especificidades, particularidades e afetos. E não promove, por isso, a politização das questões relacionadas ao corpo e à esfera doméstica. A seletividade temática caminha, assim, junto com uma visibilidade também seletiva, em que as fronteiras entre ideias e corpo, entre razão e afeto e, de maneira mais ampla, entre público e doméstico confirmam "pertencimentos" sociais diversos e hierarquizados. O fato de que o corpo, a vida familiar e a vida afetiva das mulheres estejam em pauta, enquanto aspectos bem diferentes da trajetória dos homens ganham relevância, está diretamente ligado às demandas e aos critérios de julgamento diferenciados aos quais mulheres e homens são expostos.

No entanto, é preciso ressaltar que, ao mesmo tempo que a visibilidade diferenciada pode ser considerada um ônus para as mulheres, pode ser também um recurso para ganhar presença, já que a dualidade entre as esferas e as oposições de gênero podem estar incluídas na visão que os jornalistas têm dos papéis sexuais e da atuação política de mulheres. Pode-se considerar a hipótese de que nas rotinas jornalísticas uma mulher pode tornar-se notícia mais facilmente quando sua autoapresentação se acomoda às expectativas convencionais, sustentando preocupações e focos "femininos" em suas atividades, ou quando preenche padrões da exposição estereotipada do feminino, aumentando o destaque ao corpo, às roupas e ao cuidado com a aparência. Em outras palavras, deve-se levar em conta que a opção pela invisibilidade muitas vezes é considerada, por parte das próprias mulheres, pior do que o recurso aos estereótipos convencionais.

No caso brasileiro, um exemplo extremo é o da professora Esther Grossi, que exerceu dois mandatos como deputada federal pelo PT gaúcho. Como estratégia para romper a barreira de indiferença da mídia e, ao mesmo tempo, evitar a mera adesão às expectativas convencionais (a educadora que vê na política um meio de estender seus cuidados maternais), ela pintava os cabelos de tonalidades exóticas e distribuía merengues aos seus colegas em plenário. Ainda que tentasse politizar suas ações – por exemplo, cunhando o *slogan* de que era mais fácil ter coragem para mudar a cor do cabelo do que para mudar a educação –, Grossi foi folclorizada por sua "heterodoxia peruqueira" (texto não assinado em *Veja*, 19 out. 1994, p.42). A notoriedade que granjeou como "mulher extravagante" no Congresso não beneficiou os projetos que patrocinava. O rompimento com estereótipos de gênero pode, por outro lado, explicitar os valores que orientam julgamentos diferenciados, quando se trata de caracterizar o comportamento de mulheres e homens. Dilma Rousseff, que foi duas vezes ministra no governo Lula e, posteriormente, candidata pelo PT à Presidência da República, foi caracterizada negativamente pela "dureza" e pela "secura" masculinas no trato – o que a levou mais de uma vez a dizer, ironicamente, que era "uma mulher dura cercada de homens meigos".[5] A partir do início de 2009, quando já se cogitava sua candidatura à Presidência, foi questionada por realizar cirurgias plásticas e adaptações em sua autoapresentação, que a tornariam mais próxima a uma imagem feminina convencional. Nesse caso, as pressões e a consultoria de marqueteiros e *personal stylists* parecem coincidir com pressões sociais de caráter mais amplo, ostensivas mesmo quando não são explícitas no seu impacto para o sucesso profissional ou a vida afetiva das mulheres. Mas a adequação a essas pressões não rende, necessariamente, uma presença positiva nos noticiários.

A relação entre visibilidade, vida privada e estereótipos permite-nos discutir a complexidade da atuação dos meios de comunicação e do jornalismo, em especial em meio a arranjos sociais estruturados e de grande permanência. Em primeiro lugar, a mídia não produz os estereótipos, mas atua no sentido de reforçá-los ou confrontá-los.

---

5 O que não impede que uma nota que registra seu poder no governo Lula, como ministra-chefe da Casa Civil e possível candidata à Presidência da República, ganhe o título "Anáguas", tendo por gancho um encontro com Michelle Bachelet, então presidente do Chile (Joyce Pascowitch, *Época*, 23 jan. 2006, p.63).

Pode, mesmo, mobilizar esses estereótipos de maneira localizada, enquanto os questiona em padrões discursivos que adquirem estabilidade relativa em um dado momento ou, ao contrário, pode apresentar posições críticas em circunstâncias específicas enquanto mantém, em ampla medida, uma relação estreita com as convenções e papéis socialmente estruturados. Em segundo lugar, como foi dito há pouco, os estereótipos não são associados às mulheres sempre a partir de condições externas, isto é, podem fazer parte de suas próprias estratégias para alcançar a visibilidade. Mas, principalmente, podem constituir suas identidades de maneiras bastante complexas.

Pesquisas feitas nos Estados Unidos sobre a presença de lideranças femininas nos noticiários e sobre campanhas políticas de mulheres apontam para o fato de que as próprias candidatas lançam mão dos estereótipos para obter sucesso nas urnas e galgar posições tanto na mídia quanto na política (Iyengar, Valentino, Ansolabehere e Simon, 1997). O mesmo se vê no Brasil, quando candidatas e detentoras de mandatos indicam as características convencionais da feminilidade como diferenciais que as valorizariam diante do público.

Outros estudos norte-americanos mostram, no entanto, que mesmo quando os estereótipos não são parte das estratégias de autoapresentação das mulheres, a cobertura jornalística menciona o fato de serem mulheres e seu estado conjugal com frequência muito maior do que no caso dos homens, nutrindo sua identificação como, em primeiro lugar, mães e esposas. Os vieses de gênero e os estereótipos presentes no noticiário interagem com aqueles presentes entre os eleitores, com impacto para as candidaturas das mulheres (Bystrom, Banwart, Kaid e Robertson, 2004). Os estereótipos de gênero permeiam, assim, as escolhas das candidatas – em termos das estratégias de campanha e temáticas a serem abordadas –, dos jornalistas – ao enquadrar as personagens políticas – e dos votantes – ao avaliar as ofertas à sua disposição no mercado eleitoral (Kahn, 1996).

Para mencionar algumas abordagens que têm evidência e permitem estabelecer clivagens no debate sobre a relação entre identidades femininas e padrões de gênero estereotipados, temos:

1. A internalização da dominação – que na leitura radical de Catherine MacKinnon significa a ausência de vivência autônoma do próprio corpo, pelas mulheres, em relações heterossexuais e em contextos institucionais em que a perspectiva masculina é hegemônica;[6]
2. A autonomia proporcionada pela liberação sexual e pelo controle reprodutivo – que em Elizabeth Badinter (2005 [2003]) aparece como o entendimento de que a revolução sexual permitiu à mulher um controle sobre o próprio corpo e sobre os usos que dele se fazem; e
3. A associação positiva entre a feminilidade e os papéis convencionalmente atribuídos às mulheres, centrados na maternidade e no cuidado ao outro – que em autoras como Sarah Ruddick (1989) e Carol Gilligan (1982) está relacionada à possibilidade de encontrar experiências autênticas ou a voz do *self* sob as camadas de sentidos impostas pela dominação, delas resultando uma ética diferenciada, relacional e solidária.

Um dos problemas, aqui, é que o limite entre lançar mão estrategicamente dos estereótipos, alcançando visibilidade e galgando posições, e atuar no sentido de reproduzir as condições que implicam subordinação é bastante tênue. A construção das identidades femininas a partir de uma norma masculina tem impacto na definição das prioridades e do uso do tempo das mulheres, para simplificar o debate amplo sobre a imposição diferenciada do cuidado com a aparência física a mulheres e homens: o mito da beleza prescreve sempre comportamentos e não apenas aparência (Wolf, 2002 [1991], p.15). Em Catherine MacKinnon (1989), isso significa que as mulheres constroem a visão que têm de si mesmas a partir dos recursos oferecidos por

---

6 Nesse sentido, a crítica de Catherine MacKinnon à indústria pornográfica apresenta um conjunto de pressupostos e de conceitos sobre liberdade individual, autonomia e dominação masculina que se estende a outros espaços e práticas. No limite, para a autora, não se pode considerar que as mulheres *optam* em contextos nos quais sua experiência ganha sentido a partir dos valores, interesses e posição social dos homens.

sua condição de subordinação, isto é, a partir da internalização dos valores que confirmam e reproduzem sua condição de dominadas. Outras vertentes do pensamento feminista, no entanto, destacam que a vivência do corpo, da sexualidade e de outros aspectos da experiência das mulheres não se esgota nas representações masculinas sobre a feminilidade. É a posição de Young (2005) em seus escritos sobre corpo. Haveria, assim, mais nessas experiências do que a oposição entre dominador e dominado permite apreender.

Na mídia brasileira, a manutenção de representações convencionais da dicotomia entre o público e o doméstico, marcadas por representações das relações de gênero, realça o que as mulheres na política teriam em comum: sua condição de mulher, entendida de maneira específica, isto é, caracterizada de acordo com os estereótipos que as definem por sua posição na esfera doméstica (íntima, familiar), seu corpo e autoapresentação. A feminilidade aparece como estigma, no sentido atribuído a essa noção por Erving Goffman: a normalidade é confirmada por meio do destaque a características que representam, no outro, o estigma; constrói-se um retrato total do indivíduo a partir de alguns traços ou características localizadas, que são "características mais ou menos permanentes, em oposição a estados de espírito, sentimentos ou intenções que ele poderia ter num certo momento" (Goffman, 1988 [1963], p.52-3).

Em uma abordagem mais próxima à que assumimos aqui, discutida em capítulos anteriores, Iris Marion Young (1990, p.59) classifica o imperialismo cultural como a imposição de perspectivas dominantes como se fossem universais, ao mesmo tempo que ao outro é negada a possibilidade de fazer ver e ouvir suas perspectivas. Essa compreensão permite transpor a observação de Goffman, focada na vivência individual do estigma, para uma compreensão de seu caráter estrutural (e estruturante das relações de opressão). Por outro lado, Young não avança o suficiente no problema de que as perspectivas dominantes não são apenas impostas e reconhecidas como exteriores, mas constitutivas das identidades dos grupos subalternizados e, portanto, de suas perspectivas.

No jornalismo, como se discutiu anteriormente, no Capítulo 2, essa tensão entre uma lógica imposta e a internalização das condições que reproduzem a dominação toma a forma, também, da tensão entre a imposição de uma lógica específica para a produção da visibilidade e da relevância pública – uma lógica midiática – e a incorporação e utilização dessa mesma lógica pelos diferentes atores sociais. O domínio dessa lógica pode significar a incorporação de suas premissas, permitindo a visibilidade na medida que existe uma acomodação aos valores – e no caso, à linguagem – vigentes. As mulheres se tornariam presentes "como mulheres". Por outro lado, dominar essa lógica pode aumentar a possibilidade de tornar-se visível. E a visibilidade ampliada poderia, potencialmente, transformar-se em oportunidade para pressionar e, no limite, modificar as representações da política e as representações das relações de gênero no noticiário.

Mulheres visíveis, na política e na vida privada

Para complementar os dados apresentados no capítulo anterior, focamos aqui na imagem, transmitida pelas revistas semanais de informação brasileiras, de mulheres que alcançaram uma posição e receberam destaque – na política e na mídia. As três mulheres mais frequentes no noticiário, de acordo com a pesquisa quantitativa, foram Heloísa Helena, Dilma Rousseff e Marta Suplicy. A fim de ampliar o *corpus* de análise, a pesquisa qualitativa acompanhou a cobertura dada a essas três mulheres pelas três revistas não apenas nos nove meses da parte quantitativa, mas ao longo de todo o ano de 2006 e do primeiro semestre de 2007. E, para que existisse um contraponto masculino, incluiu também o ministro da Justiça, Márcio Thomaz Bastos. A escolha de Bastos deveu-se ao fato de que o ministro teve uma visibilidade relativa próxima à das mulheres mencionadas e, ainda, à hipótese, confirmada em pré-teste, de que poderia ser um contraponto significativo às representações das três personagens femininas analisadas.[7]

---

7 A análise desses dados pode ser encontrada em Biroli (2010a).

No Capítulo 4, os dados dos nove meses de pesquisa quantitativa mostram que a alagoana Heloísa Helena, então senadora e candidata à Presidência pelo Partido Socialismo e Liberdade (PSOL), foi a personagem feminina mais presente nas revistas, citada em 47 matérias. Quase toda sua exposição (42 matérias) está concentrada no período eleitoral. Após as eleições – e quando seu mandato no Senado também havia se encerrado –, Helena some do noticiário: ela não aparece em nenhuma reportagem das três revistas no período pós-eleitoral. Dilma Rousseff e Marta Suplicy foram personagens em 38 matérias cada uma. Ex-prefeita de São Paulo, Suplicy disputava a indicação para concorrer ao governo estadual pelo PT no período pré-eleitoral (12 matérias publicadas). Derrotada na sua pretensão, ocupou, no período eleitoral, o cargo de coordenadora da campanha presidencial de Lula no estado de São Paulo (7 matérias). No período pós-eleitoral, tornou-se ministra do Turismo. O número relativamente alto de matérias que a citam neste período (19) liga-se à crise no setor aéreo brasileiro, assunto que estava sob a jurisdição de sua pasta. Já Dilma Rousseff, ministra-chefe da Casa Civil, é a única que apresenta um crescimento constante de sua presença no noticiário das revistas (7 matérias no período pré-eleitoral, 11 no eleitoral, 20 no pós-eleitoral). Isto se deve à ampliação de seu peso no Governo e à paulatina percepção de que ela era a preferida do presidente Lula para sua própria sucessão.

Ampliado o *corpus*, abrangendo todas as revistas do ano de 2006 e do primeiro semestre de 2007, Heloísa Helena permanece como a mais presente. Foi analisado um total de 165 textos, que se transformariam em 312 entradas na base de dados – uma mesma matéria podia gerar mais de uma entrada, caso mais de uma das quatro personagens escolhidas estivesse nela citada. Foram 93 entradas relativas a Heloísa Helena, seguida por Dilma Rousseff (83), Márcio Thomaz Bastos (72) e Marta Suplicy (64).

Todas as personagens possuem mais matérias em *Veja* do que nas outras revistas, embora as disparidades variem. Heloísa Helena (38,7% de suas entradas em *Veja*) e Dilma Rousseff (43,4% das entradas em *Veja*) têm a visibilidade mais bem distribuída entre os três veículos. No caso de Marta Suplicy, contudo, 51,6% das matérias em que aparece são de *Veja*, e para Márcio Thomaz Bastos a proporção alcança 59,7%. Isso se explica porque o ministro da Justiça foi, ao longo de 2006, a principal voz da defesa do Governo diante dos escândalos políticos da época. *Veja* publicou 67% das matérias sobre o escândalo. Inversamente, *Época* publicou apenas 8,7% das matérias sobre o tema, sendo responsável por apenas 8,3% das entradas de Bastos.

As entradas, porém, não esgotam a medição da visibilidade. Algumas vezes, a personagem é o principal tema de uma matéria; em outras, seu nome é apenas mencionado – por exemplo, na listagem dos participantes de uma reunião ou dos envolvidos em um determinado projeto. A centralidade nas matérias jornalísticas varia significativamente para os quatro selecionados. A personagem mais citada, Heloísa Helena, também é a personagem que recebe mais destaque, tendo centralidade em mais de um terço das matérias nas quais é mencionada. Esse dado tem relação direta com sua candidatura à Presidência da República nas eleições de 2006. No primeiro semestre de 2007, ela praticamente desaparece nas seções de notícias das revistas (está presente em apenas 3 das 85 entradas das personagens analisadas ao longo desse período e, em todos os casos, é apenas mencionada), o que é relevante para pensar quais são os critérios definidores da visibilidade na mídia noticiosa. Dilma Rousseff, por sua vez, só é mencionada em mais da metade das matérias em que aparece, relativizando, assim, seu peso no noticiário.

Mas aqui o objetivo é ir além da quantificação, buscando – na análise comparativa entre as três mulheres e o ministro escolhidos – a presença de enunciados que explicitam ou indicam uma problemática de gênero. Mesmo que seja pouco relevante do ponto de vista estatístico, tal presença permite discutir aspectos significativos das divisões e hierarquias de gênero na mídia noticiosa e na política. Essa posição se acentua quando essas marcas (estereótipos de gênero) são analisadas tendo-se em mente os dados relativos à sub-representação das mulheres nos noticiários. As noções de formação discursiva, enunciado e arquivo, tais como propostas por Michel Foucault

(1997 [1969]), assim como a noção de comentário, trabalhada pelo mesmo autor (Foucault, 1996 [1971]), orientam a nossa visão de que o noticiário jornalístico participa de uma dinâmica discursiva caracterizada pela retomada de discursos historicamente cristalizados, nos quais a oposição entre masculinidade e feminilidade se mantém e está associada a papéis convencionais de gênero. Ainda que apenas pontualmente sejam retomados de forma explícita, esses discursos fornecem a matéria e estabelecem os limites para a produção de novos discursos.

Os enunciados que caracterizam as personagens nas matérias jornalísticas analisadas foram reunidos em três eixos: personalidade, corporalidade e vida privada. Personalidade está sendo entendida, aqui, em sentido bastante amplo: foram selecionadas quaisquer referências a um modo de ser próprio a um determinado indivíduo, que o caracterizaria, incluindo o que se costuma chamar de temperamento, assim como comportamentos, hábitos e gostos. Inclui, no caso delas, as referências expressas ou veladas à "feminilidade", a forma de ser e agir que baliza as avaliações sobre a personalidade das mulheres. Em 22 casos, isto é, 7% das entradas, há alguma referência à personalidade assim compreendida. Nesse quesito, Heloísa Helena está à frente dos demais, com 14 dessas referências, contra 3 nos casos de Dilma Rousseff e Marta Suplicy e 2 no de Márcio Thomaz Bastos.

Dilma Rousseff aparece como uma mulher de "temperamento forte", tida como uma "negociadora intransigente e técnica" e caracterizada como a "Dama de Ferro" do governo Lula (Phydia de Athayde, *CartaCapital*, 19 abr. 2006, p.15). Trata-se da imagem predominante de Rousseff, e tais traços são significados como o oposto do feminino – nas palavras do então ministro da Cultura, Gilberto Gil, ela tem "um lado macho na forma de imprimir gestão".[8] Na mesma reportagem, que procura apresentar uma análise crítica da ausência e das formas assumidas pela presença das mulheres no poder, a menção a um encontro entre Rousseff e a então presidente

---

8 A declaração foi reproduzida na seção "Frases" da revista *Época* (27 jun. 2005, p.14), sendo anterior, portanto, ao *corpus* de análise.

do Chile, Michelle Bachelet, precisaria registrar que esta última tem três filhos e a primeira, uma, mas que "ao se encontrarem, elas não falaram sobre seus filhos, nem sobre a tarde de sol no Centro-Oeste brasileiro. Era um encontro de trabalho" (p.12). Esta reportagem também traz a única referência ao feminismo em todo o material, quando uma cientista social assim define Dilma Rousseff: "é durona, mas é feminina. Sem ser feminista" (p.12).

Outras reportagens que apresentam algum dado, painel ou discussão sobre a presença de mulheres em postos de poder ou sobre o voto de mulheres não mencionam os termos "feminismo" ou "feminista". Ao contrário, parece haver uma supressão significativa desses termos. Há uma referência à posição de Heloísa Helena em um quadro destacado em um perfil da candidata (Ruth de Aquino, *Época*, 14 ago. 2006, p.31), no qual é dito que ela "se apresenta como candidata progressista e engajada nas causas femininas. Mas é contra a descriminalização do aborto, principal bandeira dos grupos organizados que lutam pelos direitos das mulheres". Esta é a única referência à agenda feminista em todo o material analisado neste segmento da pesquisa.

Referências à personalidade de Heloísa Helena foram feitas em matérias publicadas no segundo semestre de 2006. Há, em todos os casos, um entrecruzamento com representações da feminilidade, em que se combinam elementos complexos e por vezes contraditórios. O pretendido radicalismo de suas posições políticas se associa a uma "postura Cabra-Macho" (*CartaCapital*, 9 ago. 2006, p.20), portanto é lido como uma masculinização. Mas, ao mesmo tempo, traduz-se na forma de um comportamento irracional e exaltado; Helena seria a "esperneante Rosa Luxemburgo" (Nirlando Beirão, *CartaCapital*, 13 set. 2006, p.21) da disputa presidencial brasileira. Por outro lado, destacam-se a sensibilidade, honestidade e suavidade, que aparecem ligadas a alguma essência feminina ou a representações convencionais da feminilidade. Como sintetizou o colunista Roberto Pompeu de Toledo, ela seria, simultaneamente, "fera" e "fofa" (*Veja*, 26 jul. 2006, p.134). As percepções sobre a aparência da senadora também oscilam entre esses dois polos, como se verá: sua simplicidade no trajar é considerada assexuada ou, então, o signo de uma modéstia bem feminina. O longo perfil publicado na revista *Época* é revelador. A indicação de que ela tem caráter, é honesta e íntegra, sendo uma antítese do político profissional, vem acompanhada das afirmações de que "fala sempre como mãe" e tem "aversão à vaidade feminina" (reportagem de Ruth de Aquino em *Época*, 14 ago. 2006, p.29-34). Nas reações dos leitores a essa reportagem, Helena é caracterizada como aquela que "não só representa a esperança como o que move o povo: lealdade, honestidade, hombridade e respeito pelo próximo"; ou, então, encarnaria "o que há de melhor na essência feminina" (seção "Caixa postal" da *Época*, 21 ago. 2006, p.9).

As referências a Marta Suplicy, por sua vez, são interessantes por apresentarem um indício de diferenças no tratamento da problemática de gênero entre as revistas, associado a posições políticas díspares no contexto em que foram produzidas as reportagens. Das três menções à personalidade de Suplicy, duas estão em *CartaCapital* e uma em *Veja*. Em *CartaCapital*, uma delas está presente na reportagem "Jogo de damas", que traz a seguinte legenda a uma foto de Suplicy: "Impor-se com feminilidade é meta de Marta Suplicy". Nessa matéria, que traz uma abordagem crítica da sub-representação feminina na política, a voz da então ministra do Turismo está presente, enunciando que "há certos momentos em que tenho que ser dura, falar grosso, me impor", ao mesmo tempo que teria dito: "Sou feminina" (Phydia de Athayde, *CartaCapital*, 19 abr. 2006, p.15). A própria ministra teria, nesse momento, atualizado uma caracterização presente na cobertura de sua atuação política ao longo do tempo, "feminina na aparência, mas incisiva no trato" (Andrea Michael, Maria Clarice Dias e Anabela Paiva, *Época*, 13 mar. 2000, p.61). A personalidade de Suplicy aparece, também, mencionada em uma análise feita na seção "Estilo" da revista *CartaCapital* (Nirlando Beirão, 21 fev. 2007, p.45), na qual a relação entre as expectativas sobre a "feminilidade" e a presença feminina na esfera pública é exposta pela revista de forma crítica: "Mulher com atitude é histérica e desaforada; homem histérico e desaforado é só alguém cumprindo honradamente seu dever".[9]

Já uma matéria de tom humorístico, comparando os possíveis ocupantes de pastas ministeriais no segundo mandato de Lula com os participantes do programa de TV *Big Brother*, apresenta uma Marta Suplicy que, pouco valorizada por seu partido (o PT), teria como característica o fato de estar sempre conspirando para conquistar posições de poder – "trama contra todo mundo, quer o lugar de todo mundo, mas, se tiver sorte, pode acabar com um premiozinho de consolação" (Diego Escosteguy, *Veja*, 14 mar. 2007, p.50). Vale destacar que a visibilidade de Marta Suplicy em *Veja* se divide entre dois eixos predominantes: a busca por um ministério, no início de 2007, em que é retratada como fraca e desprestigiada por Lula, e a associação entre seu nome e denúncias de corrupção envolvendo integrantes de sua equipe na Prefeitura de São Paulo. A essa visibilidade, associam-se clichês de gênero como a caracterização da já ministra Marta Suplicy como "sexóloga e ministra do Turismo 'sexual'", na coluna "Veja essa" da edição de 20 jun. 2007 (p.52),[10] e uma associação entre ela e Rosinha Matheus, afirmando que ambas teriam entrado na política "graças ao prestígio político dos seus maridos", em matéria de Fábio Portela (*Veja*, 15 fev. 2006, p.48), mencionada no início deste capítulo e discutida mais adiante.

Márcio Thomaz Bastos, personagem menos caracterizada no que se refere à personalidade, permite um contraponto interessante com as personagens femininas analisadas. É apresentado de duas formas: é econômico, em caracterização irônica (ao mobiliar seu apartamento, orienta os decoradores a negociar os preços dos móveis, mas chega a

---

9 Incomodada com a cobertura que recebia da imprensa, Suplicy retomou o dilema mais de uma vez, em formulações ligeiramente modificadas: "A mulher, se for doce, chamam de incompetente. Se é firme, dizem que é arrogante" (*IstoÉ*, 6 ago. 2008, p.30). E ainda: "Na política, quando a mulher tem um comportamento assertivo, é chamada de prepotente" (*CartaCapital*, 19 abr. 2006, p.15).
10 "Veja essa" é a seção em que a revista destaca as frases da semana. O rótulo a Marta Suplicy aparece logo abaixo do conselho dado por ela aos passageiros prejudicados com a crise nos aeroportos brasileiros: "Relaxa e goza porque você esquece todos os transtornos depois (ao chegar ao destino)".

pagar 11 mil reais em um tapete, segundo nota da coluna "Holofote", assinada por Felipe Patury, publicada em *Veja* em 14 fev. 2007, p.38), e "pode ser muitas coisas, menos ingênuo" (Policarpo Júnior; Otávio Cabral, *Veja*, 31 maio 2006, p.45), afirmação que, no contexto das denúncias de corrupção, pode ganhar conotação negativa (não está dizendo a verdade, sabe e mente), mas que o coloca em uma posição bastante diferente daquelas em que são colocadas as três mulheres – aqui, pode-se dizer, predominam racionalidade e astúcia (mesmo que não honestidade), atributos de masculinidade.

A análise das referências à personalidade mostra que, ainda que o discurso das revistas seja complexo, os estereótipos são marcantes. A expectativa de que as mulheres sejam mais "suaves" e mais honestas do que os homens está bem presente. Rupturas com esse padrão são anotadas e, com frequência, associadas à observação de que, ainda assim, a feminilidade se mantém. Uma política que lute para obter posições de poder é digna de nota – embora este seja o comportamento esperado dos políticos em geral. Em duas ocasiões apenas, ambas na *CartaCapital* (a coluna de Nirlando Beirão de 21 fev. 2007 e a reportagem "Jogo de damas", assinada por Phydia de Athayde na edição de 19 abr. 2006, já mencionadas), são problematizados os prejuízos que as visões convencionais sobre a personalidade feminina causam às ambições políticas das mulheres.

As referências à corporalidade e à aparência física são raras no material analisado – há apenas dez entradas que se encaixam nesse eixo, isto é, 3,2% do total. Nenhuma delas diz respeito ao ministro Márcio Thomaz Bastos. Embora não se possa generalizar a partir de uma amostra tão reduzida, esse dado corrobora a crítica, há muito feita pela literatura feminista, de que corpo e aparência têm um impacto muito maior, no espaço público (e também no privado), para mulheres do que para homens. A mera referência ao corpo indica um modo de enquadrar a existência pública dessas personagens.

Há apenas uma menção indireta à aparência da então ministra Dilma Rousseff. Trata-se de uma referência ao fato de que ela estaria fazendo uma dieta para perda de peso, em nota na seção "Radar", assinada por Lauro Jardim (*Veja*, 22 fev. 2006, p.37). Caso o recorte da pesquisa tivesse avançado mais, o quadro mudaria. Quando a ministra ganha mais visibilidade, a partir de 2008, suas representações são mais marcadas pela problemática de gênero, e a relação entre competência pública e feminilidade se estabelece de forma mais clara. Além de caracterizações como "mãe do PAC" (o Programa de Aceleração do Crescimento, conjunto de medidas antirrecessivas adotado pelo governo Lula) e "Geisel de saias" (referência a seu estilo pretensamente centralizador, estatizante e autoritário, conforme diz Leonardo Attuch em sua coluna na revista *IstoÉ*, 9 abr. 2008, p.31), reproduzidas pelas revistas, a possibilidade de que fosse candidata à Presidência abre toda uma agenda da corporalidade nas reportagens. Multiplicam-se os comentários relacionados à aparência, sobretudo referentes a dietas alimentares para emagrecer, tendo como exemplo mais acabado da visibilidade dada ao corpo feminino entrevistas com um cirurgião plástico (que recomenda um tratamento com *laser* para rejuvenescimento) e com uma consultora de moda (que recomenda mudanças nas roupas, cabelo e óculos da ministra).[11] Em janeiro de 2009, por fim, a ministra submeteu-se a cirurgias plásticas, com o objetivo de obter uma aparência considerada mais adequada à disputa eleitoral de 2010, fato que mereceu grande destaque na cobertura de imprensa.

No caso de Marta Suplicy, duas matérias trazem referências à aparência física. Uma delas não está no noticiário político, mas em uma nota na seção "Gente" de *Veja* – duas páginas semanais com fotos-legenda, em geral sobre personalidades do *show business*

---

11 Texto não assinado, *Época*, 21 abr. 2008, p.57. A afirmação de que com tratamentos a *laser* Dilma rejuvenesceria pelo menos dez anos é atribuída ao cirurgião cosmético Fernando Carvalho, com complemento do autor do texto, que ironiza: "nesse ritmo, com umas 30 sessões, ela seria confundida nos corredores do Congresso com a bonita deputada Manuela D'Ávila (PCdoB-RS)". A matéria apresenta, ainda, o *conselho* do publicitário Lula Vieira. Dilma deveria transformar o "jeito durão" em "estilo mãe". "O tipo físico dela comporta bem isso: aquela mãe que faz a macarronada no domingo, mas que dá bronca quando a gente esquece de lavar atrás da orelha." Na mesma revista, a edição de 17 mar. 2008 publicava, na seção "Primeiro plano" (p.31), que destaca frases de personalidades, uma que teria sido dita pela própria Dilma: "Para o mal ou para o bem, eu sou a mãe do PAC".

e com forte apelo relacionado ao corpo feminino. Está ao lado de uma nota sobre a filha de Guido Mantega, Marina Mantega, que seria namorada de um diretor da Rede Globo de Televisão e estaria aguardando um convite para participar de uma novela da emissora. A matéria trata da primeira semana de Suplicy como ministra do Turismo, fala de longas jornadas de trabalho e, com o destaque dado a uma foto da ministra em ângulo que permite que se vejam suas pernas e uma de suas coxas, diz que "só apareceu em público nos compromissos associados ao cargo, como posse de colegas, entrega de prêmios e encontro de operadoras de turismo. Invariavelmente de *tailleur* ou vestido. Depois de arrancar um ministeriozinho suado, ela quer dar o melhor de si" (*Veja*, 4 abr. 2007, p.74).

Em outra reportagem, dedicada a projeções sobre o comportamento eleitoral das mulheres nas eleições de 2006, atribui-se à cientista política Lúcia Hipólito a opinião de que não existe "voto de gênero". Nas palavras de Hipólito, "Marta Suplicy, na Prefeitura de São Paulo, teve enorme rejeição entre as mulheres com seu estilo Chanel na lama" (Elisa Martins e Martha Mendonça, *Época*, 21 ago. 2006, p.33). No caso de Suplicy, a indumentária merece atenção e, de forma menos ou mais velada, a mídia estigmatiza seu estilo como "perua".

Mas o reverso da moeda – a simplicidade no trajar – também atrai a atenção. É o que transparece nas referências a Heloísa Helena, a personagem com mais menções à aparência física no *corpus* sob análise (são, ao todo, sete matérias), o que já indica uma correlação entre visibilidade e marcas de gênero. Helena apresenta um visual considerado simples demais para uma candidata à Presidência. A revista *Veja* lê seu estilo "calça jeans e [...] rabo de cavalo" como uma marca de "pureza socialista", associada, por sua vez, a propostas de governo que resultariam em uma catástrofe para o país, caso fossem implementadas (Roberto Pompeu de Toledo, *Veja*, 26 jul. 2006, p.134). Já o colunista Nirlando Beirão, na *CartaCapital* (13 set.2006, p.21), adota outra estratégia para criticar a modéstia dos trajes da candidata. Com seu "figurino propositalmente casto", "da blusinha branca, do *blue jeans*", que contrastam com o "vernáculo em chamas", ela tentaria se passar por uma "Che Guevara de saias" – sem ser mais do que uma reedição de Carlos Lacerda, isto é, do moralismo mais convencional. O texto é significativo por revelar, com mais clareza do que qualquer outro sob análise, a conexão entre o que se percebe como ausência de *sex appeal* no trajar, déficit de feminilidade e conservadorismo.[12]

Há uma observação fina da aparência de Helena – os longos cabelos presos em rabo de cavalo como marca registrada ou, mais raramente, "cabelo solto, encaracolado à custa de *baby liss* e levemente esvoaçante, sobrancelhas recém-acertadas, cílios pintados (longos), maquiagem 'bem natural'", como descreve uma nota na coluna "Gente" da revista *Veja* (1 mar. 2006, p.63). E, além disso, referências que tornam visível o corpo, sexualizando a presença da mulher na esfera pública. Como informa o perfil produzido pela jornalista Ruth de Aquino para a revista *Época* (14 ago. 2006, p.29-34), "seu corpo é de carne pouca", embora tenha "pernas bem feitas" que esconde sob seu "modelito". O mesmo perfil destaca a relação de Helena com a família. Além de defini-la como "mãe leoa", que "fala sempre como mãe", atribui a ela uma explicação para o visual despojado que remete à maternidade: "depois de ter filho, para amamentar e andar de ônibus, só dá pra andar de rabo de cavalo".

Reencontramos, aqui, uma das tensões ligadas à representação de mulheres na esfera pública, especialmente na esfera de visibilidade midiática. As referências à aparência física e a aspectos entendidos como vinculados à feminilidade podem constituir um obstáculo, ao reforçarem uma visão estigmatizada – e a comparação com Márcio Thomaz Bastos pode indicar que essa é uma questão relevante, uma

---

12 Entre os nomes da grande imprensa brasileira, mas em momento posterior, apenas Marcelo Coelho foi capaz de expressar tal percepção com maior crueza, ao criticar, em texto de 18 ago. 2009, a falta de "charme" e de "feminilidade" das três potenciais candidatas à Presidência da República na época (a própria Heloisa Helena, Dilma Rousseff e Marina Silva). Mas não o fez na sua coluna semanal na *Folha de S.Paulo* e sim em seu blog – e se viu forçado a pedir desculpas dois dias depois (ver http://marcelocoelho.folha.blog.uol.com.br/arch2009-08-01_2009-08-31.html).

vez que não há qualquer menção a corpo ou indumentária no caso do ministro. Mas também podem ser um recurso para a construção de uma identidade diferenciada da dos homens ou, ainda, uma estratégia para conquistar visibilidade. Por um lado, o apagamento das marcas que diferenciam mulheres de homens pode reforçar uma concepção universal de indivíduo que nega que as diferenciações existem socialmente e que as relações de poder são perpassadas pelo gênero. Por outro lado, porém, a presença *enquanto mulheres*, vinculada a estereótipos que remetem à maternidade, à vida doméstica e à sexualidade, atualiza representações convencionais e restritivas, naturalizadas nas reportagens. A exigência difusa de que as mulheres se comportem *enquanto homens* quando se encontram em posições de maior destaque, ou para que a elas tenham acesso, convive com a exigência de que as mulheres se comportem *enquanto mulheres* que de fato são. Nos dois casos, mantêm-se critérios androcêntricos para o julgamento do comportamento feminino, que atam as mulheres a comportamentos convencionais ou as restringem aos comportamentos considerados legítimos nas esferas predominantemente masculinas.

As referências à vida privada, por sua vez, estão presentes em 18 entradas, isto é, 5,8% do total. Elas englobam menções a familiares, de um lado, e, do outro, a aspectos da vida entendidos comumente como do âmbito pessoal, íntimo, doméstico, afetivo, não público. Quando se trata da ministra Dilma Rousseff, as referências são à sua formação como economista e sua competência técnica, aos amigos dos tempos de combate à ditadura militar instaurada no Brasil em 1964, mas também à sua idade, à sua filha, ao fato de ser divorciada e a uma dieta alimentar, como se indicou antes. Em um pequeno perfil publicado junto a uma entrevista com a ministra (Gustavo Krieger; Murilo Ramos, *Época*, 30 jan. 2006, p.24) mencionam-se, como "dados pessoais", sua cidade natal e o fato de ser divorciada e ter uma filha. Como "curiosidade", o fato de ela gostar de "pintura e cultura chinesa".

No caso de Marta Suplicy, há referências pontuais ao então marido, o publicitário Luis Favre, e uma, velada, ao ex-marido, o senador

Eduardo Suplicy, em reportagem de Fábio Portela publicada na *Veja* (15 fev. 2006, p.48) e já mencionada neste capítulo. O foco do texto é a primeira-dama de Salvador, Maria Luíza. Após caracterizá-la de maneira bastante irônica, ridicularizando seu desconhecimento sobre o mundo do poder e sua influência sobre o marido, escreve o autor da matéria: "Assim como Rosinha Matheus e Marta Suplicy, que também entraram na política graças ao prestígio político dos seus maridos, Maria Luíza prepara-se para alçar voos mais altos". Trata-se de uma alfinetada em uma liderança do PT, como gosta de fazer a *Veja*, que utilizou um estereótipo como veículo e uma inverdade factual como núcleo. Ao contrário das outras duas mulheres citadas, que não tiveram em qualquer momento uma trajetória pública dissociada da de seus maridos, Suplicy, antes de disputar seu primeiro mandato eletivo, possuía visibilidade como militante no movimento feminista e no Partido dos Trabalhadores, além de popularidade como ex-apresentadora de televisão.

Mais uma vez, é no caso de Heloísa Helena que as referências se multiplicam. Por ter disputado as eleições de 2006, há referências a seu patrimônio, sua origem e carreira como professora universitária na Universidade Federal de Alagoas, mas também aos filhos, à maternidade e a suas relações com a mãe e com os irmãos. Há, ainda, uma menção a um suposto relacionamento que teria ocorrido, anos antes, com o então senador Luiz Estevão.

Também se pode observar uma forte acomodação entre os enquadramentos de gênero presentes na mídia e as estratégias da candidata. Segundo o material analisado, é a própria Heloísa Helena que se refere inúmeras vezes à maternidade – teria prometido, por exemplo, "acolher todas as crianças e jovens da forma como acalenta seus filhos" (Ruth de Aquino, *Época*, 14 ago. 2006, p.34). Esse aspecto de sua autoapresentação, ressaltado no material jornalístico, colabora para uma vinculação entre a atuação pública de mulheres e uma identidade feminina cristalizada e redutora.

Vale destacar, por fim, que não há qualquer referência a familiares no caso de Márcio Thomaz Bastos, repetindo o que ocorre no eixo anterior, em que apenas no caso do ministro não havia referência à aparência física. As menções à sua vida anterior e/ou distinta de suas funções como ministro são todas acerca da sua posição profissional (advogado de sucesso, com "carreira invejável no campo criminal, que se expressou tanto em prestígio quanto em patrimônio", conforme reportagem de Policarpo Júnior e Otávio Cabral em *Veja*, 31 maio 2006, p.40) e da amizade com poderosos, como o ex-senador, ex-governador da Bahia e ex-ministro Antônio Carlos Magalhães. Bastos é caracterizado como alguém que, antes dos escândalos do governo Lula, seria dono da "tranquilidade e simpatia espontâneas dos profissionais bem-sucedidos e dos homens felizes na sua vida pessoal" (p.41). Ainda na mesma reportagem, há uma referência à alimentação e aos gostos pessoais, ao ser caracterizado como "apreciador de boa literatura, pintura moderna e bons vinhos" (p.40). Esse quadro de referências difere de maneira relevante das alusões a casamento, maternidade, roupas e dietas no caso das mulheres analisadas. Parece haver uma relação entre representações da competência masculina na esfera pública e representações da masculinidade que exclui, de maneira significativa, a vida familiar e afetiva. Novamente, as menções a Bastos estão associadas a representações da masculinidade que funcionam como contraponto às representações da feminilidade presentes no material. Há um conjunto distinto de referências (ou de silêncios), que permitem falar na presença de estereótipos de gênero. Para recorrer a um dos registros sobre a cobertura às mulheres na política presentes na primeira seção deste capítulo, o fato de não cozinharem, não fazerem as compras de supermercado e não arrumarem a casa não parece ser uma questão no caso dos ministros. O fato de terem ou não filhos parece ser, também, menos significativo.

A análise revela que, nos textos, os estereótipos de gênero aparecem concentrados em dois eixos: a relação entre comportamento e aparência física, com destaque para o corpo e a autoapresentação das mulheres, e a relação entre trajetória e vida familiar. A análise, portanto, confirma a conexão entre a visibilidade das mulheres, do corpo e da esfera privada e doméstica no noticiário político. E, principalmente, como foi dito na primeira seção, indica a persistência de estereótipos de gênero organizando a relação entre as especificidades dessas mulheres (de suas trajetórias, de suas carreiras, de suas competências específicas, de suas posições político-ideológicas) e sua visibilidade na mídia, no caso, especificamente, nas revistas semanais de notícia brasileiras. Isso não significa que um mesmo discurso se mantenha ao longo do tempo. Há, no entanto, um fundo comum que é atualizado nos diferentes discursos, em suas variações no tempo e na representação das diferentes mulheres que tiveram destaque na política e na mídia.

A relação entre agenda, enquadramentos e voz, isto é, entre a seleção dos temas que constituem a cobertura jornalística, as narrativas que lhes atribuem sentido e os atores presentes (e ausentes) do noticiário, apresenta especificidades quando se observa a relação entre as esferas: a presença de mulheres no noticiário político desloca os limites entre o público e o privado, sem que, por isso, as hierarquias entre as duas esferas e seus sentidos convencionais se desorganizem. Pelo contrário, quanto mais destaque as mulheres detentoras de cargos políticos ganham no noticiário, maior é a exposição do corpo e do privado. A caracterização das mulheres pela sua aparência física, autoapresentação e desempenho no âmbito afetivo e familiar confirma seu "pertencimento" à esfera privada e dá evidência a critérios para a avaliação de sua trajetória pública que se diferenciam daqueles mobilizados para a avaliação das trajetórias dos homens.

A dualidade entre o público e o privado ou doméstico constitui hierarquias que se concretizam na atribuição de posições diferenciadas a homens e mulheres – mesmo quando estas últimas têm trajetórias capazes de impor uma reconfiguração de tais fronteiras. A atenção ao modo como essas esferas são representadas permite compreender aspectos relevantes da visibilidade diferenciada dos atores sociais no noticiário, sobretudo quando a atenção está voltada para as relações de gênero.

Conclusão

A análise das relações entre gênero, mídia e política encerra um conjunto variado e complexo de questões. Neste livro, o foco esteve justamente na interação desses três temas, levando a uma apreciação de cada um deles a partir dos problemas que seu vínculo com os demais impõe e, em certo sentido, revela. Ao mesmo tempo que a consideração dessa interação apresenta dificuldades adicionais, comparativamente à análise de questões internas a cada um dos eixos, permite visualizar algumas delas com maior nitidez. Os obstáculos a uma maior participação e representação política das mulheres ligam-se a um modo de conceber e reproduzir a atividade política democrática nas condições de uma estrutura social que a torna permeável aos diferentes grupos sociais em graus e formas diversos. A visibilidade de mulheres e homens na mídia, aqui considerada como uma esfera de representação política, faz parte das formas de reprodução das relações de gênero. É, também, perpassada por um modo específico de conceber a política: suas rotinas, o que está em jogo e quem faz, legitimamente, parte dos debates e espaços institucionalizados em que se define.

A temática mais ampla das relações de poder e das formas de subordinação em sociedades nas quais existe, formalmente, a garantia de direitos iguais para todos os cidadãos ganha particularidades quando se analisa a posição das mulheres nas sociedades contemporâneas e, restringindo o foco, no campo político. Sua posição, por um lado, revela limitações das sociedades organizadas por ideais e instituições liberais – um problema abrangente. Mas, por outro, expõe como modos de subordinação que permanecem nessas sociedades se institucionalizam e ganham formas próprias, diretamente relacionadas ao funcionamento de diferentes campos sociais, como a política e a mídia, impondo problemas que exigem a atenção a especificidades que não se diluem na contradição geral entre igualdade formal e desigualdade substantiva.

Começando pelos aspectos mais abrangentes, o ideal da igualdade política permanece como um problema de fundo em todas as discussões apresentadas neste livro. A compreensão que temos da igualdade, mas também do pluralismo, esteve presente em todos os capítulos, ainda que tenha sido explicitada em graus variados. A superação dos obstáculos para o acesso das mulheres às esferas políticas e, nelas, às posições de maior centralidade e visibilidade não requer o apagamento das diferenças entre os indivíduos, mas sim que as possibilidades de atuação lhes sejam abertas independentemente de seu sexo (assim como raça, sexualidade e classe social). Daí os problemas apresentados pelo recurso aos estereótipos de gênero e pelo insulamento das mulheres em temas e áreas de atuação "femininas", na política e também no âmbito profissional. A permanência de identidades construídas com base em papéis sexuais distintos que homens e mulheres desempenhariam nas diferentes esferas sociais, a partir das expectativas diferenciadas quanto à sua atuação no âmbito familiar e doméstico, reproduz representações que justificam os obstáculos à autonomia das mulheres.

As transformações ocorridas nas últimas décadas, por mais importantes que tenham se mostrado, parecem não ter sido suficientes para diluir compreensões tradicionais sobre os papéis de gênero. A responsabilidade feminina sobre a esfera doméstica não recuou, apesar do aumento continuado de sua presença no mercado de trabalho, e permanece como um óbice importante para a ampliação de sua ação política. O mesmo se dá na fusão entre mulher e maternidade, que perdura incontestada e possui forte impacto sobre as representações da atuação política das mulheres. Da perspectiva das mulheres que concorrem a cargos públicos, essa associação pode ter valor estratégico, isto é, atingir setores do eleitorado que compartilhariam desse entendimento, angariando empatia e, em alguns casos, votos. Reitera, no entanto, uma posição de exterioridade para a mulher, em relação ao domínio da política, acomodando uma "nova" posição – na política e em outros espaços da vida pública – a padrões e hierarquias vigentes.

Mas há uma armadilha, aqui, que precisa ser evitada. Entender a configuração atual de hierarquias entre temas e esferas não significa referendá-la. O cuidado com as crianças e os mais vulneráveis não é menos importante do que o estímulo à atividade industrial, para dar um exemplo entre tantos outros. Da mesma forma, a posição na esfera profissional não é um índice de realização pessoal superior à forma como se vivencia a vida afetiva ou a maternidade (ou paternidade). Mas, na configuração atual da política, bem como da cobertura jornalística à política, existem grades de relevância vigentes. E elas estão relacionadas a formas de valorização de práticas, de comportamentos e de grupos sociais. Para as carreiras políticas, isso significa que a visibilidade e a qualificação (que não é aleatória) dos interesses e das habilidades se apresentam concretamente como oportunidades e facilidades (ou empecilhos) para o acesso a cargos, o sucesso nas urnas e o destaque entre os escolhidos. A valorização de um dos termos das dualidades que organizam os significados do feminino e do masculino não rompe necessariamente com a lógica que sustenta essas mesmas dualidades. Também nesse sentido, o caleidoscópio pode ser uma metáfora útil: as representações podem variar sem interromper ou modificar a dinâmica de reiteração dos padrões preexistentes.

A simples inversão dos termos, valorizando o que hoje é desvalorizado e concedendo positividade ao polo feminino – sem questionar essa qualificação –, também não soluciona o problema. Em primeiro lugar, porque afirmar a primazia da educação ou da assistência social não elude o fato de que, nas nossas sociedades, a economia política estabelece as condições sobre as quais pode ocorrer a valorização da educação ou da assistência social. E, sobretudo, porque a nossa compreensão do "feminino" e do "masculino" não remete a uma diferenciação prévia às formas de hierarquização e subalternidade. Dizendo de outra maneira, a questão que se coloca é se a valorização pode ser alcançada nos termos em que a subordinação é produzida e reiterada. A afirmação do valor da feminilidade pode ser feita sem atualizar compreensões do feminino que existem em oposição ao masculino, com os valores associados a esses dois termos? A valorização do papel desempenhado pela mulher na esfera doméstica pode servir para a sustentação de demandas justas – por exemplo, que o trabalho doméstico no âmbito familiar seja remunerado ou que o usufruto e os direitos aos recursos resultantes do trabalho remunerado de um dos cônjuges sejam definidos levando em consideração o trabalho não remunerado desempenhado pelo outro no cotidiano familiar e doméstico. Essa alternativa pode, no entanto, ser concomitante à naturalização de diferenças que são socialmente produzidas. A maternidade não precisou ser, sempre, desvalorizada para que envolvesse a imposição de limites de diversos tipos à autonomia das mulheres. A desvalorização da mulher na esfera familiar não foi, também, uma condição para que fosse representada como frágil e menos capaz em sua atuação em outras esferas da vida social. Ao contrário, pode-se apontar para continuidades entre a valorização da mulher *em seus vínculos* com papéis sociais convencionalmente entendidos como femininos e sua condição de subordinação *em ambas as esferas*, pública e privada.

Em sua definição do igualitarismo político, Michael Walzer (2003 [1983], p.XVI) afirma que o problema não está nas diferenças, mas na "experiência da subordinação". É ela que mobiliza a defesa da igualdade. Em um paralelo, podemos dizer que a solução não está na afirmação das diferenças se elas se apresentam associadas a identidades que ganharam sentido a partir de formas concretas de dominação. Quando as diferenças funcionam como obstáculos à autonomia dos indivíduos e servem para reproduzir relações opressivas, negam o ideal da igualdade como superação da subordinação, conflitando com o ideal de "uma sociedade livre da superioridade", para voltar a Walzer.

A presença de um número maior de mulheres na mídia e na política não é, por si só, uma garantia de que se avance no problema central, que é o da permanência de formas de subordinação e desigualdade em sociedades nas quais os indivíduos são formalmente iguais. Mas, por outro lado, se a presença das mulheres nos espaços de poder não garante o rompimento com os valores e práticas vigentes, isto é, com a configuração "masculina" desses espaços, sua ausência é um índice de desigualdade política. Mostra, entre outras coisas, que tratar as pessoas como iguais pode não ser o suficiente para que se produzam relações mais justas. Pode, inclusive, servir para encobrir dispositivos de reprodução das desigualdades, ao afirmar que as oportunidades estão igualmente disponíveis, enquanto a naturalização das separações e formas de distinção mantém alguns em posição vulnerável, ao passo que torna outros "capazes" para o exercício do poder e do domínio dos comportamentos, da linguagem e do conhecimento que são socialmente valorizados.

As transformações ocorridas ao longo do século XX são importantes e indicam, de fato, que as mudanças nos padrões de socialização e nos arranjos familiares, o acesso aumentado às esferas profissionais e, gradativamente, a posições de poder têm impacto sobre as representações das mulheres na política. Mas o fato de permanecerem expectativas diferenciadas em relação à aparência e ao comportamento na vida pública, de um lado, e ao papel desempenhado por homens e mulheres na vida doméstica e familiar, de outro, é bastante revelador. A maior atenção dada à aparência física das mulheres é um exemplo. Se há um esforço para a adequação aos padrões dominantes, no vestuário ou com a realização de cirurgias plásticas, isso tudo é, frequentemente, considerado uma demonstração de futilidade. Se não há, a "feminilidade" torna-se questionável. Ao mesmo tempo, há a expectativa de que as mulheres na política privilegiem determinados temas, vinculados ao âmbito da família, da domesticidade e do "cuidar do outro". Essa expectativa marca a presença das mulheres no noticiário: são esses os temas que demandariam mulheres como "fontes", políticas ou especialistas. Por mais importantes que tais temas possam ser em si mesmos, eles estão associados a posições secundárias no campo político, conforme discutimos no Capítulo 3.

Em um exemplo recente do destaque à aparência, a trajetória técnica e política de Dilma Rousseff, candidata do PT à Presidência da República nas eleições de 2010, não evitou que a oportunidade de se candidatar à Presidência da República se desdobrasse, ainda no início de 2008, em cirurgias e mudanças radicais na aparência, para suavizar, embelezar e rejuvenescer. Como em outros casos, suas opções individuais, como ministra e pré-candidata, e as representações presentes na cabeça dos marqueteiros e dos jornalistas ligam-se de maneira complexa às expectativas e julgamentos dos eleitores. Há uma série de variáveis envolvidas, como discutimos neste livro. Mas, a despeito da diversidade dos padrões que hoje constituem as relações de gênero e as experiências das mulheres, é possível afirmar que continua a fazer sentido, socialmente, elas serem identificadas e mesmo avaliadas, em sua atuação na vida pública, por critérios que resultam de sua condição histórica de subordinação.

Os esforços para a politização do privado, que foi e é uma bandeira importante do feminismo, especialmente a partir de meados do século XX, produziram resultados importantes, no mundo ocidental em geral e no Brasil em particular – a criminalização da violência doméstica, a redução da legitimidade da dupla moral sexual e a ampliação do reconhecimento de que a mulher deve exercer soberania sobre seu corpo. Nenhum desses avanços é isento de contradições. A violência contra a mulher continua fazendo vítimas diariamente e encontra, por vezes, cumplicidade nos próprios agentes públicos encarregados de reprimi-la. O duplo padrão, que permite aos homens uma liberdade sexual maior do que às mulheres, refluiu mais velozmente nos discursos do que nas práticas. E as resistências à aceitação do direito ao aborto indicam os limites da soberania feminina sobre o próprio corpo.

Em todos esses casos, além das mudanças efetivas, é importante registrar que o movimento feminista se colocou na ofensiva. O discurso do sexismo tradicional encontra dificuldade para se reproduzir e se refugia em adaptações e pretensas soluções de compromisso.

Em outros aspectos, o balanço é menos categórico. A relação entre mulher, corpo e sexualidade é um diferencial permanente nas representações de mulheres e homens. E a exposição (involuntária) da vida privada, doméstica e afetiva, parece ganhar contornos distintos quando se trata de homens ou mulheres, conforme é mostrado no Capítulo 5. A vida doméstica e familiar parece ser mais determinante para o papel das mulheres quando atuam na esfera pública e, especialmente, na política. Isso se dá por, ao menos, duas razões já mencionadas. Por um lado, as expectativas diferenciadas quanto à atuação de mulheres e homens na criação dos filhos e no cuidado com a família, de modo mais amplo, transformam-se concretamente em uma divisão das tarefas e do tempo que impõe ônus maiores às primeiras. Por outro lado, a associação entre mulher e maternidade, entre o feminino e as temáticas relacionadas à vida doméstica e familiar, pode impor restrições e transformar-se em ônus peculiares na construção das carreiras, orientando sua atuação de maneira restritiva.

A influência dos meios de comunicação de massa na reprodução – ou na subversão – dos papéis de gênero é complexa. Um autor como Joshua Meyrowitz estabelece relação direta entre o advento da televisão e os movimentos de emancipação feminina, não por conteúdos que ela transmitia, mas pela alteração que ela promoveu na "geografia situacional" da vida social. O caráter generalista da programação, que, contrariamente ao que ocorre com os meios impressos, reúne todos os indivíduos em um só público, derrubaria as barreiras entre um mundo feminino, privado, e outro masculino (Meyrowitz, 1985, p.223). Por sua vez, a TV desestabilizaria a produção das identidades de gênero indicada por Nancy Chodorow (e que resumimos no Capítulo 3). Ela insere, no cerne mesmo da vida doméstica, um novo mundo "externo" e favorece outros padrões de socialização de meninas, que passam a ter outros modelos, além da mãe, e de meninos, reduzindo a abstração do mundo masculino (Meyrowitz, 1985, p.214).

A provocativa análise de Meyrowitz padece de um determinismo excessivo, mas é valiosa como indicação da complexidade dos efeitos sociais da mídia. Se "a representação do gênero é a sua construção", para citar a conhecida formulação de Teresa de Lauretis (1994 [1987], p.209), a importância dos meios massivos torna-se evidente. E não se resume, nem de longe, ao discurso jornalístico. É importante a programação de entretenimento, seja na representação "realista" acrítica e naturalizada de filmes, seriados, novelas e *reality shows*, seja na reafirmação "inofensiva" de estereótipos pela programação humorística, pelos desenhos animados ou pelo discurso "espontâneo" dos *talk shows*, ou o estímulo, por esta mesma programação, a padrões de beleza física ou de comportamento sexual que geram ônus materiais e psicológicos às mulheres (Wolf, 2002 [1991]; Levy, 2005).

Também é importante a publicidade, na qual ainda é moeda corrente a posição da mulher como objeto sexual ou mãe de família, sem falar na separação funcional sempre subjacente entre o homem-provedor e a mulher-consumidora. As eventuais peças que apresentam um registro diferenciado promovem a si mesmas como altamente transgressoras. Fruto de investimentos milionários e, segundo a sabedoria convencional da gestão empresarial, com consequências sensíveis no sucesso ou fracasso dos negócios, o discurso publicitário é autoconsciente e controlado em altíssimo grau. As diferenças na apresentação de mulheres e homens – na postura, nos gestos, no vestuário, no enquadramento –, estudadas pelo menos desde o clássico *Gender advertisements*, de Erving Goffman (1979), não podem ser consideradas fortuitas. O impacto é tão significativo e difuso que uma pesquisa encomendada pelo *ombudsman* dos consumidores da Dinamarca, sobre a representação dos sexos na publicidade, sugeriu, como única medida possível, a proibição de qualquer representação de seres humanos nos anúncios (apud Vestergaard e Schrøder, 1988 [1985], p.194).

O jornalismo responde, assim, apenas por uma pequena parcela das representações de gênero na mídia. Ele é especialmente relevante para a política. Ainda que outros espaços contribuam para a fixação de um determinado entendimento do que é a política, inclusive de seu caráter masculino, e a programação de entretenimento tenha impacto na produção da agenda, o jornalismo possui uma influência mais direta nas carreiras políticas, nas campanhas eleitorais e no enquadramento das questões públicas.

Os obstáculos à presença das mulheres na política ocorrem em diferentes dimensões, conforme buscamos demonstrar ao longo deste livro. A luta do movimento de mulheres removeu os obstáculos legais, garantindo ao longo dos séculos XX e XXI, na ampla maioria dos países, a igualdade formal de direitos políticos. Mas permanecem impedimentos de ordem material, como a menor disponibilidade de tempo livre, vinculada à sobrecarga de trabalho doméstico e à responsabilidade pela gestão da unidade familiar, e o menor acesso aos recursos econômicos, controlados de forma desproporcional pelos homens. Também permanecem impedimentos vinculados à atribuição tradicional da esfera pública aos homens, ao substrato patriarcal remanescente nas instituições liberais, ao peso dos estereótipos nas escolhas políticas e ao funcionamento androcêntrico do campo político. Os conteúdos predominantes na mídia reforçam, de maneira indireta, alguns desses obstáculos e, de maneira direta, outros.

É possível indicar que um dos principais impactos da mídia se liga à naturalização de um determinado modo de fazer política. O sistema concorrencial, o monopólio da representação pelos partidos, o casamento entre a igualdade política e a desigualdade material e entre processos de decisão coletiva na política e de decisão individual na economia – tudo isso constitui uma ordem que não se questiona, que entra como um "dado" prévio à narrativa ou à análise dos fatos da política. Mesmo o comportamento ativo da mídia, denunciando episódios de corrupção e desmando, não foge desta lógica; ao contrário, reforça-a, de acordo com os mecanismos de objetivação dos valores descritos no Capítulo 2. Os "desvios" realçam, pelo contraste, a adequação do modelo – e exigem medidas profiláticas para garantir uma volta à "normalidade", isto é, ao adequado funcionamento do sistema. Ainda que o jornalismo possa adotar uma postura "opositiva" em relação aos detentores do poder, ele permanece "deferente" ao sistema político e suas principais instituições, para usar as categorias de Iyengar (1991). Colabora, assim, para estabelecer que *política é isso, política se faz assim*, e que é possível pensar em reformá-la, mas não em fugir da lógica já dada.

No caso das mulheres, a situação é mais ambígua. No noticiário, as personagens mulheres ainda se encontram desproporcionalmente concentradas em áreas consideradas femininas. Sua presença no noticiário político é reduzida, conforme indicam os números apresentados no Capítulo 4. Por outro lado, a defesa da sub-representação feminina na política saiu do campo do politicamente dizível. A cobertura da mídia é importante porque permite que algo reconhecido pela própria elite política, ao menos da boca para fora, como um *deficit* democrático – a baixa presença das mulheres – seja apagado das representações da política, isto é, se torne um não problema (o que corresponde ao mecanismo da naturalização em ação).

No noticiário político em geral, o quase monopólio dos homens nas funções públicas entra como um dado de realidade. É algo que não merece registro, ou mais: que nem se percebe. Já as reportagens que enfocam as mulheres na política não se cansam de expressar o assombro por elas terem alcançado aquele espaço. É difícil encontrarmos, hoje, uma manifestação de repúdio à ocupação de posições públicas por mulheres. Mas a ênfase reiterada na esfera doméstica e nas responsabilidades familiares, apontada no Capítulo 5, reflete como o discurso jornalístico ainda percebe a mulher na política como uma presença deslocada.

Sub-representação na política e sub-representação na mídia refletem-se e alimentam-se mutuamente. Como há poucas mulheres em cargos de poder, a naturalização do caráter masculino da política é realizada sem muito esforço. Como as mulheres políticas têm pouca visibilidade e sua vinculação com a esfera privada é reforçada cotidianamente por uma série de práticas, entre as quais os discursos da mídia, as condições de sua ausência nas posições de mando são perpetuadas. Parece claro que a ampliação das mulheres eleitas em cargos públicos em geral, objetivo das políticas de cotas implantadas, com sucesso variado, em muitos países, é uma condição necessária, mas não suficiente, para gerar um campo político igualitário.

Além disso, é necessário lembrar que o acesso à representação política pode mascarar a permanência da dominação masculina em outras esferas sociais, como o mercado de trabalho, a autoridade nas corporações e a família (Phillips, 1995, p.183). A convivência entre altos índices de mulheres parlamentares e a permanência de uma posição subordinada em outros espaços demonstra, como observou Phillips (1991, p.19) que a política pode ser uma variável mais independente do que se supunha. Em suma, cotas e outros mecanismos de ampliação da presença feminina nos locais de poder não garantem, por si só, que o sistema político se torne mais receptivo às demandas das mulheres. É importante ter mais mulheres como representantes, pois isso significa, em si mesmo, a superação de uma desigualdade. Mas também é importante fazer avançar a agenda feminista: dar visibilidade às questões de interesse das mulheres e buscar soluções satisfatórias a elas. Embora alguns temas desta agenda tenham conseguido avançar significativamente nos últimos anos, como é o caso da questão da violência doméstica, outros continuam marginalizados. É o caso do direito ao aborto, que é uma questão central. A lei atual brasileira, mas também de numerosos outros países, retira de metade dos cidadãos – as mulheres – a autonomia sobre o próprio corpo, que o pensamento liberal, desde o século XVII, julga que é o fundamento dos direitos individuais. O direito ao aborto é, assim, uma questão de primeira magnitude, mas encontra enorme dificuldade para aparecer na agenda pública. Quando aparece, muitas vezes é como manobra demagógica dos grupos antiabortistas, enquadrado como uma questão "moral", e não política.

Assim, identificam-se dois processos paralelos, que se relacionam, mas não se esgotam um no outro. Um é a ampliação da presença das mulheres nos espaços da política. Outro é a ampliação do peso da agenda feminista no debate público. Nesta segunda faceta, a importância dos meios de comunicação de massa também é significativa. Parte das questões priorizadas pelo movimento feminista foi capaz de ganhar alguma visibilidade, mas elas dificilmente rompem a barreira que as define como não integralmente políticas ou pertencentes apenas às franjas externas da política. No noticiário, mesmo quando tramitam no Congresso ou são objeto de ações do Poder Executivo, as políticas relativas às mulheres não aparecem nos espaços destinados à política – são encaixadas entre as matérias de "cotidiano", "cidades", "saúde" ou mesmo "comportamento". A subordinação das mulheres, isto é, uma relação assimétrica de *poder* replicada nos mais diversos espaços sociais, não aparece como uma questão *política*. O campo da mídia e o campo político reforçam esta imagem desfocada. A demanda por presença de mulheres, bem como de outros grupos sociais em posição de subalternidade, nos espaços de representação política – tanto no Estado quanto na esfera de debate que é a mídia – vem sendo sustentada pelo argumento de que uma pluralidade de perspectivas é necessária para o funcionamento da democracia.[1] Mas cumpre observar que os grupos dominados não possuem apenas perspectivas diversas de grupos dominantes. Eles possuem também interesses conflitantes. Entendida da forma que nos parece mais frutífera, a noção de perspectiva social mantém relação estreita com a compreensão de que a estrutura social é marcada por profundas injustiças. A exigência da variedade de perspectivas não se resume à defesa da pluralidade própria de uma sociedade multicultural. Ela remete ao fato de as vivências corresponderem a constrangimentos associados às desigualdades de poder, recursos materiais e prestígio social.

Assim, não se trata somente de dar espaço à manifestação da diversidade. Mulheres, em uma sociedade patriarcal, não se encontram em uma posição social apenas diferente da dos homens. Elas carregam os signos da subalternidade, com menos acesso às posições de poder e menos controle dos bens materiais. Estão mais sujeitas à violência e à humilhação. O feminino transita socialmente como a marca do inferior, do frágil, do irracional, aparecendo como o outro de um universal que é masculino. A ruptura com este estatuto subalterno só é possível com o rompimento das hierarquias em que se situa: implica a revisão dos privilégios masculinos. Mesmo que muitos homens se mostrem solidários às reivindicações femininas – e muitas mulheres atuem como guardiãs da dominação masculina –, há um conflito entre a emancipação delas e a manutenção da dominação social deles.

---

[1] Este parágrafo e os cinco seguintes reelaboram discussão anterior (Miguel, 2010).

É temerário falar em interesses que se ligam objetivamente a uma posição social dada, sem que sejam entendidos como tais pelos agentes – os grupos dominados teriam um interesse objetivo em sua emancipação, ainda que os indivíduos pertencentes a tais grupos não considerem assim (porque seriam manipulados, vítimas da "falsa consciência" etc.). Há um componente autoritário subjacente a tal postura. A oposição entre uma consciência das desigualdades e a vivência mistificada da própria posição pode ser o fundamento para se ignorar o modo como as alternativas são consideradas pelos indivíduos em posição social de desvantagem. Contudo, as identidades são construídas em contextos e relações sociais concretas, e uma das matérias da dominação é a internalização dos valores que justificam as próprias hierarquias.

Uma forma alternativa de balizar essa questão, deslocando a oposição entre consciência verdadeira e mistificação, é avaliar se a construção das preferências se dá de maneira mais livre ou sob maior constrangimento. O primeiro obstáculo ao desenvolvimento das preferências é a privação material (Sunstein, 2009 [1991], p.239), que absolutiza os imperativos da subsistência. O outro – talvez mais relevante para a presente discussão – é o que Iris Young chama de "imperialismo cultural" (Young, 1990, p.58), vinculado ao fato de alguns grupos deterem maior controle sobre os meios de interpretação do mundo e os fluxos de comunicação e, portanto, produzirem os artefatos culturais que contribuirão para conformar a maneira como *todos* entenderão suas posições neste mundo. Os grupos dominados, assim, precisam de mais do que o acesso aos espaços já formalizados, que organizam os modos de verbalização das perspectivas de modos que lhes são, muitas vezes, desvantajosos, como discutimos no Capítulo 2. Precisam de espaços que lhes permitam constituir autonomamente seus interesses – o que foi chamado "contrapúblicos subalternos" por Fraser (1992) – antes de os colocar à prova nas arenas discursivas de maior amplitude.

Embora importante, a incorporação de novos grupos à esfera política não resolve o problema da desigualdade de poder. O processo de debate público, em sociedades marcadas por desigualdades, não as neutraliza ou refuta. Ao contrário, ele as incorpora de forma decisiva. Os grupos dominantes controlam mais recursos materiais, incluindo aí o tempo livre, o que lhes permite agir de forma eficaz na arena política. São mais bem treinados na produção do discurso adequado – ou o discurso considerado adequado é mais próximo de seus padrões de fala, que são marcados positivamente, ao contrário do que ocorre com a fala dos dominados. Seus interesses são mais facilmente travestidos de interesses universais, o que é outro efeito do "imperialismo cultural": a experiência e cultura do grupo dominante são universalizadas e surgem como a norma (Young, 1990, p.59).

Mesmo com os avanços da presença feminina na política, nas últimas décadas, o discurso político das mulheres continua carregando os signos de sua subalternidade. Elas se movem dentro de um círculo restrito de temáticas que são consideradas apropriadas e que as segregam nas posições menos centrais do campo político. As marcas de "feminilidade" na fala reduzem sua legitimidade, mas a ausência delas é denunciada como uma falha naquelas que não as têm: a emotividade excessiva não é pertinente em um político, mas a frieza e a racionalidade não cabem a uma mulher. Em suma, o campo político e também o jornalismo impõem às mulheres alternativas onerosas, de forma bem mais enfática do que fazem com seus competidores do sexo masculino. Isso não quer dizer que a ampliação da presença seja irrelevante, mas sim que é necessário não retirar das relações comunicativas "as relações de força que nelas se efetivam sob uma forma transfigurada" (Bourdieu, 1997, p.81).

Os campos são espaços sociais hierarquizados, que reproduzem assimetrias e exclusões. As hierarquias existentes no campo político e no campo da mídia são alimentadas por rotinas, valores e práticas específicos a cada um desses campos, mas reforçam-se mutuamente em vários sentidos. Mantido o foco nos temas discutidos neste livro, as relações de complementaridade se sobrepõem às eventuais disputas e atritos entre os campos. A presença dos integrantes de grupos dominados nos espaços de poder pode corresponder a posições que não rompem com essas hierarquias e os valores e práticas que as sustentam. Nesse caso, a maior presença feminina não elimina, nem reduz substantivamente, por si só, a desigualdade política – apenas torna o conjunto de tomadores de decisão mais similar ao corpo social. Ou, no caso da mídia, diversifica a presença naquele espaço, sem que as representações sociais se desorganizem, evitando conflitos. Mas a ampliação da presença pode, sim, gerar tensões e ampliar os custos da reprodução da dominação. Isso depende de como se estabelecem as tensões entre os mecanismos de exclusão e cooptação que o campo põe em funcionamento e as formas de deslocamento que a ação dos "novos" atores pode mobilizar. Depende, assim, do reconhecimento de que há forças conservadoras em curso e de que a acomodação ao *modus operandi* do campo pode levar à ocupação de posições, mas diminuindo, assim, o impacto da entrada e as chances de permanência dos "novos" atores.

A homogeneidade do grupo politicamente dominante é mantida por uma série de barreiras com ação conjunta. No caso das mulheres, em particular, eliminadas as barreiras legais, com a conquista do sufrágio feminino, permanecem os constrangimentos materiais e simbólicos que as afastam da disputa política. A demanda por presença política e as medidas associadas a ela, em particular a fixação de cotas por sexo, contrapõem-se aos efeitos desses constrangimentos. Mas as estruturas do campo político e as rotinas da prática jornalística resistem à inclusão efetiva, mantendo as mulheres em posição periférica e impondo ônus simbólicos especiais à sua ação.

Existem práticas que confrontam os padrões atuais de concentração do poder político, gerando maior igualdade entre os cidadãos, mas não definem a exclusão das mulheres como um problema e uma prioridade. Por outro lado, existem estratégias e discursos favoráveis à inclusão de mais mulheres nos locais de poder, mas que não desafiam a divisão entre uma elite dirigente e uma massa cuja capacidade de intervenção política é muito limitada. De fato, a ampliação da presença feminina nos espaços de exercício de poder não tem, necessariamente, impacto sobre a configuração atual da política liberal, com os limites ao pluralismo social que ela encerra. A ausência das mulheres, como se disse, é um problema em si mesmo, indicativo de uma injustiça que não é equivalente à da concentração do capital político. Mas a crítica feminista amplia potencialmente seus efeitos quando leva em conta aspectos da dinâmica interna ao campo da política que não restringem apenas a entrada e o acesso das mulheres a posições mais centrais. Exatamente porque foi capaz de explicitar as conexões entre o mundo privado e a esfera pública, relacionando espaços sociais que a tradição do pensamento político via como incomunicáveis, o feminismo pode contribuir para a construção de uma política não apenas mais paritária entre os sexos, mas na qual estejam ligadas práticas cotidianas e decisões macrossociais, formas alternativas de participação e o diálogo com representantes. A crítica às dicotomias convencionais entre as esferas expõe os fundamentos das hierarquias de gênero. Mas ultrapassa os problemas relativos à dominação masculina ao mostrar que a política, nas sociedades contemporâneas, se faz de exclusões justificadas pela desvalorização de espaços e experiências sociais que são centrais para a construção das identidades e para o desenvolvimento autônomo dos indivíduos.

REFERÊNCIAS BIBLIOGRÁFICAS

ABERS, Rebecca Neara. *Inventing Local Democracy: Grassroots Politics in Brazil*. Boulder: Lynne Rienner, 2000.

AHLANDER, Nancy Rollins e BAHR, Katheleen Slaugh. Beyond Drudgery, Power, and Equity: Toward an Expanded Discourse on the Moral Dimensions of Housework in Families. *Journal of Marriage and Family*, v.57, n. 1, p.54-68, 1995.

ALBUQUERQUE, Afonso de e SOARES, Rafael Fortes. Notícias de notícias. *Comunicação & política*, v.XI, n.1, p.135-69, 2004.

ALVES, José Eustáquio Diniz. A evolução do eleitorado brasileiro e da representação feminina na Câmara dos Deputados. *Aparte: Inclusão Social em Debate*, 2006. Disponível em: http://www.ie.ufrj.br/aparte/pdfs/eleitoradofeminino_10jul06.pdf. Acesso em: jun. 2007.

AMORIM NETO, Octavio e SANTOS, Fabiano. O segredo ineficiente revisto: o que propõem e o que aprovam os deputados brasileiros. *Dados*, v.46, n.4, p.661-98, 2003.

ARAÚJO, Clara. Mulheres e representação política: a experiência das cotas no Brasil. *Revista Estudos Feministas*, v.6, n.1, p.71-90, 1998.

_____. As cotas por sexo para a competição legislativa: o caso brasileiro em comparação com experiências internacionais. *Dados*, v.44, n.1, p.155-94, 2001a.

_____. Potencialidades e limites da política de cotas no Brasil. *Revista Estudos Feministas*, v.9, n.1, p.231-52, 2001b.

ARBEX Jr., José. *Showrnalismo*: a notícia como espetáculo. São Paulo: Casa Amarela, 2001.

ARNOLD, Douglas R. *The Logic of Congressional Action*. New Haven: Yale University Press, 1990.

ÁVILA, Maria Betânia. Vida cotidiana e uso do tempo pelas mulheres. In: Congresso Luso-Afro-Brasileiro de Ciências Sociais, 2004, Coimbra. 16 a 18 set. 2004.

BADINTER, Elisabeth. *O amor incerto:* história do amor maternal do século XVII ao século XX. Lisboa: Relógio D'Água, 1985 [1980].

_____. *Rumo equivocado:* o feminismo e alguns destinos. Rio de Janeiro: Civilização Brasileira, 2005 [2003].

BEAUVOIR, Simone de. *O segundo sexo*. Lisboa: Bertrand, 2008 [1949].

BIANCHI, Suzanne M., MILKIE, Melissa A., SAYER, Liana C. e ROBINSON, John P. Is Anyone Doing the Housework? Trends in the Gender Division of Labor. *Social Forces*, v.79, n.1, p.191-228, 2000.

BICKFORD, Susan. *The Dissonance of Democracy: Listening, Conflict, and Citizenship*. Ithaca: Cornell University Press, 1996.

BIROLI, Flávia e MELLO, Janine. Gênero e representação política: limites e apostas na atuação das deputadas federais na 52ª legislatura (2003-2006). In: 6º Encontro da Rede Brasileira de Estudos e Pesquisas Feministas (REDEFEM). 2008, Belo Horizonte. 10 a 13 jun. 2008.

BIROLI, Flávia e MIGUEL, Luis Felipe. Orgulho e preconceito: a "objetividade" como mediadora entre o jornalismo e seu público. In: 34º Encontro Anual da Associação Nacional de Pós-Graduação e Pesquisa em Ciências Sociais (ANPOCS). 2010, Caxambu. 25 a 29 out. 2010.

BIROLI, Flávia. Técnicas de poder, disciplinas do olhar: aspectos da construção do jornalismo moderno no Brasil. *História*, v.26, n.2, p.118-43, 2007.

_____. Gênero e política no noticiário das revistas semanais brasileiras. *Cadernos Pagu*, n.34, p.269-99, 2010a.

_____. Gênero e família em uma sociedade justa: adesão e crítica à imparcialidade no debate contemporâneo sobre justiça. *Revista de Sociologia e Política*, n.36, p. 51-65, 2010b.

BOORSTIN, Daniel J. *The Image*. New York: Vintage, 1961.

BOURDIEU, Pierre e PASSERON, Jean Claude. *La réproduction:* élements pour une théorie du système d'enseignement. Paris: Minuit, 1970.

BOURDIEU, Pierre. *La distinction:* critique sociale du jugement. Paris: Minuit, 1979.

_____. La représentation politique. Éléments pour une théorie du champ politique. *Actes de la Recherche en Sciences Sociales*, n.36-7, p.3-24, 1981.

_____. *Sur la télévision, suivi de l'emprise du journalisme*. Paris: Liber, 1996.

_____. *Méditations pascaliennes*. Paris: Seuil, 1997.

_____. *La domination masculine*. Paris: Seuil, 1998.

_____. The Political Field, the Social Science Field, and the Journalistc Field. In: BENSON, Rodney e NEVEU, Erik (Ed.). *Bourdieu and the Journalistc Field*. Cambridge: Polity, 2005 [1995].

BRADEN, Maria. *Women Politicians and the Media*. Lexington: University of Kentucky Press, 1996.

BRINES, Julie. Economic Dependency, Gender, and the Division of Labor at Home. *American Journal of Sociology*, v.100, n.3, p.652-88, 1994.

BURRELL, Barbara C. *A Woman's Place is in the House: Campaigning for Congress in the Feminist Era*. Ann Arbor: The University of Michigan Press, 1994.

BURT-WAY, Barbara e KELLY, Rita Mae. Gender and Sustaining Political Ambition: a Study of Arizona Elected Officials. *The Western Political Quarterly*, v. 45, n.1, p.11-25, 1992.

BYSTROM, Dianne G., BANWART, Mary Christine, KAID, Lynda Lee e ROBERTSON, Terru A. *Gender and Candidate Communication*. NewYork: Routledge, 2004.

CAMPOS, Luiz Augusto e MIGUEL, Luis Felipe. O Oito de Março no Congresso: representações da condição feminina no discurso parlamentar. *Cadernos Pagu*, n.31, p.471-508, 2008.

CAPPELLA, Joseph N. e JAMIESON, Kathleen Hall. *Spiral of Cynicism: the Press and the Public Good*. Oxford: Oxford University Press, 1997.

CARPENTIER, Nico. Identity, Contingency and Rigidity. *Journalism*, v.6, n. 2, p.199-219, 2005.

CHODOROW, Nancy. *The Reproduction of Mothering*. Berkeley: University of California Press, 1978.

COHEN, Jean L. Rethinking Privacy: Autonomy, Identity, and the Abortion Controversy. In: WEINTRAUB, Jeff e KUMAR, Krishan. (Ed.). *Public and Private in Thought and Practice: Perspectives on a Grand Dichotomy*. Chicago: The University of Chicago Press, 1997.

COLTRANE, Scott. Elite Careers and Family Commitment: Its (Still) About Gender. *Annals of the American Academy of Political and Social Science*, n.596, p.214-20, 2004.

CONSTANTINI, Edmond. Political Women and Political Ambition: Closing the Gender Gap. *American Journal of Political Science*, v.34, n.3, p.741-70, 1990.

COOK, Timothy E. *Governing With the News: the News Media as a Political Institution*. Chicago: The University of Chicago Press, 1998.

DAHL, Robert A. *Who Governs? Democracy and Power in an American City*. New Haven: Yale University Press, 1961.

_____. *Polyarchy: Participation and Opposition*. New Haven: Yale University Press, 1971.

_____. *Um prefácio à teoria democrática*. Rio de Janeiro: Jorge Zahar, 1989a [1956].

_____. *Democracy and Its Critics*. New Haven: Yale University Press, 1989b.

_____. *Um prefácio à democracia econômica*. Rio de Janeiro: Jorge Zahar, 1990 [1985].

_____. *How Democratic is the American Constitution?* New Haven: Yale University Press, 2002.

DAL BÓ, Ernesto, DAL BÓ, Pedro e SNYDER, Jason. Political dynasties. *The Review of Economic Studies*, n.76, p. 115-42, 2009.

DARCY, R., WELCH, Susan e CLARK, Janet. *Women, Elections and Representation*. 2.ed. Lincoln: University of Nebraska Press. 1994.

DECKMAN, Melissa. Gender Differences in the Decision to Run for School Board. *American Politics Research*, v.35, n.4, p.541-63, 2007.

DELILLO, Don. *Ruído branco*. São Paulo: Companhia das Letras, 1987 [1985].

DELPHY, Christine. Feminismo e reconstrução da esquerda. *Revista Estudos Feministas*, v.2, n.1, p.187-99, 1994 [1992].

DONSBACH, Wolfgang e KLETT, Betina. Subjetive Objectivity. *International Communication Gazette*, n.51, p.53-83, 1993.

DOWNS, Anthony. *An Economic Theory of Democracy*. New York: Harper & Brothers, 1957.

DRYZEK, John. *Deliberative Democracy and Beyond: Liberals, Critics, Contestations*. Oxford: Oxford University Press, 2000.

EICHLER, Margrit e ALBANESE, Patrizia. What is Household Work? A Critique of Assumptions Underlying Empirical Studies of Housework and an Alternative Approach. *The Canadian Journal of Sociology/Cahiers Canadiens de Sociologie*, v.32, n.2, p.227-58, 2007.

ELEY, Geoff. Nations, Publics, and Political Cultures: Placing Habermas in the Nineteenth Century, In: CALHOUN, Craig. (Ed.). *Habermas and the Public Sphere*. Cambridge: The MIT Press, 1992.

ELSHTAIN, Jean Bethke. *Public Man, Private Woman: Women in Social and Political Thought*. Princeton: Princeton University Press, 1981.

_____. The Displacement of Politics. In: WEINTRAUB, Jeff e KUMAR, Krishan. (Eds.), *Public and Private in Thought and Practice: Perspectives on a Grand Dichotomy*. Chicago: The University of Chicago Press, 1997.

ETTEMA, James S. e GLASSER, Theodore L. *Custodians of Conscience: Investigative Journalism and Public Virtue*. New York: Columbia University Press, 1998.

FALLOWS, James. *Detonando a notícia:* como a mídia corrói a democracia americana. Rio de Janeiro: Civilização Brasileira, 1997 [1996].

FILMER, Robert. *Patriarcha and Other Political Works*. Oxford: Basil Blackwell, 1949 [1680].

FISHER, Kimberly e ROBINSON, John. Daily Routines in 22 Countries: Diary Evidence of Average Daily Time Spent in Thirty Activities. *Technical Paper*, n.2010-1. Oxford: Centre of Time Use Research, 2010.

FOUCAULT, Michel. *A ordem do discurso*. São Paulo: Loyola, 1996 [1971].

_____. *A arqueologia do saber*. Rio de Janeiro: Forense Universitária, 1997 [1969].

FOX, Richard L. e LAWLESS, Jennifer L. To Run or not to Run: Explaining Nascent Political Ambition. *American Journal of Political Science*, v.49, n.3, p.642-59, 2005.

FRASER, Nancy. Rethinking the Public Sphere: a Contribution to the Critique of Actually Existing Democracy. In: CALHOUN, Craig (Ed.). *Habermas and the Public Sphere*. Cambridge: The MIT Press, 1992.

_____. *Justice Interruptus: Critical Reflections on the "Postsocialist" Condition*. New York: Routledge, 1997a.

_____. A Rejoinder to Iris Young. *New Left Review*, n.223, p. 126-9, 1997b.

_____. Social Justice in the Age of Identity Politics: Redistribution, Recognition, and Participation. In: FRASER, Nancy e HONNETH, Axel. *Redistribution or Recognition? A Political-philosophical Exchange*. London: Verso, 2003.

FRITSCH, Phillippe. Introduction. In: BOURDIEU, Pierre. *Propos sur le champ politique*. Lyon: Presses Universitaires de Lyon, 2000.

FSB COMUNICAÇÕES. *Deputados federais, mídia e conjuntura política*. Relatório de pesquisa. Brasília: FSB Comunicações, 2008.

FULTON, Sarah A., MAESTAS, Cherie D., MAISEL, L. Sandy e STONE, Walter J. The Sense of a Woman: Gender, Ambition, and the Decision to Run for Congress. *Political Research Quarterly*, v.59, n.2, p.235-48, 2006.

GAMSON, William A. e MEYER, David S. Framing political opportunity. In: MCADAM, Doug, MCCARTHY, John D. e ZALD, Mayer N. (Ed.). *Comparative Perspectives on Social Movements: Political Opportunities, Mobilizing Structures, and Cultural Framings*. Cambridge: Cambridge University Press, 1996.

GANS, Herbert J. *Deciding What's News: A Study of* CBS Evening News, NBC Nightly News, Newsweek *and* Time. New York: Random House, 2004 [1979].

GIDDENS, Anthony. *The Consequences of Modernity*. Stanford: Stanford University Press, 1990 [*As consequências da modernidade*. São Paulo: Ed. Unesp, 1991].

GILLIGAN, Carol. *In a Different Voice: Psychological Theory and Women's Development*. Cambridge: Harvard University Press, 1982.

GITLIN, Todd. *The Whole World is Watching: Mass Media in the Making and Unmaking of the New Left*. Berkeley: University of California Press, 1980.

GOFFMAN, Erving. *Gender Advertisements*. New York: HarperCollins, 1979.

_____. *Estigma: notas sobre a manipulação da identidade deteriorada*. Rio de Janeiro: Guanabara, 1988 [1963].

_____. *Relations in Public: Microstudies of the Public Order*. New Brunswick: Transaction, 2010 [1973].

GOMES, Wilson. *Transformações da política na era dos meios de comunicação de massa*. São Paulo: Paulus, 2004.

_____. Mapeando a Audiosfera Política Brasileira: os Soundbites Políticos no *Jornal Nacional*. In: 17º Encontro da COMPÓS. 2008, São Paulo. 3 a 6 jun. 2008.

GREENSTEIN, Theodore N. Economic Dependence, Gender, and the Division of Labor in the Home: a Replication and Extension. *Journal of Marriage and Family*, v.62, n.2, p. 322-35, 2000.

HABERMAS, Jürgen. *Direito e democracia*: entre facticidade e validade. 2v. Rio de Janeiro: Tempo Brasileiro, 1997 [1992].

HAFEZ, Kai. Journalism Ethics Revisited. *Political Communication*, v.19, n.2, p.225-50, 2002.

HALIMI, Serge. *Os novos cães de guarda*. Petrópolis: Vozes, 1998 [1997].

HALLIN, Daniel C. e MANCINI, Paolo. *Comparing Media Systems:* Three Models of Media and Politics. Cambridge: Cambridge University Press, 2004.

HALLIN, Daniel C. *The "Uncensored War"*: The Media and Vietnam. Berkeley: University of California Press, 1986.

HARTSOCK, Nancy C. M. The Feminist Standpoint: Developing the Ground for a Specifically Feminist Historical Materialism. In: _____. *The Feminist Standpoint Revisited and Other Essays*. Boulder: Westview, 1998 [1983].

HOHLFELDT, Antonio. Objetividade. In: 24º Congresso Brasileiro de Ciências da Comunicação. 2001. Campo Grande. 3 a 7 set. 2001.

INSTITUTO VERIFICADOR DE CIRCULAÇÃO. Jornais populares ativam o mercado. Disponível em: http://www.ivc.org.br. Acesso em: nov. 2009.

IYENGAR, Shanto, VALENTINO, Nicolas A., ANSOLABEHERE, Stephen e SIMON, Adam F. Running as a Woman: Gender Stereotyping in Political Campaigns. In: NORRIS, Pippa. (Ed.). *Women, Media, and Politics*. Oxford: Oxford University Press, 1997.

IYENGAR, Shanto. *Is Anyone Responsible? How Television Frames Political Issues*. Chicago: The University of Chicago Press, 1991.

JOHNSTONE, John W. C., SLWASKI, Edward J. e BOWMAN, William W. The Professional Values of American Newsmen. *The Public Opinion Quarterly*, v.36, n.4, p.522-40, 1972.

KAHN, Kim Fridkin *The Political Consequences of Being a Woman: How Stereotypes Influence the Conduct and Consequences of Political Campaigns*. New York: Columbia University Press, 1996.

LANE, Les. *A Reexamination of the Canon of Objectivity in American Journalism*. Baton Rouge, 2001. Master thesis. Louisiana State University.

LAURETIS, Teresa de. A tecnologia do gênero. In: HOLLANDA, Heloisa Buarque de (Org.). *Tendências e impasses:* o feminismo como crítica da cultura. Rio de Janeiro: Rocco, 1994 [1987].

LAWLESS, Jennifer L. e FOX, Richard L. *It Takes a Candidate: Why Women Don't Run for Office*. Cambridge: Cambridge University Press, 2005.

LEVY, Ariel. *Female Chauvinist Pigs: Women and the Rise of Raunch Culture*. New York: Free Press, 2005.

LEWIN-EPSTEIN, Noah, STIER, Haya e BRAUN, Michael. The Division of Household Labor in Germany and Israel. *Journal of Marriage and Family*, v.68, n.5, p.1147-64, 2006.

LIPPMANN, Walter. *The Phantom Public*. New Brunswick: Transaction, 1993 [1925].

_____. *Public Opinion*. New York: Free Press, 1997 [1922].

LOPATA, Helena Zinaniecka. Career Commitments of American Women: The Issue of Side Bets. *The Sociological Quarterly*, v.34, n.2, p.257-77, 1993.

LOVENDUSKI, Joni. Introduction: State Feminism and the Political Representation of Women. In: LOVENDUSKI, Joni. (Ed.). *State Feminism and Political Representation*. Cambridge: Cambridge University Press, 2005.

MACKINNON, Catherine A. *Toward a Feminist Theory of the State*. Cambridge (MA): Harvard University Press, 1989.

_____. *Only Words*. Cambridge (MA): Harvard University Press, 1996 [1993].

MÁXIMO, Helena. *A influência da mídia na decisão política*: uma outra interface de poder. Brasília, 2008. Dissertação (Mestrado em Ciência Política) – Instituto de Ciência Política da Universidade de Brasília.

MCCOMBS, Maxwell e SHAW, Donald. The Agenda-setting Function of Mass Media. *Public Opinion Quarterly*, v.36, n.2, p.176-87, 1972.

MEYROWITZ, Joshua. *No Sense of Place: The Impact of Electronic Media on Social Behavior*. Oxford: Oxford University Press, 1985.

MIGUEL, Luis Felipe e BIROLI, Flávia. Gênero e política no jornalismo brasileiro. *Revista Famecos*, n.36, p.24-39, 2008.

_____. Mídia e representação política feminina: hipóteses de pesquisa. *Opinião Pública*, v.15, n.1, p.55-81, 2009.

_____. A produção da imparcialidade: a construção do discurso universal a partir da perspectiva jornalística. *Revista Brasileira de Ciências Sociais*, n.73, p.59-76, 2010a.

_____. Práticas de gênero e carreiras políticas: vertentes explicativas. *Revista Estudos Feministas*, v.18, [no prelo].

_____. Visibilidade na mídia e campo político no Brasil. *Dados*, v.53, n.3, p.695-735, 2010b.

MIGUEL, Luis Felipe e COUTINHO, Aline de Almeida. A crise e suas fronteiras: oito meses de "mensalão" nos editoriais dos jornais. *Opinião Pública*, v.13, n.1, p.97-123, 2007.

MIGUEL, Luis Felipe e FEITOSA, Fernanda. O gênero do discurso parlamentar: mulheres e homens na tribuna da Câmara dos Deputados. *Dados*, v.52, n.1, p.201-21, 2009.

MIGUEL, Luis Felipe e QUEIROZ, Cristina Monteiro de. Diferenças regionais e o êxito relativo de mulheres em eleições municipais no Brasil. *Revistas Estudos Feministas*, v.14, n.2, p.363-85, 2006.

MIGUEL, Luis Felipe. O jornalismo como "sistema perito". *Tempo Social*, v.11, n.1, p.197-208, 1999a.

_____. Mídia e eleições: a campanha de 1998 na Rede Globo. *Dados*, v.42, n.2, p.253-76, 1999b.

_____. Teoria política feminista e liberalismo: o caso das cotas de representação. *Revista Brasileira de Ciências Sociais*, n.44, p.91-102, 2000.

_____. Política de interesses, política do desvelo: representação e "singularidade feminina". *Revista Estudos Feministas*, v.9, n.1, p.253-67, 2001.

_____. Os meios de comunicação e a prática política. *Lua Nova*, n.55-6, p.155-84, 2002.

_____. Representação política em 3-D: elementos para uma teoria ampliada da representação política. *Revista Brasileira de Ciências Sociais*, n.51, p.123-40, 2003a.

_____. A eleição visível: a Rede Globo descobre a política em 2002. *Dados*, v.46, n.2, p.289-310, 2003b.

_____. Discursos cruzados: telenoticiários, HPEG e a construção da agenda eleitoral. *Sociologias*, n.11, p.238-58, 2004.

_____. Impasses da accountability: dilemas e alternativas da representação política. *Revista de Sociologia e Política*, Curitiba, n.25, p.165-78, 2005.

_____. Political Representation and Gender in Brazil: The Quotas for Women and their Impact. *Bulletin of Latin American Research*, v.27, n.2, p.197-214, 2008.

_____. Perspectivas sociais e dominação simbólica: a presença política das mulheres entre Iris Marion Young e Pierre Bourdieu. *Revista de Sociologia e Política*, n.36, p. 25-49, 2010.

MIGUEL, Sônia Malheiros. *A política de cotas por sexo:* um estudo das primeiras experiências no legislativo brasileiro. Brasília: Centro Feminista de Estudos e Assessoria, 2000.

MINDICH, David T. Z. *Just the facts.* New York: New York University Press, 1998.

MOUFFE, Chantal. Feminism, Citizenship and Radical Democratic Politics. In: BUTLER, Judith; SCOTT, Joan W. (Ed.). *Feminists Theorize the Political.* London: Routledge, 1992.

NABOZNY, Almir. Espaço urbano, política e interseções de gênero. In: Seminário Internacional Fazendo Gênero, 7, 2006, Florianópolis. 28 a 30 ago. 2006.

NORRIS, Pippa. Introduction. In: NORRIS, Pippa. (Ed.). *Women, Media, and Politics.* Oxford: Oxford University Press, 1997.

OFFE, Claus. Dominação de classe e sistema político: sobre a seletividade das instituições políticas. In: *Problemas estruturais do Estado capitalista.* Rio de Janeiro: Tempo Brasileiro, 1984 [1972].

OGNIANOVA, Ekaterina e ENDERSBY, James W. Objectivity Revisited. *Journalism and Mass Communications Monographs*, n.159, 1996.

OKIN, Susan Moller. Gender, the Public and the Private. In: PHILLIPS, A. (Org.). *Feminism and Politics.* Oxford: Oxford University Press, 1998.

_____. *Justice, Gender and the Family.* New York: Basic Books, 1989.

_____. *Women in Western Political Thought.* Princeton: Princeton University Press, 1979.

PAGE, Benjamin I. *Who Deliberates? Mass Media in Modern Democracy.* Chicago: The University of Chicago Press, 1996.

PALMER, Barbara e SIMON, Dennis. Political Ambition and Women in the U. S. House of Representatives, 1916-2000. *Political Research Quarterly*, v.56, n.2, p.127-38, 2003.

PATEMAN, Carole. *The Disorder of Woman*. Stanford: Stanford University Press, 1989.

_____. Does Sex Matter to Democracy? *Scandinavian Political Studies*, v.13, n. 1, p.57-63, 1990.

_____. *O contrato sexual*. Rio de Janeiro: Paz e Terra, 1993 [1988].

PHILLIPS, Anne. *Engendering Democracy*. Cambridge: Polity Press, 1991.

_____. Must Feminists Give Up on Liberal Democracy?. In: HELD, David. (Ed.). *Prospects for Democracy: North, South, East, West*. Stanford: Stanford University Press, 1993.

_____. *The Politics of Presence*. Oxford: Oxford University Press, 1995.

_____. *Which Equalities Matter?* Cambridge: Polity, 1999.

PINHEIRO, Luana Simões. *Vozes femininas na política:* uma análise sobre mulheres parlamentares no pós-Constituinte. Brasília: Secretaria Especial de Políticas para as Mulheres, 2007.

PITKIN, Hanna Fenichel. *The Concept of Representation*. Berkeley: University of California Press, 1967.

POULANTZAS, Nicos. *O Estado, o poder, o socialismo*. Rio de Janeiro: Graal, 1980 [1978].

RAMONET, Ignacio. *La tyrannie de la communication*. Paris: Galilée, 1999.

RAWLS, John. *Uma teoria da justiça*. São Paulo: Martins Fontes, 1997 [1971].

_____. *O liberalismo político*. São Paulo: Ática, 2000 [1993].

REESE, Stephen. The News Paradigm and the Ideology of Objectivity. *Critical Studies in Mass Communication*, v.7, n.4, p.390-409, 1990.

RIBEIRO, Ana Paula Goulart. Memória de jornalista. In: 11° Congresso da COMPÓS. 2002, Rio de Janeiro. 4 a 7 jun. 2002.

ROCHA, Maria Isabel Baltar da. A discussão política sobre aborto no Brasil: uma síntese. *Revista Brasileira de Estudos Populacionais*, v.23, n.2, p.369-74, 2006.

ROHDE, David. W. Risk Bearing and Progressive Ambition: The Case of Members of the United States House of Representatives. *American Journal of Political Science*, v.23, n.1, p.1-26, 1979.

RUBIM, Antonio Albino Canelas e AZEVEDO, Fernando Antonio. A. Mídia e política no Brasil. *Lua Nova*, n.43, p.189-216, 1998.

RUDDICK, Sara. *Maternal Thinking: Towards a Politics of Peace*. Boston: Beacon Press, 1989.

SANBONMATSU, Kira. *Where Women Run: Gender and Party in the American States*. Ann Arbor: The University of Michigan Press, 2006.

SANTOS, Eurico Gonzalez Cursino dos, BRANDÃO, Paulo Henrique e AGUIAR, Marcos Magalhães de. Um toque feminino: recepção e formas de tratamento das proposições sobre questões femininas no parlamento brasileiro, 1826-2004. In: _____. *Proposições Legislativas sobre Questões Femininas no Parlamento Brasileiro, 1826-2004*. Brasília: Senado Federal, 2004.

SARTORI, Giovani. *A teoria da democracia revisitada*. 2 v. São Paulo: Ática, 1994 [1987].

_____. *Homo videns:* la sociedad teledirigida. Buenos Aires: Taurus, 1998 [1997].

SAYER, Liana C. Gender, Time and Inequality: Trends in Women's and Men's Paid Work, Unpaid Work and Free Time. *Social Forces*, v.84, n.1, p.285-303, 2005.

SCHECHTER, Susan. *Women and Male Violence: the Visions and Struggles of the Battered Women's Movement*. Boston: South End Press, 1982.

SCHLESINGER, Joseph. *Ambition and Politics: Political Careers in the United States*. Chicago: Rand McNally, 1966.

SCHUDSON, Michael. *Discovering the News*. New York: Basic Books, 1978.

_____. *The Power of News*. Cambridge: Harvard University Press, 1995.

_____. The Objectivity Norm in American Journalism. *Journalism*, v.2, n.2, p.149-70, 2001.

_____. *The Sociology of News*. New York: Norton, 2003.

SELTZER, Richard A., NEWMAN, Jody e LEIGHTON, Melissa Voorhees. *Sex as a Political Variable: Women as Candidates and Voters in U. S. Elections*. Boulder: Lynne Rienner, 1997.

SHELTON, Beth Anne; JOHN, Daphne. The Division of Household Labor. *Annual Review of Sociology*, n.22, p.299-322, 1996.

SILVA, Mário Adriano da; RAMIRES, Júlio César de Lima. Perfil dos participantes do orçamento participativo de Uberlândia. In: 2° SEMINÁRIO REGIONAL DE GEOGRAFIA. 2003, Uberlândia. 26 a 29 nov. 2003.

SLOWIEJ, Linda e BRUNELL, Thomas L. The Entrance of Women to the U.S. Congress: the Widow Effect. *Political Research Quarterly*, v.56, n.3, p.283-92, 2003.

SPONHOLZ, Liriam. As ideias e seus lugares. *Comunicação & política*, v.XI, n.2, p.144-66, 2004.

_____. As objetividades do jornalista brasileiro. *Líbero*, n.1, p.69-77, 2008.

SUNSTEIN, Cass R. Preferências e política. *Revista Brasileira de Ciência Política*, n.1, p.219-54, 2009 [1991].

TEZZA, Cristovão. *O fotógrafo*. Rio de Janeiro: Rocco, 2004.

THOMPSON, John B. *O escândalo político:* poder e visibilidade na era da mídia. Petrópolis: Vozes, 2002 [2000].

TUCHMAN, Gaye. Making News by Doing Work: Routinizing the Unexpected. *American Journal of Sociology*, v.79, n.1, p.110-31, 1973.

_____. Objectivity as Strategic Ritual: an Examination of Newsmen's Notions of Objectivity. *American Journal of Sociology*, v.77, n.4, p.660-79, 1972.

UNDERWOOD, Doug. Reporting and the Push for Market-Oriented Journalism: Media Organizations as Businesses. In: BENNETT, W. Lance e ENTMAN, Robert M. (Ed.). *Mediated Politics:* Communication in the Future of Democracy. Cambridge: Cambridge University Press, 2001.

VAUGHAN, Brian K., GUERRA, Pia e MARZÁN Jr., José. *Y: the Last Man*. v.I. New York: Vertigo, 2002.

VESTERGAARD, Torben e SCHRØDER, Kim. *A linguagem da propaganda*. São Paulo: Martins Fontes, 1988 [1985].

WAISBORD, Silvio. *Watchdog Journalism in South America*. New York: Columbia University Press, 2000.

WALZER, Michael. *Esferas de justiça:* uma defesa do pluralismo e da igualdade. São Paulo: Martins Fontes, 2003 [1983].

WEFFORT, Francisco. *Qual democracia?* São Paulo: Companhia das Letras, 1992.

WELCH, Susan. Women as Political Animals? A Test of Some Explanations for Male-Female Political Differences. *American Journal of Political Science*, v.21, n.4, p.711-30, 1977.

WOLF, Naomi. *The Beauty Mith. How Images of Beauty are Used Against Women*. New York: Harper Perennial, 2002 [1991].

YOUNG, Iris Marion. *Justice and the Politics of Difference*. Princeton: Princeton University Press, 1990.

_____. Unruly Categories: a Critique of Nancy Fraser's Dual Systems Theory. *New Left Review*, n.222, p.147-60, 1997.

_____. Polity and Group Difference: a Critique of the Ideal of Universal Citizenship. In: PHILLIPS, Anne. (Ed.). *Feminism and Politics*. Oxford: Oxford University Press, 1998.

_____. *Inclusion and Democracy*. Oxford: Oxford University Press, 2000.

_____. *On Female Body Experience: "Throwing Like a Girl" and Other Essays*. Oxford: Oxford University Press, 2005.

SOBRE O LIVRO

Formato: 14 x 21 cm
Mancha: 23,7 x 42,5 paicas
Tipologia: Horley Old Style 10,5/14
Papel: Off-white 80 g/m² (miolo)
Cartão Supremo 250 g/m² (capa)
1ª edição: 2011
241 páginas

EQUIPE DE REALIZAÇÃO

Edição de Texto
Aline Nogueira Marques (Copidesque)
Renata Gonçalves (Preparação de original)
Carmen Costa (Revisão)

Capa
Andrea Yanaguita

Imagem de capa
Loretta Hostettler/iStockphoto.com

Editoração Eletrônica
Eduardo Seiji Seki